経済刑事裁判例に学ぶ 不正予防・対応策

― 法的・会計的視点から ―

Practical Measures Learned
From Economic Crimal Cases
The Legal and Accounting Perspectives

監修＝龍岡資晃

編著＝澁谷展由・岸本寛之・檜山正樹・
内野令四郎・西田明熙・大形浩祐

は し が き

1 経済刑事裁判例に何を学ぶか

　経済社会における不祥事は、刑事事件として起訴された不正行為ばかりでなく、様々な態様・規模のものがあり、その背景には、原因となる様々な要因がある。本書は、刑事事件として起訴され、社会的にも注目された事例を中心に、企業経営等で参考となると思われる事項を含む30の裁判例を取り上げ、不正行為の背景や原因を分析し、そうした不正行為の発生をどのようにしたら防止できるかを検討したものである。

　刑事責任を問われた不正行為の事例を見ていくと、関係法令・行政通達等のほか、業務執行に関する企業内の規程等遵守すべき手順等基本的な事項を、軽視し、無視し、あるいはないがしろにしたことから、綻びが大きくなり、回復が困難な取り返しの付かない事態に陥り、最悪の場合、経営が破綻し、企業倒産に至ったり、責任者の刑事処罰等の結果をも招いている。経営責任者等の企業トップの責任が決定的に重い事例が多い。そこに至る背景には、裁判で明らかにされている以外にも、諸々の利害関係等の事情が複雑に絡み合っている場合があることも推察に難くない。

　経営者としての経験に基づく先見、的確な経営判断と決断が企業経営、成長戦略には不可欠であろうが、それとともに、企業の健全な経営と成長、持続的な発展を支えるものとして、法令遵守（コンプライアンス）と企業統治（コーポレート・ガバナンス）が要となることが、本書で取り上げた裁判事例から学びとることができる主要な結論といってよい。これにはコストがかかり、時間も労力も要するが、破綻を来し、刑事責任を問われるに至った場合と対比するならば、そうしたコストをかけるだけの意味があり、それが企業の存続維持のみならず将来の成長、発展の基礎を築い

ていくことに結びつくものといえるであろう。失敗例に学ぶことは多い。

2　本書の特色

(1)　本書の目的

　本書では、前述の30の刑事裁判例を手がかりに、事後にとられた原因究明と責任追及、改善策などに関連する情報をも可能な限り収集し、刑事訴追を招くに至った不正行為の背景・原因等を分析して、こうした不正行為や刑事訴追等のリスクを回避するには、あるいは極力小さなものとするには、どのような兆候に気を付け、どのような予防策を講じていくべきかを検討し、健全にして着実な企業の経営とその持続的成長を目指すうえで、広く関係者に参考していただくことを目的としている。

(2)　異種専門分野の協働

　こうした分析、検討にあたっては、法律専門家であり企業法務の経験が豊富でこれに精通した弁護士、検察官経験のある弁護士、裁判官のほか、企業会計の専門家である公認会計士がメンバーとして参加し、協同して、多方面から、多角的な検討を加えている。

　事例研究のための研究会を重ね、そこでの議論を踏まえて、対象とすべき裁判例を選別し、担当者が分担し検討した分析の結果等をまとめて執筆し、その原稿についても議論をして最終的な解説にまとめている。執筆担当者の各論稿については、監修者・編集委員との間でも議論をするなどして、できる限り客観的な内容となるようにしている。

　会計用語や概念などの専門的用語については、公認会計士が解説した「公認会計士の視点」やコラムを設けている。また、経済事犯の捜査に関しては元検察官が、裁判における事実認定や量刑判断に関しては裁判官が、それらの実情について解説している。これらは、本書で取り上げた事例と問題点について理解し参考としていただくうえで役に立つものと考えている。

　こうした異種専門職の共同による多角的な分析・検討、解説と考察は、本書の特色の１つであり、関連の企業経営者・従業員のみならず、企業の

業種や規模の大小にかかわらず、経営に携る者にとって参考となり、実務家法曹、研究者や一般の方にも参考にしていただけるものと思う。

⑶ 本書の構成

本書の構成上の特色として、具体的裁判事例については、検索・参照にも便利なように、冒頭に【事案一覧表】を表形式にまとめている。

その「事件のポイント」には、当該裁判例で取り上げた論点を掲記し、関係法令は「関係現行法令」とし、行為時の法令は、必要に応じ当該箇所で掲記している。

「起訴された者」は、当該裁判例の名宛人となっている者である。「結論」は、取り上げた論点についての裁判所の結論的な判断であり、「裁判の経過」に当該事件についての裁判の経過を記載し、他の共犯者や民事関係などについては「その他参考事項」に掲記している。

【当事者関係図】は、事件関係者の相互関係や犯行の概略を示す資金の流れやスキーム等を示すもので、事案の理解を容易にする。

そのうえで、❶は「事案の概略」を記述し、❷の「時系列」は、1審判決あるいは控訴審判決の事実認定のほか、公にされている情報に基づき、事件の背景と経過を時系列的に表にしてまとめている。不正行為の背景、不正行為に至った原因など、問題の所在がどこにあったかを検討し、理解する手がかりになる。

❸の「裁判所の認定と判断」は、本書の企画から取り上げるのが相当と思われる事項と裁判所の判断の要旨である。

❹の「事案の分析」では、1）不正行為の背景、原因を分析し、犯行の「動機」、犯行の「機会」、そのような行動をとるに至った理由とされる「正当化要素」をまとめている。次いで、2）事実認定で重視された事項を取り上げ、3）量刑で重視された事項について、「加重要素」と「軽減要素」に分けて掲記し、事例によっては、特記事項を付記している。

❺の「不正の防止策・注意点」は、事後にとられた当該企業等の対応策にも目を向け、当該事例から学び取れる不正行為防止策について、論述している。

このほか、上述のとおり、専門用語や関係事項についての解説・コラムも関係箇所に挿入し、立体的な理解のための参考に供している。

　3　最後になるが、本書は、経済刑法研究会のメンバーである執筆担当者、特に編集委員諸氏の熱意と尽力によってまとめることができたものであり、刊行にあたっては、株式会社経済法令研究会の地切修氏の全面的なご支援とご協力があった。付記して心から感謝申し上げる。

　2014（平成26）年12月
　　弁護士（元福岡高等裁判所長官・元学習院大学法科大学院教授）

　　　　　　　　　　　　　　　　　　　　　　　　　　龍岡　資晃

本書の利用方法

　「はしがき」にあるような特色を持つ本書は、様々な利用方法が考えられるが、例えば、以下のような利用が考えられる。

1　最初から順番に読む

　本書を最初から順番に読むことにより、最近の経済犯罪についての手法、発生原因、裁判所の判断、そこから得られる実践的な予防策、事後対応策を幅広く学ぶことができる。

　（なお、経済刑事裁判例だけでなく、株主代表訴訟など民事で役員責任が問われた事例から学ぶことのできる予防策・対応策については、本書の姉妹書である澁谷・岸本・檜山ほか編『業界別・場面別　役員が知っておきたい法的責任─役員責任追及訴訟に学ぶ現場対応策─』を参照いただきたい）

2　必要性に応じた短時間でのリサーチ

　例えば、法務部、総務部など管理部門の担当者の方、業務執行を監視・監督する監査役の方、社外取締役の方などが「当社が、取引先が主導する不正な循環取引に巻き込まれているのではないか」との疑念を持たれ、「循環取引についてリサーチしたい」と考えられたとする。

　この場合、まず本書の会計士による「架空循環取引」のコラムを読み、そのうえで、「財務情報開示」に配置されている「アイ・エックス・アイ事件」「ニイウスコー事件」の弁護士解説、会計士解説を読むことで、架空循環取引に関わる、①会計概念、②実際に起こった事件の概要、③事実経過、④裁判所の判断、⑤弁護士の視点からの分析、⑥公認会計士の視点からの分析、⑦考えられる防止策、対応策などを、短時間で一挙に学ぶこと

ができる。

　事案によっては、さらに、裁判官の視点からの⑧事実認定、量刑についての考え方、元検察官による⑨捜査の視点から考え方を学ぶことができるものもある。

3　複数の事案の結論だけを押さえる読み方

　「短時間で多くの事案の概要・結論だけを押さえたい」という場合は、各事案の「事案一覧表」と「当事者関係図」だけを一挙に読むという方法もある。

弁 護 士　澁谷 展由

目　　次

総　論

1　経済刑事裁判例に見る不正行為の原因と予防について ………………2

2　経済犯罪が発生した場合のリスク、事前予防、事後対応 …………22

3　経済事犯の量刑例についての一考察～ライブドア事件とオリンパス事件
の比較を通じて～ …………………………………………………………33

4　特別背任罪といわゆる経営判断の原則について ……………………41

各　論－裁判例の分析・解説

1　会社設立時

【見せ金】

1　仮想払込事件－東京相和銀行事件 ……………………………………48

2 財務情報開示

【BS・資産の過大計上】

2 株価操縦の事実を隠ぺいする目的でなされた株式の取得価額の過大計上等－キャッツ事件 ……………………………………………60

■公認会計士の視点「キャッツ事件」・70

【PL・架空・過大売上げ計上】

3 架空取引による粉飾－エフオーアイ事件 ……………………………72

■公認会計士の視点「エフオーアイ 架空取引（架空売上・架空仕入）」・82

4 風説流布・偽計使用及び架空売上げの計上－ライブドア事件 ……88

■公認会計士の視点「ライブドア事件」・97

5 架空の相殺処理など－プロデュース事件…………………………102

6 図利加害目的による資金提供及び虚偽の記載のある有価証券報告書の提出－アクセス事件……………………………………………112

【架空循環取引】

7 架空循環取引－アイ・エックス・アイ事件…………………………124

■公認会計士の視点「アイ・エックス・アイ事件（架空循環取引）」・133

8 ソフトウェアの循環取引等による架空売上げの計上－ニイウスコー事件…………………………………………………………………136

【架空取引】

9 架空取引による粉飾が先行する事案における各種経済犯罪－メディア・リンクス事件……………………………………………………152

【PL・利益の過大計上】

10 建設会社による完成工事総利益の過大計上－森本組事件 ………162

■公認会計士の視点「不正な会計処理」・173

【飛ばし】

11　「飛ばし」による損失の過少計上－山一證券事件　…………178

12　「飛ばし」と架空ののれん計上による粉飾－オリンパス事件　…190

　　■公認会計士の視点「飛ばし」・201

【PL・損失の過少計上】

13　損失の過少計上その他の行為－ヤクルト事件　………………206

14　架空収益の計上、原価の架空資産への振替計上－フットワークエクスプレス事件……………………………………………………218

【適用する会計基準】

15　改正前の会計基準による有価証券報告書の提出－日本長期信用銀行事件…………………………………………………………226

　　■公認会計士の視点「日本長期信用銀行事件（会計基準の変更）」・236

【持株状況の虚偽表示】

16　虚偽の内容が記載された有価証券報告書の提出及びインサンダー取引につき代表取締役会長が証券取引法違反等で有罪とされた事例－西武鉄道事件…………………………………………………………240

3　資 金 調 達

【架空増資】

17　新株払込金の流出を秘して増資・資本増強がされた旨を社外の者が役員らを通じて公表した行為が「偽計」に当たるとされた事例－ペイントハウス事件………………………………………………254

18　相場操縦による株式の売付け－ユニオンホールディングス事件　268

19　「見せ金」による架空増資－駿河屋事件　…………………284

(9)

4 資金運用

【インサイダー取引】
20 インサイダー取引－村上ファンド事件 ……………………296
【相場操縦】
21 出来高を操作する目的での自己両建取引と馴合取引－大阪証券取引
所事件……………………………………………………………308

5 社外への資金支出

【不正融資】
22 連結子会社から親会社の代表取締役会長に対する巨額不正融資－大
王製紙事件………………………………………………………320
23 回収見込の乏しい巨額の融資－イトマン事件 ……………332
24 銀行の不良貸付けに伴う特別背任－北海道拓殖銀行事件 ………342
25 融資の相手方に対する背任罪の共同正犯の成否－石川銀行事件 352

6 行政対応

【検査妨害】
26 銀行における検査忌避等－日本振興銀行事件 ………………368
【脱税】
27 所得の秘匿工作と法人税法違反－エステート事件 ………………376

7 倒産時対応

【倒産法違反】
28 債権者の行為と民事再生法違反－トランスデジタル事件 ………388

29　債務者の財産を債権者の不利益に処分する行為の当否－ＳＦＣＧ事件 ……………………………………………………………397

【取り込み詐欺】

30　倒産詐欺－アーバンエステート事件　………………………406

◆刑事事件と経済事象の関係図 ……………………………………420
◆用語索引 ………………………………………………………………422

COLUMN

・収益認識基準・*121*

・架空循環取引と架空原価の棚卸資産への付替え・*150*

・セール＆リースバック取引・*160*

・簿外債務・*188*

・簿価・時価・取得原価・含み損益など・*204*

・監査報告書・*216*

・当期未処理損失（貸借対照表　勘定科目名）・*225*

・一般に公正妥当と認められる企業会計の基準・*238*

・有価証券報告書・*250*

・ペイントハウス事件でなぜ間接正犯という構成がとられたのか・*265*

・公認会計士は何をしているか・*277*

・証券取引等監視委員会、国税局と捜査機関の連携について・*306*

・連結パッケージ・*330*

・のれん及びのれん償却・*341*

・債務者区分・*362*

・自己資本比率・*364*

・倒産の危機にある企業経営者の取引行為と詐欺の故意・*415*

<＜法律名の表記について＞>

■本書において、「証券取引法」とは、平成18年法律65号（証券取引法の一部を改正する法律）によって「金融商品取引法」と法律名が変更される以前のものをいう。

■本書において、「商法」とは、平成17年法律86号によって「会社法」が成立する以前のものをいう。

※本書の各項目は執筆者個人の見解であり、執筆者が所属する団体・組織等の見解を示すものではありません。

総論

総 論

■総 論■

1 経済刑事裁判例に見る不正行為の原因と予防について

弁護士（元福岡高等裁判所長官・元学習院大学法科大学院教授） 龍岡資晃

1 はじめに

　本稿は、本書が取り上げた30の刑事裁判例を素材として、各執筆者が当該事案と裁判所が示した判断から、刑事責任を問われるに至った不正行為の原因とその防止策について分析、検討して、解説し論述しているところをベースに、その概要を総論的に整理し、筆者なりに考察したところのほか、関連する刑事法上のいくつかの論点について、付加的に論じるものである。

2 企業不正行為に関する刑事事件と原因の探求の意義

　(1)　本書で取り上げた裁判例の事例は、刑事訴追されるに至った不正行為である。企業経営上の不正行為の多くは、企業の内外の様々な対応により、原状や被害の回復が図られるなどして処理されている。責任者、関係者が経営上の責任を問われる事例は決して少なくないであろうが、刑事訴追を受けるに至る事例は、ごく一部に過ぎないものと思われる。刑事責任を問われた事件には、規模や被害額等から社会的影響が大きく、関係者の責任が極めて重い事例が少なくないが、ある面で特異性があり、特殊な事例ともいえる。

　しかし、その背景や原因を見ていくと、遠因や根底に類型的に共通するところがあり、規模や業種を問わずどの企業においても起こり得ることであるように思われる。その意味で、これらの刑事事件となった不正行為に

－2－

ついて、その原因と現実にとられた対応策を見ておくことは、不正行為のみならず広く不祥事の発生を防止し、そのリスクを軽減する方策を講じていくうえで、業種や規模を超えて参考となろう。

(2) 刑事事件としての側面から企業不正行為の事例を見ていくと、法令遵守（コンプライアンス）を根幹に据えた企業統治（コーポレート・ガバナンス）の重要さを改めて認識させられる。

平成13年6月に公表された「司法制度改革審議会意見書──21世紀の日本を支える司法制度」は、それまで推進されてきた政治改革、行政改革、経済構造改革等の一連の改革の一環として、司法制度改革を「法の支配」を貫徹するための「最後のかなめ」として位置付けている。昨今、コンプライアンス、コーポレート・ガバナンスの重要性がとみに強調されているが、本書における経済刑事裁判例の研究からも、企業の健全な運営と維持・発展、持続的成長には、この観点からの意識と実践が不可欠であることを学び取ることができる。

3　不正行為の原因に関して

(1) 企業経営において、不正行為の防止は、主たる目標ではないが、本書で取り上げた裁判例に見る不正行為に至る経過等からも、企業の安定的運営と持続的発展には欠かせない視点であり、この観点からの問題意識を企業のトップは勿論、関係の責任者が共有することは不可欠である。更にいえば、従業者全員が共有していることが企業の基盤をしっかりとしたものとするうえで重要な意義を有する。

多くの事例は、どうしたら不正行為を惹起しないか、不正行為に巻き込まれないかについて、多くのヒントを与えてくれる。失敗に学ぶことは多い。ヒヤリ・ハット集なるものが、民間企業だけでなく官庁等公共部門でも、広く色々な職場で活用されている。不正行為に関する裁判例の研究は、これと基本的に相通じるものがあるが、本書では、現実に刑事訴追という深刻な事態を招いた事例を対象としている点で、そこから導き出される教訓は、なお一層説得的であると思われる。

総　論

(2)　不正行為を発生させた背景・原因を見ていくと、いくつかの要因を挙げることができるように思われる。ここでは、不正行為を発生させた客観的要因と主観的要因について見る。

---

① 客観的要因
　イ　外的環境要因
　　・市況の悪化、融資先の経営悪化、行政指導等
　ロ　内的環境要因
　　・経営トップの独断、意思決定についての監視・監督体制の不備、業務プロセスの管理体制の不備、コンプライアンス（法令遵守）意識の不足、実務知識の不足等
② 主観的要因
　イ　組織防衛的要因
　ロ　自己防衛（保身）的要因
　ハ　利欲的要因

---

①　客観的要因について

　一般に、犯罪となるような不正行為は、専ら個人的な動機や理由から敢行されるものが多い。しかし、経済事犯では、本書で取り上げた事例からも明らかなように、当該事件は、当時の景気の動向等経済情勢が背景にあって、企業の経営状態が悪化し、資金繰り等で苦境に陥り、そこから脱却しようと存続をかけて組織的に敢行されたものも多い。経済的なトピックスと本書で取り上げた事例の相関関係を見ていくと、その多くがバブル経済が崩壊し経済が低迷するようになったころに発生している（巻末資料「刑事事件と経済事象の関係図」参照）。このような経済動向の変動の中で、企業経営を維持していくことの困難は想像に難くないが、そのような状況下に発生した事例について見ておくことは、これからの企業経営の長期的戦略を考えるうえで参考になると思われる。

　不正行為の客観的要因には、イ 外的環境要因と、ロ 内的環境要因があ

－4－

る。

イ　外的環境的要因としては、ａ．市況の悪化（3 エフオーアイ事件）、融資先の経営状態悪化（24 北海道拓殖銀行事件）などがあり、景気の変動が背景にあって、継続的融資や新規融資の確保が直接的な動機になっている。また、ｂ．金融監督当局による行政指導から、自己資本率の向上が懸案となり、犯行に至った事例（1 東京相和銀行事件）、損切りを実行することができないままの悪循環の中で発生した事例（13 ヤクルト事件）などもある。

ロ　内的環境要因としては、ａ．経営トップによる独断があるが、トップの不正行為も、イのような経済情勢を背景とする事例が多い（3 エフオーアイ事件、4 ライブドア事件、12 オリンパス事件）。この種の事例では、歴代経営トップの主導による会計処理、不正の隠蔽といった負の遺産が引き継がれるなどの、ワンマン体制の企業風土があったこと（12 オリンパス事件）、トップダウン的に社内手続を押し切る体制ができていたこと（23 イトマン事件）、創業家が経営全般を支配する構造となっていたこと（22 大王製紙事件）などが、不正に至る背景として指摘される。

ｂ．意思決定についての監視・監督体制の不備が背景となっている事例も多い（8 ニイウスコー事件、10 森本組事件、13 ヤクルト事件、21 大阪証券取引所事件＜内部管理体制不十分＞）。ワンマン的な経営支配の場合のみならず、一握りの経営陣が、不正行為を主導した事例では、取締役会、監査役等のチェック・監督機能体制が整備されておらず、あるいは、体制があっても働いていない。また、内部の監視・監督体制の機能不全が不正行為の要因となっている事例も少なくない（1 東京相和銀行事件、5 プロデュース事件、12 オリンパス事件）。その原因として、内部通報制度が確立していなかったこと（12 オリンパス事件）、是正進言の放置（16 西武鉄道）、創業家の支配構造、人事政策、企業風土（22 大王製紙事件）などが挙げられ、取締役会での牽制の動きもトップの意思決定を動かすことができなかった事例もある（5 プロデュース事件）。

ｃ．業務プロセスのチェック体制等の管理体制の不備も、不正行為の原

総　論

因となり、拡大する要因となっている事例が少なくない（7 アイ・エックス・アイ事件、8 ニイウスコー事件）。例えば、決裁や監査等において、稟議書のみでなく、契約書、商品現物など実物に当たって裏付け、確認をすることといった基本が守られていなかったことが不正を生じさせる一因となったことが指摘される事例がある（5 プロデュース事件）。

　　d．上記の原因とも関係し、その背後にあると見られるのが、法令遵守関係・実務知識の不足である。とろうとする手段・手法が適法で許容されるものであるかなど法令や実務に関する知識の不足（1 東京相和銀行事件）、社員のコンプライアンス意識の欠如ないし無視（8 ニイウスコー事件）などがある。

　　ハ　このほか、イ・ロと関連する外部関係者の加担の事例として、監査法人の公認会計士による業務指導等の関与（2 キャッツ事件、5 プロデュース事件）、公認会計士の加担・通謀（4 ライブドア事件、14 フットワークエクスプレス事件）の事例がある。会計監査、業務監査のあり方、中立・公正性が問われた事例といえる。特別背任の事犯では、任務に違背した融資について、融資の相手方の加担が刑事責任を問われた事例がある。貸主と借主の間には、立場の相違があり、健全な取引関係を維持していくには協調とともに緊張関係がなければならないが、その間の一線を越えると、不正行為に加担したものとして刑事責任を問われることになる（25 石川銀行事件）。

　　②　**主観的要因について**

　　不正行為の主観的要因には、イ 組織防衛的要因と、ロ 自己防衛（保身）的要因、ハ 利欲的要因がある。

　　イ　組織防衛的要因としては、組織防衛が動機となったものとして、a．信用維持・確保が挙げられる。信用不安の発生回避、法人顧客離れの回避（11 山一證券事件）、上場廃止回避（16 西武鉄道事件、17 ペイントハウス事件、19 駿河屋事件）、引き継いだ組織的不正の隠ぺい（12 オリンパス事件）などのほか、資金調達、融資の確保が動機となっている事例も少なくない（5 プロデュース事件、14 フットワークエクスプレス事件、18 ユニオン

ホールディングス事件）。目先の信用等の不安を解消し業績を回復すれば問題は解決するといった、あるいは資金調達などの見通しの甘さが不正の要因となっている事例（11 山一證券事件、19 駿河屋事件）、見せかけの利益計上協力への見返りとして不正融資をした事例もある（23 イトマン事件）。

　ｂ．株価関係では、株価の維持や変動を図る目的（4 ライブドア事件、17 ペイントハウス事件）、株価操縦の隠蔽目的（2 キャッツ事件）などの事例があり、株主等ステークホルダーなどへの影響等社会的影響が大きい。17 ペイントハウス事件では、「有価証券等の相場の変動を図る目的」があったといえるかどうかが争点となっている。

　ロ　自己防衛（保身）的要因には、経営責任回避が目的の事例（23 イトマン事件、24 北海道拓殖銀行事件）のほか、同業他社の取引実績を上回る事実を作り出す目的（21 大阪証券取引所事件）、経営支配権確保・強固化を目的とする事例（18 ユニオンホールディングス事件）などがある。

　ハ　利欲的要因の事例としては、9 メディアリンクス事件などがある。

　(3)　上記の客観的要因や主観的要因は、犯行を正当化する要素として主張されることも多い。会計処理に虚偽はないなどと正当化が主張された事例もある（2 キャッツ事件）。本書各裁判例についての「4 事案の分析」の項では、犯行の動機、機会のほか、こうした「正当化要素」とされた要素を指摘している。企業犯罪においては、被告人あるは共犯者等が不正行為に及んだのは、これを正当化する理由があると考え、あるいはそう思い込んでのことである場合も少ない。結果として正当化事由の判断に誤りがあった場合ということになるが、不正行為に至る一因と見ることができる。

　正当化する要素とされた事例を見ていくと、公共工事入札資格・格付けの維持のため（10 森本組事件）、顧客からの執拗な損失補てん要求（11 山一證券事件）、上場廃止の影響・違法状態解消（16 西武鉄道事件）、他証券取引所より出来高を上回るため（21 大阪証券取引所事件）、いずれ返済すれば問題はないと考えたこと（22 大王製紙事件）、経営判断の原則（23 イトマン事件、24 北海道拓殖銀行事件）、融資・再生スキームの経済的合理

総 論

性、融資先の借主であること（25 石川銀行事件）などである。

　こうした正当化の弁明も、不正原因から不正防止策を検討するにあたって、注目されてよい点である。手段・手法の正当性については、法的観点、会計処理の観点等から、専門家の意見を聴くなど慎重に検討することが必要であり、多くの裁判例の事例ではそれがなされていなかったことが窺われる。

4　不正行為に見られる手段・手法に関して

　(1)　粉飾・仮装等の不正行為に見られる手段・手法は、刑事事件として犯罪の成否にはもとより、量刑要素としての犯情にも関係するとともに、不正を予防し、防止する方策を検討するうえで、最も直接的で重要な教材となる。

　本書で取り上げた裁判例における不正行為の手段・手法は、大まかに分類してみると、以下のとおりである。

- 粉飾の事例……2 キャッツ事件（資産過大計上）、3 エフオーアイ事件（架空取引による売上水増し）、4 ライブドア事件、5 プロデュース事件（架空循環取引等による売上過大計上等）、7 アイ・エックス・アイ事件（架空循環取引計上）、8 ニイウスコー事件（循環取引架空計上）、9 メディア・リンクス事件（架空取引）、10 森本組事件（過大利益計上）、11 山一證券事件（損失過少計上・飛ばし）、12 オリンパス事件（飛ばし・架空のれん計上）、13 ヤクルト事件（損失過少計上）、14 フットワークエクスプレス事件（損失過少計上、架空資産振替計上）
- 仮装の事例……1 東京相和銀行事件（見せ金、仮装払込）、19 駿河屋事件（見せ金による架空増資）
- 虚偽事実の公表の事例……4 ライブドア事件（架空売上げ計上）、17 ペイントハウス事件（見せかけの増資）
- 相場操縦の事例……18 ユニオンホールディングス事件（変動操作・仮装売買）、21 大阪証券取引所事件（自己両建取引・馴合取引）
- 不正操作の事例……6 アクセス事件（計上できない売上計上）

-8-

・インサイダー取引の事例……16 西武鉄道事件、20 村上ファンド事件
・不正融資の事例……22 大王製紙事件、23 イトマン事件（見せ掛け利益計上協力見返り巨額融資）、24 北海道拓殖銀行事件（不良貸付け）、25 石川銀行事件（再生スキームの提案等）
・検査忌避の事例……26 日本振興銀行事件
・法人税逋脱の事例……27 エステート事件
・民事再生法違反の事例……28 トランスデジタル事件、29 SFCG事件
・取込詐欺の事例……30 アーバンエステート事件

　粉飾・仮装等の手法・手段には、一見発覚しにくい、多数の関係者を巻き込む複雑なスキームもある（12 オリンパス事件など）。これらの違法性等問題点を見破るには、専門的知識や経験を必要とする。企業内での取締役会、監査役等が機能し、公認会計士、弁護士等の専門家の知識経験が活用され、第三者的な目が加わるべき場面でもある。

　(2)　15 長期信用銀行事件では、決算経理基準の改正があった場合に新旧どちらの基準を適用して処理すべきかが争点とされた。最高裁は、旧基準でした決算処理が違法ではないと判示し、被告人らを無罪としている。この最高裁判決の判示は、この事案の事実関係に即した事例判断であって、直ちに一般化できるものではないことに注意しなければならない。会計処理上は、解決済みの問題である（本書・15長銀事件の解説（不正の防止策・注意点）、公認会計士の視点「日本長期信用銀行事件　会計基準の変更」（西田明熙）参照）。

　このようにとられた手法・手段の適法性、相当性は、当然のことながら、不正行為として責任を問われるかどうかの結論に関わる。経営戦略としてはもとより日常的業務執行においても、手段・手法が違法評価を受けないために、法令や会計基準その他の諸規範、慣行、社内規程等に反することがないか、社内でも十分検討し、弁護士、公認会計士等専門家に意見を徴するなど、慎重を期する必要がある。

　なお、上記事件のほか、本書で取り上げた裁判例で最高裁が法的判断を示しているのは、1 東京相和銀行事件（会社資金による仮装払込の違法性）、

総　論

20 村上ファンド事件（「公開買付けに準ずる行為を行うことについての決定」があったといえるか）、23 イトマン事件（特別背任罪における図利加害の目的）、24 北海道拓殖銀行事件（銀行の取締役の注意義務と経営判断の原則との関係）、25 石川銀行事件（身分のない者の加功と共謀共同正犯の成否）などである。こうした最高裁判例を始め関連する裁判例に注意を払うことも必要である。

　(3)　不正行為の手段としてとられた手法、会計上の用語等については、本書公認会計士によるコラムのほか、「公認会計士の視点」（「キャッツ事件」、「エフオーアイ事件　架空取引」、「ライブドア事件」、「アイ・エックス・アイ事件」、「不正な会計処理」、「飛ばし」、「日本長期信用銀行事件　会計基準の変更」（以上、西田明熙））を参照されたい。

5　不正行為が発生した場合の対応に関して

　(1)　不祥事、不正行為が発覚した場合の初期対応の如何は、その企業の命運にも関わり、当該責任者の刑事責任の追及の行方にも影響する。適切な対応は、将来起こり得る不正行為の防止にも積極的な意義を有する。

　また、刑事事件となった事例では、事後対応の仕方が、間接事実として犯意の認定等に関係する場合があり、起訴・不起訴の判断や、起訴され有罪と認定された場合の量刑にも影響している。

　(2)　本書の裁判例でとられた事後対応・措置については、詳しくは各裁判例の項を参照されたいが、以下のようなことが挙げられる。

・事実関係の確認・公表（12 オリンパス事件、13 ヤクルト事件など）
・損害の拡大防止と回復
・損害の賠償、損失の補てん
・取引等の関係修復
・原因の究明
・責任の追及（3 エフオーアイ事件、12 オリンパス事件、13 ヤクルト事件など）
・不正防止策の検討

－10－

・監視体制の整備・強化・構築等、実効的なコンプライアンス重視の社内体制の構築（6 アクセス事件、14 フットワークエクスプレス事件、16 西武鉄道事件、21 大阪証券取引所事件、22 大王製紙事件、23 イトマン事件など）

・人事体制の刷新（12 オリンパス事件、13 ヤクルト事件、22 大王製紙事件など）

・コンプライアンス意識の浸透・徹底（8 ニイウスコー事件、12 オリンパス事件、16 西武鉄道事件、22 大王製紙事件、24 北海道拓殖銀行事件など）

・監査法人による監査方法の改善（22 大王製紙事件など）

・社内弁護士の関与（17 ペイントハウス事件など）

・社外役員等複数の専門家の助言（8 ニイウスコー事件、9 メディア・リンクス事件、10 森本組事件、11 山一證券事件、19 駿河屋事件、21 大阪証券取引所事件、22 大王製紙事件など）

社内に調査委員会が設置されたり、社外の有識者等による第三者委員会が設置される例が多くなってきている（13 ヤクルト事件など）。これらが十分機能するには、利害関係がなく独立性のある専門家等の的確な人選、十分な情報の提供、調査の独立性、そしてその結果を受け入れ提言を実行する体制などが確保される必要があろう。社会的な信用の回復には、客観的に公正であるなど調査・提言のあり方が問われよう。

6 不正行為の原因と予防・防止策について

上述した不正行為の原因の検討と事後の対応・措置などから導かれる不正行為を発生させないための再発予防策、リスク回避・防止策について、詳しくは本書・澁谷展由「経済犯罪が発生した場合のリスク、事前予防、事後対応」にまとめられているのでこれを参照されたい。法律実務家的観点から若干付言する。

⑴ 不正行為の発生予防・防止

不正行為の発生を予防し、防止するには、①意思決定のための運営管理

総　論

等の組織体制の整備、②管理・監督体制の整備、③法令遵守（コンプライ
アンス）、企業統治（コーポレート・ガバナンス）に向けた意識改革とその
徹底が重要であるといえる。本書・澁谷展由「2 経済犯罪が発生した場
合のリスク、事前予防、事後対応」からも、公認会計士の目から見るとこ
ろも、ここに帰するように思われる。平成26年法律90号による会社法の
改正は、この観点からも理解することができる。

(2)　意思決定のための運営管理等の組織体制の整備

　経営トップや経営陣に対する監督・監視機能が、組織的に十分機能する
組織体制があれば防げたと思われる不正事例は少なくない。

　①　ワンマン経営が問題を生じさせた事例（12 オリンパス事件、22 大王
製紙事件、23 イトマン事件、26 日本振興銀行事件など）を見ていくと、これ
を牽制する人的組織体制の構築が課題といえる。

　そのためには、取締役、監査役に人を得ること、そして長期的には人材
の育成が肝要である。取締役会、監査役がその役割を十分果たすよう、外
部役員を加え、これらが組織的に十分機能するように、情報提供等が適宜
になされることも不可欠である。社外取締役、社外監査役は、こうした組
織構成の機能をより実効性のあるものとするうえで有用であることが、多
くの事例の検討から指摘されている（2 キャッツ事件、4 ライブドア事件、
6 アクセス事件、8 ニイウスコー事件、9 メディア・リンクス事件、10 森本
組事件、11 山一證券事件、14 フットワークエクスプレス事件、16 西武鉄道事
件、21 大阪証券取引所事件、22 大王製紙事件、30 アーバンエステート事件）。

　②　監査法人、監査役による会計監査、業務監査が適切、的確に実施さ
れることが、不正行為、不祥事を防止するうえで、大きな役割を果たすこ
とは多くの事例から明らかである。

　監査法人、公認会計士による監査が、独立性を保ちつつ、公正になされ
るべきは当然のことであるが、公認会計士が不正に関与した事例（2 キャ
ッツ事件、4 ライブドア事件、5 プロデュース事件、14 フットワークエクス
プレス事件）があり、監査業務と経営助言業務とは一線を画すことが必要
であるといえよう。

③　企業内弁護士のほか、顧問弁護士にアドバイスを求めるなど、専門家を積極的に活用することも不正の防止に欠かせない（1 東京相和銀行事件、4 ライブドア事件、17 ペイントハウス事件、19 駿河屋事件での指摘）。

④　不正の早期発見に関連し、内部通報は、不正発覚の端緒となるばかりでなく（12 オリンパス事件では、情報誌の告発記事が発覚、捜査の端緒になっている）、問題事象が探知されたときに時機を失することなく行われ、適切な対応がされるならば、深刻な事態に陥ることを回避する契機となり得るし、不正の抑制、防止に一定の役割を果たす。

特に組織のトップ、経営責任者の主導による不正に対しては、一般的な組織的牽制体制のほか、内部通報制度（公益通報者保護法（平成16年法律122号）参照）の整備とこれが有効に機能するような組織運営が多くの事例の検討から指摘されている（7 アイ・エックス・アイ事件、8 ニイウスコー事件、10 森本組事件、13 ヤクルト事件、14 フットワークエクスプレス事件、16 西武鉄道事件、22 大王製紙事件、26 日本振興銀行事件、28 トランスデジタル事件、30 アーバンエステート事件）。

(3)　実効的な業務管理・監督体制の整備

不正行為、不祥事は、日常的な業務の過程で生じている。日常的な業務が法令、行政通達や内部規程等の遵守すべきルールに従って適正、適切に行われることが、不祥事、不正行為を防止する基本であろう。資金運用、契約関係、営業関係等の企業活動について、管理・監督作用、チェック機能が適切、有効に働くようにすることが必要であることは、多くの事例の示すところである。一例として、原料資材、製造品・商品等の動きについては、稟議書のみでなく、契約書、商品現物など実物にあたって裏付け確認する必要があることが指摘されている（5 プロデュース事件、7 アイ・エックス・アイ事件、8 ニイウスコー事件）。

問題事象の早期発見と対応が重要であることは、どの組織においても共通している。これを可能にし、不正行為を未然に防止し、拡大を防止するのは、実効的な管理・監督体制の整備であろう。

総 論

(4) 法令遵守、企業統治の確立と実践

　前記②や③の場面で貫かれるべきは、法令遵守（コンプライアンス）であり、これを徹底する企業統治（コーポレート・ガバナンス）の確立と実践であろう。多くの裁判例は、その重要性を物語っている。企業のトップはもちろん、経営の責任者から従業員に至るまで、こうした意識が浸透するように、意識改革が求められ、そうした意識の涵養のために、社内研修、社員教育にも力を入れていくべきであろう（この点に関しては、澁谷・前掲23頁以下、27 エステート事件の「5 不正の防止策・注意点」で詳論している）。

　これらには、それなりのコストがかかり、時に経営状態を足踏みさせるなど、一見マイナスに思える面があるが、長期的に見た場合、社会的信用の基礎となり、企業の発展にも寄与することを指摘する研究があり、本書で取り上げた裁判例からも、この結論は十分首肯することができる。

(5) 異論・苦言を呈する人の存在

　本書で取り上げた裁判例の事例を検討していて考えさせられるのは、企業経営においては、いうまでもなくトップの判断、決断が極めて大きく、また重い責任を伴うが、この責務を果たすには、時には後退する、後戻りする勇気も必要であるということであり、こうした決断を支える参謀、ここはという肝心なときに異論を唱え、苦言を呈することのできる人物の存在が欠かせないということである。ある破綻した銀行の経営者が、破綻したのは「異なる価値観を持つ人を育ててこなかったのが原因だ」と語っていたといい、ダーウィンは子孫が多様になればなるほど、その種が生存競争で勝ち残る機会は増すと唱えたという（平成26年11月24日付読売新聞「編集手帳」）。

7　経済事犯の量刑について

(1)　本書では、有罪とされた不正行為の事例について、各裁判例の「4 事案の分析」の項で、量刑判断の要素についても分析検討し、刑を重くする方向に働いた要素を「加重要素」とし、刑を軽くする方向に働いた要素

— 14 —

を「軽減要素」として指摘している。量刑判断の一般的な構造について
は、本書・関洋太「経済事犯の量刑判断についての一考察〜ライブドア事
件とオリンパス事件の比較を通じて〜」に、行為責任を基礎として、一般
情状を調整要素としていることなどの裁判実務における実情が解説されて
いる。

(2) 本書で取り上げた裁判例の指摘する量刑事情としては、次のような
ものが挙げられる。

① **加重要素として考慮された事情**

【犯行自体に関して】

・犯行の規模・被害の程度（3 エフオーアイ事件、7 アイ・エックス・アイ
事件、9 メディア・リンクス事件、11 山一證券事件、12 オリンパス事件、
14 フットワークエクスプレス事件、21 大阪証券取引所事件、22 大王製紙事
件、23 イトマン事件、24 北海道拓殖銀行事件）

・組織的・計画的犯行（8 ニイウスコー事件、10 森本組事件、16 西武鉄道
事件＜企業利益優先＞、21 大阪証券取引所事件、14 フットワークエクスプ
レス事件、18 ユニオンホールディングス事件＜公認会計士とも通謀＞、19
駿河屋事件、27 エステート事件、28 トランスデジタル事件）

・主導性・積極的関与（10 森本組事件、11 山一證券事件、16 西武鉄道事件、
18 ユニオンホールディングス事件、28 トランスデジタル事件）

・反復累行・常習的犯行（11 山一證券事件）

・利欲的、自己保身等の動機（5 プロデュース事件、18 ユニオンホールデ
ィングス事件、23 イトマン事件、25 石川銀行事件）

・検査妨害（17 ペイントハウス事件）

・公私混同（22 大王製紙事件）

【被害に関して】

・被害が甚大で、証券取引等の市場や投資家等への影響など社会的影響が
大きいこと（3 エフオーアイ事件、4 ライブドア事件、11 山一證券事件、
12 オリンパス事件、14 フットワークエクスプレス事件、16 西武鉄道事件、
21 大阪証券取引所事件、22 大王製紙事件、24 北海道拓殖銀行事件、26 日

総　論

本振興銀行事件）

・公証制度の信用を害したこと（19 駿河屋事件、27 エステート事件）

【その他】

・他の事件による警告軽視（7 アイ・エックス・アイ事件、16 西武鉄道事件）

・偽装工作等の犯行後の事情（8 ニイウスコー事件、9 メディア・リンクス事件）

・犯行否認、不合理な弁解、反省の情に乏しい（4 ライブドア事件）

② **軽減要素として斟酌された事情**

【犯行の動機・関与の程度に関して】

・顧客からの執拗な損失補てん要求（11 山一證券事件）

・業界の実情（9 メディア・リンクス事件）

・自己利得の目的がなかったこと（21 大阪証券取引所事件、23 イトマン事件、24 北海道拓殖銀行事件）

・犯行に直接関与していないこと（9 メディア・リンクス事件）

・途中からの犯行関与（10 森本組事件、12 オリンパス事件）

・外部等他者の主導、指示等による従たる立場（12 オリンパス事件、19 駿河屋事件）

【犯行の態様に関して】

・積極的な虚偽の作出ではない（17 ペイントハウス事件）

【被害関係に関して】

・被害弁償、損失補てん（8 ニイウスコー事件、14 フットワークエクスプレス事件）

・実質的な被害回復・原状回復措置（9 メディア・リンクス事件、16 西武鉄道事件、18 ユニオンホールディングス事件、22 大王製紙事件）

・納税（27 エステート事件）

・実害不発生（28 トランスデジタル事件）

【犯行後の情状に関して】

① 事後の対応措置

1 経済刑事裁判例に見る不正行為の原因と予防について

- 被告人ら自身の判断で民事再生法の適用申請し会社更生手続がとられたこと（14 フットワークエクスプレス事件）
- 実態の解明と経営体質の改善、監督統制・コンプライアンス体制の再構築に再発防止に努力したこと（12 オリンパス事件）
- 法令遵守の徹底（16 西武鉄道事件）
- 捜査に協力（26 日本振興銀行事件）

② 社会的制裁を受けていること

（10 森本組事件、14 フットワークエクスプレス事件、16 西武鉄道事件、17 ペイントハウス事件、19 駿河屋事件、22 大王製紙事件、23 イトマン事件、28 トランスデジタル事件）

③ 役職解任・辞任

（16 西武鉄道事件、18 ユニオンホールディングス事件、19 駿河屋事件、23 イトマン事件、26 日本振興銀行事件）

【その他】

- これまでの企業や社会への貢献（16 西武鉄道事件、21 大阪証券取引所事件、22 大王製紙事件、24 北海道拓殖銀行事件）
- 犯行自認（18 ユニオンホールディングス事件）
- 反省の情（14 フットワークエクスプレス事件、16 西武鉄道事件、22 大王製紙事件）
- 前科前歴がないこと（16 西武鉄道事件、17 ペイントハウス事件、18 ユニオンールディングス事件、19 駿河屋事件、21 大阪証券取引所事件、22 大王製紙事件、23 イトマン事件、24 北海道拓殖銀行事件）
- 高齢であること（24 北海道拓殖銀行事件）

(3) 経済事犯の量刑判断についても、他の刑法犯等と基本的に異なるところはないが、行為責任評価の基礎となるもの、その範囲と評価のあり方、一般情状の評価のあり方については、犯罪類型によって、量刑因子としての考慮事情やそのウエイトの置き方に幅があるように思われる。

① 一例として、社会的影響については、経済事犯の中でも業務上横領などでは、被害者が特定され、被害の程度が被害額などによって測られる

総　論

が、特別背任罪や金融商品取引法（旧証券取引法）、会社法上の犯罪に関しては、直接的な被害者のみならず、関係企業、株主等いわゆるステークホルダーなど社会一般に与える影響が大きいものが少なくない。本書で取り上げた裁判例における量刑においても、この社会的影響が犯情として大きなウエイトを持っていることが窺われる。社会的影響は、犯罪行為に伴ういわゆる犯情の範疇に入れられるべき要素であるが、その程度を数量化することが難しく、犯行後の事情として一般情状に近い側面、性質をも有している。

　前掲の関論文は、実刑の4 ライブドア事件と執行猶予の12 オリンパス事件の2つの裁判例について、実刑と執行猶予の結論を左右した要素を分析検討し、主要な要素として、犯行開始を自ら決断したこと、上場廃止の結果を招いたことを指摘している。4 ライブドアの事案では、犯行動機、態様のほか社会的影響の大きさ、ことに一般投資家等の保護と金融市場の健全な運営といった政策目的との関係での影響が重視されている。

　②　事後の対応が量刑上どのように考慮されるかについて見てみると、経済事犯、特に証券取引等に関する事犯においては、当該不正行為自体あるいはそれに直接起因する社会的影響の程度が大きな量刑因子となるが、社会的影響は事後の対応によって変容し、異なり得る。その度合いは、他の類型の犯罪に比べても小さくないように思われる。この事後対応の点は、犯行後のいわゆる一般情状に属する事情であろうが、犯罪行為自体の社会的影響に直接関連する点で、いわゆる行為責任を組成する犯情として捉えることもできないわけではないであろう。

8　刑法上の論点について

　本書で取り上げた裁判例で示された、刑法上の論点について若干触れておく。

(1)　経営判断の原則について

　経営破綻の原因となった経営判断に基づく行為に、いわゆる「経営判断の原則」が適用されるかどうかについて触れた裁判例として、23 イトマ

ン事件、24 北海道拓殖銀行事件があり、本書・関洋太「特別背任罪といわゆる経営判断の原則について」がこの点に関して論じている。

経営判断の原則の主張は、正当業務行為、社会的相当行為として違法性が阻却されるとの主張と解することができる場合があると思われる。当該の不確定的な状況の下で、経営者としてそうした決断をするのが当然であり、合理性があるにもかかわらず、想定外の予測可能性のない経済変動等の外部事情によって、その判断内容と異なる結果を招き損害を生じさせたというような場合には、社会的相当行為等として、違法性を欠くか、あるいは実質的違法性を欠き、犯罪が成立しない場合もあり得ないではないであろう。

しかし、経営判断に基づく行為であることで、その経営判断がされた状況、その内容等を問わず、一律に任務違背はないとか、違法性がないとはいい難く、そうした事情は、情状としても特段斟酌される余地に乏しいのではなかろうか。

⑵　不正融資等の相手方が共同正犯に問われる場合について

会社法上の特別背任罪（現会社法960条、旧商法486条1項）など、取締役等一定の身分があることが犯罪を構成する要件とされている身分犯について、身分がなくても、身分を有する者の犯行に加担した場合には共犯とされるが、刑は通常の刑が科される（刑法65条1項・2項。特別背任罪の法定の懲役刑は10年以下であるが、身分のない者が加担した場合には、刑法247条の背任罪の5年以下の刑が科される）。

不正融資について、特別背任の行為者として責任を問われるのは、通常、融資する側の銀行の取締役等の身分を有する者である。しかし、融資を受ける側であっても、通常の融資交渉として社会的に許容される範囲を超えて加担するなど積極的な役割を果たし、不正融資を実行させたような場合には、身分のない者が犯行に加担したものとして、刑事責任を問われることがあることに注意する必要がある（23 イトマン事件、25 石川銀行事件のほか、最決平成15・2・18刑集57巻2号161頁＜住専・オクト事件＞、最判平成16・9・10刑集58巻6号524頁参照）。

総 論

⑶ 共謀共同正犯と間接正犯について

17 ペイントハウス事件では、虚偽の適時開示をしたのは上場会社（ペイントハウス社＜Ｐ社＞）の役員であったにもかかわらず、同人は起訴されず、同社の投資顧問会社の代表取締役（Ｘ）が共謀共同正犯としてでなく、間接正犯として起訴され、有罪となっている。その理由については、本書コラム「ペイントハウス事件でなぜ間接正犯という構成がとられたのか」（柴崎菊恵）に詳しい（なお、経済事犯の調査等については、本書コラム「証券取引等監視委員会、国税局と捜査機関の連携について」（柴崎菊恵）参照）。

間接正犯の正犯性については、道具理論、行為支配論、規範的障害説など諸説があるが、他人を道具として利用して犯罪を実現する場合とする道具理論にそって本件の事案の場合を説明するとすれば、Ｘが間接正犯として起訴されて有罪とされたのは、Ｐ社の役員との間の共謀の認定に難があり（共謀が認定できれば、自らが実行行為に及んでいなくても共謀共同正犯となる。）、柴崎論文が論じているように、ＸのＰ社役員に対する支配が、Ｐ社役員を道具として利用したものと評価できる程度に達していたと判断されたからであろう。

⑷ 没収・追徴について

特別法犯では必要的没収・追徴が定められているものが多いが、その没収・追徴については、犯行時、裁判時等どの時点での価額によるべきか争いがある。

17 ペイントハウス事件では、旧証券取引法（現金融商品取引法）198条の２第１項ただし書について、取得財産を全部没収・追徴することが犯人に苛酷な結果をもたらす場合には、裁判所の裁量で没収・追徴しないことを許容したものとし、開示後株価が2.5倍上昇したことから、開示後の売却代金全額を没収・追徴するのは酷であるとして、開示後の売却代金のうち５分の３に相当する金額が没収・追徴の額から差し引かれている。

18 ユニオンホールディングス事件では、相場操縦が行われた場合について同規定の適用の有無が争われ、犯人が実際に得られる利益は売買差額相当額に過ぎないことから、原則として没収・追徴の範囲は売買差益相当

額とすべきであるとし、信用取引でなく現物株を売り付けたものについては、現物株購入資金相当額を控除せず、売付け後の売却代金相当額全額を没収・追徴すべきであるとされている。また、同規定にいう「犯人」について、相場操縦等の犯罪行為により得た財産等を、当該犯罪に関与した犯人全員から残らず剥奪し、例外なく没収・追徴する趣旨であり、没収の対象となるのは、共同正犯者を含む犯人全体が「犯罪行為により得た財産」を意味するとしている（これらの判旨と異なる裁判例があることにつき、同事件の解説4の(4)参照）。

⑸　**法人に対する両罰規定について**

本書で取り上げた裁判例では、会社等法人が罰金刑に処せられている事例が少なくない（2 キャッツ事件、9 メディア・リンクス事件、12 オリンパス事件、13 ヤクルト事件、16 西武鉄道事件、18 ユニオンホールディングス事件、20 村上ファンド事件、27 エステート事件）。これは、当該犯罪について行為者を処罰するほか法人等を処罰する旨の両罰規定がある場合であり、法人等に対しては罰金刑が科される（本書の事例関係では、会社法975条、金融証券取引法207条1項、法人税法164条1項参照）。

9 　結　び

本書で取り上げた裁判例の多くの不正行為事例は、不正行為防止の要諦が、法令等のルールを守り、なすべきことを確実に遂行すること、基本に忠実であるということであり、そのためには、これを可能とする意識改革に組織体制の整備と着実な運用の努力を怠らないことが必要であることを教えてくれる。

本書で試みた不正行為の要因の分析検討から確認されるこの結論は、広く不祥事を防止し、不正行為のリスク回避するうえで、企業等の業種や規模を超えて広く参考にすることができよう。

本稿で論じたところについては、企業経営者、経理会計の専門家等の目からはまた違った見方があり得るであろうが、本書の公認会計士諸氏等の論稿とも併せ参考としていただきたい。

総 論

■ 総 論 ■

2 経済犯罪が発生した場合のリスク、事前予防、事後対応

弁護士 澁谷展由

本書では、様々な経済犯罪事例の分析がなされ、それらの事例から導き出される対応策が検討されている。事案に応じた対応策は各項目を参照いただくとして、ここでは、経済犯罪が発生した場合の企業にとってのリスク、発生を事前に予防するための対策、発生してしまった場合の事後対応策について全般的に解説する。

1 経済犯罪が発生した場合のリスク

会社において経済犯罪が発生した場合、会社と役員には、以下のようなリスクが発生する可能性がある。

(1) 役員の刑事責任

役員が個人として刑事責任を問われ、本書4の事案のように、刑務所へ収容されることがある。

(2) 会社に対する法人処罰（本書9、12、13、16、18、27事件など）

役職員が経済犯罪を行った場合、適用される法律に法人処罰規定がある場合は、会社自体にも罰金刑が科せられることがある（私的独占の禁止及び公正取引の確保に関する法律（以下「独占禁止法」という）95条、金融商品取引法207条など）。

(3) 会社に対する被害者からの損害賠償請求（本書4、12事件など）

会社の役職員が引き起こした経済犯罪により、顧客や一般消費者などが損害を受けた場合、会社は民事上の損害賠償請求を受ける可能性があり、金額によっては、会社の経営が大きく圧迫される可能性もある。

－22－

2 経済犯罪が発生した場合のリスク、事前予防、事後対応

⑷ 役員の個人賠償責任（本書3、8、11、12、13、16、24事件など）

経済犯罪発生の原因が、役員の違法行為や経営判断の誤りであった場合や、その誤りを他の取締役や監査役が十分に監視・監督せずに見逃したという場合、役員は、株主から代表訴訟を提起されるなどして、個人として、会社や第三者に対して損害賠償責任を負う可能性がある（会社法847条・423条・429条）。

⑸ 行政処分（本書12、21、25事件など）

経済犯罪に関係して、会社が法令に違反する行為を行った場合、業務停止命令、課徴金納付命令などの行政処分を受けることもある。

業務停止期間が長期にわたったような場合、その間に取引先を失うなど、経営に対する重大な影響が生じるおそれがある。

課徴金については、最近、高額の納付命令が発令される例が出てきている。例えば、海運会社が自動車輸出運賃の価格カルテルに関わったとして、約131億円の課徴金納付命令が発令された事例がある（平成26年3月18日公正取引委員会リリース）。このように巨額な課徴金は経営を大きく圧迫するリスクもある。

⑹ 一般競争入札からの排除

代表取締役が経済犯罪により起訴されたり、有罪となった場合、その会社が国や自治体の一般競争入札への参加を停止されることがある（「内閣府本府における物品等の契約に係る指名停止等措置要領」など参照）。国や自治体との取引が主たる収益源である会社にとっては、死活問題となる。

⑺ 上場廃止のリスク（本書3、4、7、8、9、16、18、19、24事件など）

上場企業の会社関係者が経済犯罪を行うと、証券取引所の上場廃止基準に該当し、上場が廃止される可能性もある（東証有価証券上場規程601条111号・12号・20号参照）。上場廃止となった場合、資金調達が困難になったり、会社の信用が大きく低下するリスクがある。

⑻ レピュテーション・リスク

経済犯罪の発生により、社会が「こんな経済犯罪を行った会社とはもう

総　論

取引をしたくない」と考え、消費者の不買運動、取引先の取引停止などが起こった場合、経営に重大な影響が生じる。

本書に掲載されている事例でも、経済犯罪が発覚した結果、急速に業績が悪化し、倒産に至ったケースが多くある。

2　経済犯罪発生の事前予防策

以上のようなリスクを回避するために、「経済犯罪が起こりにくい体制」、「経済犯罪の兆候を察知できる体制」を構築・運用していくことが重要である。

そのためには、役員や、実際に体制を運用する法務部、総務部、監査部の方々など会社が一丸となって、以下のような方策をとっていくことが有用である。

(1)　経済犯罪が起こりにくい体制

「経済犯罪が起こりにくい体制」の構築については、【経営陣による体制作り】、【現場での体制の運用方法】に分けて述べる。

【経営陣による体制作り】

①　トップのコンプライアンス宣言

本書に掲載されている経済犯罪の事例の中には、「会社の存続のために業績の数字をよく見せたい」など、行為者が「会社のためを思って」実行したものもある。

役職員がこのような動機を持たないようにするために、経営トップが「適正な会計処理の結果、業績が悪い数字が出たとしても、財務・経理責任者の責任は問わない」などのコンプライアンス宣言をすることが考えられる。

②　社外役員の選任

本書に掲載されている事例には、社長が経済犯罪を主導していた事例も多くある。いくら事前予防体制を整えたとしても、社長が他の取締役や部下に命じて確信犯的に経済犯罪を行った場合、予防体制が機能しないおそれがある。

また、確信犯的な場合でなくても、その会社の企業風土の内側にいると、「これは経済犯罪に当たるリスクがある」と気付かず、結果的に経済犯罪を行ってしまうこともあり得る。会社の歴史やメンバーの背景などから「会社の当たり前が世間の非常識」という状況が生じることがあるためである。

万一のときに経営陣が暴走してしまうことや、リスクに気付かずに経済犯罪を行ってしまうことを予防するためには、会社にしがらみがなく、経営や会社の管理を長年経験し、それに精通した人物、法律・会計などについての専門的な知識・経験を持つ弁護士、公認会計士、税理士などを社外取締役、社外監査役に選任すべきである。

取締役会などで経済犯罪につながりかねない報告事項や議案が出てきた際に、社外役員は、会社内のしがらみや企業風土にとらわれずに、「これは行うべきではない」、「これは隠ぺいせず、社会や行政に説明すべきである」との意見を述べることができ、経済犯罪の抑止につながる。それが結果的には、会社や役職員が経済犯罪を行ってしまうことを防ぎ、会社、役職員を救うことにつながるのである。

また、最近、機関投資家などの株主は、社外取締役を選任していない会社の取締役選任議案に反対する傾向を強めている（ISS「2014年日本向け議決権行使助言基準（概要）」4頁参照）。平成26年改正会社法の施行後は、上場企業が社外取締役を選任しない場合、株主総会で「社外取締役を置くことが相当でない理由」という難しい説明を強いられる。

裏返せば、社外役員の選任は、株主・投資家の会社に対する評価を高め、企業価値の向上にも資する可能性もあるといえよう。

③ コンプライアンス委員会、コンプライアンス担当役員、コンプライアンス専門部署の設置

不正の抑止、対応のための専門的な体制、部署を整備することも経済犯罪の防止に役立つ。

コンプライアンスやリスク管理などに専門性を持つ外部弁護士などを委員長に起用した「コンプライアンス委員会」を設置することは有用であ

る。委員として役員が参加し、定期的に委員会を開催したうえ、社内で生じたコンプライアンス上の問題について、意見交換をすること、経営陣に提言することが役割として想定される。

　また、漠然と「各役員は不正を監視すべき」とするのではなく、「コンプライアンス担当役員」を定めて、不正の防止についての責任を持たせ、そのための活動に注力してもらうことも有益である。

　さらに、コンプライアンス委員会やコンプライアンス担当役員の指示を受けて、不正防止活動、不正発生時の調査などを行う「コンプライアンス専門部署」の設置も、不正防止に資するものである。

④ チェックを「する」部門と「される」部門の分離

　自社の製品・サービスを拡販し、業績を向上させる役割を持つ営業部門と、その取引をチェックする役割の管理部門とは、本的的に緊張関係にある。にもかかわらず、営業部門が管理部門の機能を兼ねてしまうと、「チェックすることでビジネス拡大が阻害されるのであれば、チェック手続を飛ばしてしまえ」という動機が働くことになってしまう。

　ある銀行のニューヨーク支店で巨額損失が発生した事件の判決において、チェックされる対象の従業員自身がチェックの一部を行う体制であったことが認定され、チェック体制整備の不備として取締役が賠償責任を負ったことがある（大阪地判平成12・9・20判例タイムズ1047号86頁）。この事件の行為者は、アメリカで刑事責任に問われ、アメリカの刑務所に収容された。

　チェックする部門と、チェックされる部門をしっかりと分け、チェック機能を十分に働かせることが重要である。

⑤ 定期的な異動

　前述の銀行ニューヨーク支店巨額損失事件では、損失を発生させた従業員は、約12年間、米国財務証券取引担当トレーダーを務めていた。

　1人の担当者が長期間同一業務を担当することは、担当者の熟練度が上がるという意味では組織にとってプラスの面もある。

　しかし、リスク管理上の観点からは、その担当者が特定の業務を囲い込

んでしまうことで、その業務に関してどのようなことが行われているかが周囲の同僚からは見えにくくなってしまうという弊害がある。

重大なリスクが発生する可能性のある部署について、担当者を定期的に異動する社内ルールを制定することが重要である。

この際、「長期の人事滞留はしない」といった抽象的な定めをしてもなかなか実行されない。「課長級以下の社員は、原則として3年ごとに店舗、所属部署を異動させる、担当取引先を変更する」というような明確なルール化を行うことが必要である。

【現場での体制の運用方法】

⑥　ダブルチェック

管理部門などがチェックをする際も、1名が不正を見逃した場合でも取りこぼしを防止できるよう、2名以上でチェックを行うべきである。

⑦　現物のチェック

取引のチェックをしたとしても、形式的なチェックにとどまり、実質的にはチェックしたことになっていないという場合もあり、注意が必要である。

前述の銀行ニューヨーク支店事件の判決では、本店側がチェックする証憑の取寄せをチェックされる対象者に依頼しており、チェック対象者がチェックに出すべき書類を恣意的に取捨選択することが可能となったとして問題視された。

チェック担当者は、チェック対象書類などのある場所に赴くなど、現物の直接確認を行うべきである。

⑧　複数の取引の全体をチェック

実態は不正な取引であっても、個々の取引だけをチェックすると、帳票類が問題なく揃っていたり、実在性や採算性に問題がないなど整合性がとれているということがある。

しかしながら、その取引と連続している複数の取引全体を見た場合に、最終的なエンドユーザーがいない、取引全体として見ると大きく赤字になっている、など不審な点が見られることがある。

総　論

チェックの際は、個々の取引だけでなく、そのビジネスやプロジェクト全体として問題がないかを見ていく必要がある。

⑨　社内記録の作成・管理の徹底

取引に関し、社内記録がしっかりと作成されていないと、不祥事が起こっても、原因の調査が困難になる。しっかりしていれば、後に原因究明がしやすくなり、「不祥事が発覚しやすくなる」ため、行為者も「不正をしてもバレる」と考え、結果的に不祥事発生の予防にもつながる。

取引に関する社内記録について、①文書の種別、②作成責任者、③保管方法、④保管責任者、⑤保管場所、⑥コピーの可否、⑦コピー許可をいつ、誰にしたか、⑧記録の持出しがいつ、誰によって行われたか、といった情報を記録しておき、管理することが重要である。

⑩　出金記録のチェックの徹底

本書に掲載されている経済犯罪の多くにおいて、会社資金が社外に不正に出金されている事例が見られる。したがって、出金記録のチェックを徹底することで、不正を抑止することができることがある。

例えば、社員が会食経費の出金を申請してきた際に、申請書に「相手先」「会食目的」という必須記載欄を設けておき、「相手先：競合他社Ａ社」「会食目的：情報交換」という申請書が提出された場合には、その社員に対し、「価格についての情報交換は絶対にするな」と警告することで、独占禁止法違反を防止することができる。

(2)　経済犯罪の兆候を察知できる体制

経済犯罪が起こりつつあるとき、経営陣がそれを察知できなければ、発生を防止できない。そのため、経営陣として、以下のような体制を整備すべきである。

①　監査体制の強化

会社の監査としては、監査室などの業務監査部門による監査と、監査役による監査がある。

業務監査部門による監査は、各部署での不正を防止・発見するために重要である。

不正の発見には「現場を知っている」ことが有用であるため、業務監査部門の人員には、経理部、法務部の出身者だけでなく、営業部門、調達部門などの出身者も加えることが望まれる。

ただし、業務監査部門は、経営陣の下部組織として位置付けられるため、本書でも多く登場するような、代表取締役が自ら不正を行ったような場合には、チェック機能が十分に働かないおそれがある。

これを補うのが、監査役による監査である。しかしながら、監査役が単独で会社内の経済犯罪に関する情報を収集するのには困難が伴う。

そこで、監査役が直接指揮命令できる、監査役監査をサポートする人員体制を整備することが望まれる。

② コンプライアンス研修

役職員が、会社内で経済犯罪が起こりつつあることを目撃しても、その事態が「経済犯罪に当たる」ということが認識できなければ、その情報を経営陣に上げるというアクションにつながらない。不祥事に直面した時に「これは経済犯罪である」と認識できるように役職員の意識を向上させる実効的なコンプライアンス研修を行う必要がある。

この際、抽象的な法制度の解説や一般論の説明を受けても、法律などに関心が高くはない営業担当などの役職員にとっては実感の伴った学びとはならない。

実際に起こった事例を元にした実践的な研修を行うことが効果的である。その際の参考資料として、本書は有用なものと考えている。

そのようなリアルな事例による実感の伴った説明に加えて、「もし発覚したらこのようなペナルティが課される、職を失う、家庭も不幸になる、不正を行っても割に合わない」ということが実感できる研修とする必要がある。

③ ホットラインの整備

経済犯罪を目の当たりにした役職員は、その情報を経営陣に報告しようとしても、不正を行っている上司などからの報復をおそれ、なかなか情報を上げられない。

総　論

不正に関する情報の第一報が、会社内ではなく行政、マスメディアへいったり、インターネット上への書込みなどをされてしまうと、会社としての対応が後手後手に回ってしまい、会社へのダメージを最小化するための適切な対応を行うことが困難になるおそれがある。

そこで、不正を発見した役職員が、報復をおそれずに安心して不祥事情報を報告できるホットライン制度の整備が必要である。そのためには、報告者の匿名性を保護する、報告者への報復を厳禁する、報復をした場合には懲戒対象とする、などの手当てを要する。

会社内の「しがらみ」に囚われにくくするためには、会社内の窓口だけでなく、弁護士事務所など外部窓口を設置することも有用である。

④「社内リニエンシー制度」

独占禁止法上、カルテルを行った事実を発覚前に公正取引委員会に報告する、つまり「自首」した事業者について、課徴金を免除・減額する「リニエンシー制度」がある（独占禁止法7条の2第10項・11項）。「自首」により、カルテルを発覚しやすくすることを意図した制度である。

この考え方を会社の不正防止にも応用した「社内リニエンシー制度」も有益な制度である。例えば、懲戒規程に「発覚前に不正を会社に報告した場合は、不正についての懲戒処分の軽重の決定の際に、有利な事情として勘案する」といった規定を設けることが考えられる。

3　経済犯罪発生後の事後対応策

前述の事前予防体制を整えても、不幸にして不祥事が発生してしまった場合は、ダメージを最小限に抑え込むための以下のような事後対応が必要である。

(1)　危機管理チームの設置

不祥事発生という危機において、各部署がバラバラに動いたり、情報が分散していたのでは、効果的な事後対策は困難になる。

重大事に発展しそうな不祥事を把握したらすぐに、社長をトップとし、法務担当、広報担当、不祥事が起こった部署の調査担当の責任者などで構

成される「危機管理チーム」を設置し、不祥事対応権限と情報を集中させるべきである。

(2) 事実関係調査

事後対応の中で最も重要なのは、「何が起こったのか」、「なぜ起こったのか」についての事実調査である。

不祥事を起こした当事者が調査を担当すると、公正・正確な事実の把握は困難になる。当事者ではない担当者によって、不祥事に係る書類、帳票類の分析、関係当事者へのヒアリングを行っていく必要がある。この際、帳票などの証拠から事実を認定するプロである弁護士に調査のサポートを依頼することも有用である。

また、最近の不正に関する情報は、ＰＣ、ハードディスク、スマートフォンなどのＩＴ機器に保存されている場合があるため、機器内の情報を探索したり、削除されたデータを復活させることなどの「フォレンジック」を、ＩＴ専門家に委託することも考えられる。

社会に大きなインパクトを与えるような不祥事になることが予想される場合は、公正な立場から社会に説明を行っていくという観点から、会社と関係を持たない第三者的な専門家により構成される「第三者委員会」を設置し、調査をすることも選択肢の１つである。

(3) 監督官庁などへの対応

調査を迅速に行い、適時・適切に、監督官庁、証券取引所などに報告を行うことも重要である。

発生した不正が、法令などで明確に報告義務があるわけではない種類の不正であったとしても、調査を行ったうえで、監督官庁など行政への報告を行うべきである。

行政に対し適時に適切な報告を行うことが、後の行政処分などの軽減や、役員が民事・刑事の責任を問われた場合の責任の軽減につながることが多いからである。

(4) 行為者の処分

経済犯罪が起こった場合、社会が最も注目するのは、不正を行った者が

総　論

どのような処分を受けるのかという点である。

　徹底した事実調査を行い、その結果に則して、解任、解雇、降格、減給などの処分を行う必要がある。

(5)　公表（記者会見等）対応

　不祥事の調査結果を対外的に説明するためには、調査結果を踏まえた「ポジション」を固めることが重要である。しっかりとした「ポジション」を作ることができれば、顧客、取引先への説明、マスメディアに対するリリース文の送付などの際に適切な対処が可能である。

　不祥事が報道されるなどして社会的インパクトが大きくなった場合、社会の理解、納得を得るために、社長などトップが記者会見を行うことが必要になることもある。その際、法的責任の回避だけを意識して、「法令違反には当たらない」といった発言を強調すると、社会から大きな反発を招く。

　「社会に理解、納得してもらうことができる」ポジションを固め、説明を行うことが不可欠である。

■ 総 論 ■

3 経済事犯の量刑例についての一考察
~ライブドア事件とオリンパス事件の比較を通じて~

津地方裁判所四日市支部 判事補 **関 洋太**

1 はじめに

　本書に掲載しているライブドア事件控訴審判決（本書4事件。以下特に断らず「ライブドア事件」というときはこの控訴審判決を指す）及びオリンパス事件（本書12事件）の事案のみを見た場合、オリンパス事件が複数の会計年度にわたって膨大な額の純資産額を偽っている点で、ライブドア事件よりも悪質だという印象を持つかもしれない。そうだとすると、オリンパス事件が執行猶予となり、ライブドア事件が実刑というのは結論が逆転しているのではないかという疑問を持っている読者もいるであろう。

　そこで、本稿においては、両事件の事案を比較し、ライブドア事件の被告人Xについては実刑、オリンパス事件の被告人X1及びX2については執行猶予という異なる刑が導かれた理由について主に検討することとしたい（オリンパス事件のX4については判決文からすれば問題なく執行猶予と考えられていたようであり、その判断に大きな異論はないものと思われるので、特に検討の対象としない）。

　なお、特にライブドア事件については、犯罪の成否についても多くの論点が含まれており、多数の論考が存在するが、本稿においては量刑に焦点を絞った検討を加えることとし、事実関係については量刑の比較検討に必要な範囲で触れることとしたい。

総 論

2 量刑の基本的な考え方

両事件の具体的な比較検討に入る前に、量刑の基本的な考え方を紹介する。

刑事裁判の量刑において、もっとも重視すべきとされるのが行為責任である。行為責任とは、極めて大雑把にいえば、犯罪としてどういう行為を行ったかを最も重要な量刑の因子として刑に反映するという考え方である。ここでいう「行為」の中には、行為の動機、計画性、組織性、態様、行為のもたらした結果の重大性（ここにいう「結果」には当該会社のみならずステイクホルダーに対する影響や広く社会全般に対する影響などをも含む）、共犯事案においては担った役割（主導性・従属性）等の要素が含まれる。したがって、裁判官が量刑を決する際は、まずは判決において認定された犯罪事実（通常の判決では「罪となるべき事実」という項目の下に記載される）が最も基本的かつ重要な量刑の考慮要素となる。

もっとも、法律上許容されている刑（法定刑）の幅が非常に広いのが日本法の特徴である。例えば、殺人罪（刑法199条）の刑は、死刑、無期懲役又は5年以上20年以下の有期懲役を科し得ることになっており、さらに、情状に特に酌むべき事情がある場合に下限を法律上定められた刑の半分に下げることを認める酌量減軽の制度があるため、有期懲役は2年6月までとなる。そして、3年以下の有期懲役刑を科する場合は刑の執行を猶予することができる。以上の結果、殺人犯に科し得る刑は、上は死刑から下は執行猶予まであることになり、裁判所は極めて広い選択肢の中から刑を選ぶことになる。しかし、ここまで広いと、各裁判官が自由に刑を決定した場合、似たような事案であるのに量刑がばらつき、不公平な結果になるおそれがある。

そこで、刑事裁判においては、これまでの量刑の先例を見て、類似事案においていかなる量刑がなされているかを検討（参照）し、これらと比照して今回の事案が懲役○年から○年程度の事案だというような幅を把握し、かつ、この事案はその幅の中で上限の方に近いのか、下限の方に近い

－34－

のかといった点を見る。これは、そうした量刑の先例は、これまでの判決も行為責任を重視した量刑を行っている限り、行為責任を踏まえた刑になっているはずであるという点からも根拠付けられる。そして、この行為責任から導かれた刑の幅に、犯罪行為以外の情状（通常は一般情状と呼ばれる）、例えば、被告人の反省、前科関係等を考慮して、若干の修正を加えて最終的な量刑を決めるというのが最もスタンダードかつオーソドックスな量刑の手法である。

　こうした量刑決定のプロセスは、経済事犯であっても、窃盗や殺人等の非経済事犯と大きく異なるものではない。行為責任を中心に、まず犯罪行為に関連する情状を検討し、この結果とこれまでの先例での量刑を参考に、執行猶予事案か実刑事案か、実刑事案の場合はおおむね懲役○年から○年程度の事案であるという判断をする。そして、犯罪行為とは直接には関連しない情状（被告人の前科や事件後の反省の有無等）、すなわち一般情状をも加味して最終的な量刑を導くのである。ただ、経済事犯の特色として、事件類型によっては量刑の先例が少なく、前記の幅をとらえにくい場合がある、ということは挙げられよう。

　以上のような基本的な考え方を前提に、両事件について見ていきたい。

3　両事件の比較検討

(1)　両事件の事案の概要

　以上の基本的な考え方からすれば、ライブドア事件とオリンパス事件の量刑を比較するにあたっては、まず罪となるべき事実として認定された犯罪行為の内容を見ることが必要だということになる。

　まずライブドア事件について見ると、大きく分けて、ライブドアの子会社Ａ社がＮ社を完全子会社化するにあたり、Ａ社の株価を維持上昇させるために、Ａ社の業績について虚偽の事実を公表したという偽計及び風説の流布の事案と、ライブドアには３億円余りの経常損失があったにもかかわらず、50億円余りの経常利益がある旨虚偽の有価証券報告書を提出したという有価証券報告書虚偽記載の事案である。他方オリンパス事件は、連

結会計年度にして5年度にわたり、連結純資産額を合計約3400億円水増しした虚偽の有価証券報告書を提出したという有価証券報告書虚偽記載の事案である。

もちろん、ライブドア事件については偽計及び風説の流布の事案が存在するから、両事件を単純に比較することはできない。しかし、上記の事案のみを見た場合、複数の会計年度にわたって膨大な額の純資産額を偽ったオリンパス事件の方がより悪質という印象を持つのが通常であろう。そうだとすると、冒頭で述べたとおり、こちらが執行猶予となり、ライブドア事件が実刑というのは結論が逆ではないかという疑問が生じる。そこで、まずオリンパス事件が執行猶予となった理由について検討し、これとライブドア事件を比較して、両者の違いを探ることとしたい。

(2) オリンパス事件の量刑の検討

① 犯罪類型

既に述べたとおり、本件の犯罪事実は、有価証券報告書の記載を偽った程度が極めて大きく、この種事案の中でも特に悪質な部類といってよい。刑事裁判においては、前科のない者による覚せい剤の自己使用事案のように、極めて例外的な事情のない限り執行猶予判決が予想される類型の犯罪も存在し、そうであればその類型の中で悪質であっても、「極めて例外的」とまでいえないのであれば実刑は予想されない。

しかし、有価証券報告書虚偽記載の罪はそのような類型ではなく、実際にも実刑となっている事案が複数存在する（本書8事件（ニイウスコー事件）など）。判決文において、「被告人 X_1 及び同 X_2 については、実刑に処することも考えられる」とされているのは、本件の量刑が実刑と猶予のまさに境界線上にあったことを示しているものといえる。

② 損失隠しの決定自体への関与

そのような中で、オリンパス事件における執行猶予の選択にとってキーとなった事情は、判決文から見る限り、X_1 は損失隠しの決定に関与しておらず、X_2 も従属的に関与したのみであったという点と思われる。判決の認定によれば、X_1 が代表取締役になった際には既に損失隠しは行われ

ており、その簿外損失は1000億円にも及んでいた。X1はそのことを知らないままに代表取締役に就任したものであり、X1はこれまで行われていた損失隠しを引き継いでそのまま続けたに過ぎない。

　もちろん、これが犯罪であることは明らかであるが、X1と同じ立場におかれた場合に、誰もが即座に損失隠しを止め、損失を公表することを決断できるとは到底いえないであろう。X2に関してみても、損失隠しを決定した際にはあくまで当時の社長の決定に従うべき立場にあったものであって、いずれも損失隠しを発案し、あるいはこれを主導したというような評価はなされていない。

(3)　オリンパス事件とライブドア事件の量刑の比較

①　犯罪類型

　他方、ライブドア事件は有価証券報告書の虚偽記載と偽計又は風説の流布の2つの事実で構成されている。前者の有価証券報告書虚偽記載の罪については、経済犯罪の中では比較的先例の多い類型であって、既に見たとおり実刑事案もある。後者については、本書13事件（ペイントハウス事件）は同じ偽計及び風説の流布の事案で執行猶予になっているが、事件数がさほど多い類型ではなく、前記2で述べたような、他の事案と比較して標準的な量刑を探ることが難しいものにあたるといえよう。

②　社会的影響、犯罪手段の巧妙さ

　それを前提に本件を見ると、ライブドア事件もまたオリンパス事件同様、社会的影響が大きかった事件である。これはライブドアの代表取締役であった被告人Xの個性による面もあったが、それを差し引いても、ライブドアは本件発覚により上場廃止となり、投資者は事実上投下資本回収の手段が奪われ、民事訴訟が提起されるに至るなど、証券市場に与えた影響も大きかった。

　もっとも、ではその社会的影響がオリンパス事件を優に上回るものであったかといえば、必ずしもそうではないとの評価は可能であろう。また、犯罪手段の巧妙さについて見ても、両事件共に高度の会計知識等を悪用した巧妙な犯行という評価がなされており、有意な違いがあるようには思わ

総　論

れない。組織性、役割の重要性についても、大きな違いは判決文からは読み取れない。

　判決文にあらわれている中で違いが見られるのは、オリンパス事件では被告人らが反省の意を示していることが有利な情状として挙げられている一方で、ライブドア事件では被告人に反省の情が認められないことが不利な情状とされている点である。確かに、実刑と猶予の境界線上にある事件において、反省の有する意味は決して軽いものではない。反省が認められることにより執行猶予となり、認められないことにより実刑となることもまれならずあり、この点は日本の刑事司法の特色として紹介されることもあるほどである。

　しかし、既に見たとおり、反省はあくまで行為責任に含まれない一般情状である。行為責任の見地から実刑以外あり得ない事案で反省していることにより執行猶予になることはないし、逆もまた然りである。その意味では、オリンパス事件はまさに境界線上のケースであったから、反省が認められたことが執行猶予の判断に一定程度寄与していることは疑いがないと思われるが、ライブドア事件については、そもそも行為責任のレベルで実刑と猶予の境界線上のケースなのかどうかが更に問われるべきであろう。

③　損失隠し等の決定への関与、主体性の比較

　そこで両事件を行為責任の見地から比較するとき、指摘できる点は、既に述べた損失隠し等開始時の関与である。オリンパス事件では、X1に関しては損失隠し開始時にはその決定に関与しておらず、X2に関しては関与が従属的であり、中心的に関与することになった時点では既に、いわば歯車は回り始めていて、それをそのまま回し続けた点が犯罪としてとらえられている。また、被告人両名は特に犯罪による利益を得てはいない。

　他方、ライブドア事件におけるXは、具体的なスキームの策定についてはともかく、ライブドアが優良な企業であるかのように装って株式分割後の株価を維持上昇させるという決断をした張本人であり、いわば自分で歯車を回した立場にある。しかも、判決の認定によればそれによる利益を自ら得てもいる。ライブドア事件については、Xに次ぐナンバー2の地位に

－38－

あったとされるファイナンス部門の責任者であった者についても、事案解明に協力し反省の意を示しているとされながらも、その役割の重大性等から懲役1年6月の実刑に処せられていること（東京地判平成19・3・22。東京高判平成20・9・12で懲役1年2月の実刑に変更）からしても、ライブドア事件に関しては、少なくとも裁判所は、行為責任のレベルで中心的に関与している者は実刑の事案と考えられていたものと思われる。

④　結果の重大性

　他方、ライブドア事件は、粉飾額がオリンパス事件より格段に少なく、この事件の弁護人が指摘するとおり、同種事案と比較しても多いとはいいがたい。この点、ライブドア事件第一審判決は、損失を隠蔽するための粉飾と、投資者に対し成長性が高い企業であるかのように装うための粉飾とは異なり、後者の場合は粉飾額が多額でなくとも悪質といえるとの論理を採用している。

　しかし、成長性が高い企業であることを仮装して投資判断を誤らせ、多くの市井の投資者に資金を拠出させることが、損失を隠蔽することにより投資判断を誤らせることと質的に異なるといえるのか、論理そのものに対する疑問があり得、実際にも控訴審はこの論理を採らず、結果が重大という1審の結論のみを採用している。

　では、控訴審は何をもって重大な結果と見たのか。オリンパス事件との比較でいえば、違いとして指摘できるのは、上場廃止の有無であり、オリンパスは最終的にはこの事件後も上場廃止を免れているが、ライブドアは上場廃止となり、投資者は実質的に投下資本回収の手段を奪われた。行為責任の見地からも上場廃止の有無はまさにその犯罪行為が導いた帰結であって、重要なものといえるが、上場廃止の有無が実刑と執行猶予を分けるほどの重要性を持つのか否かは今後も検討されるべきであろう。

4　まとめ

　以上で見たところをまとめると、ライブドア事件とオリンパス事件の結論を分けたファクターとして考えられるのは、①虚偽記載等の犯罪行為の

総　論

開始を自ら決断したか否か、②結果として上場廃止を招いたか否か、の２点であるといえよう。もっとも、①が量刑において重要な意味を持つことはおそらく多くの賛同を得られるのではないかと思われるが、②については議論が分かれるところと思われる。もし②についてその重要性に疑義があるとする場合、ライブドア事件についても執行猶予が相当であったという結論になろう。もっとも、近年、間接金融から直接金融への流れが加速し、個人投資者の増加を政策的にも誘導している現状にも鑑みれば、有価証券報告書虚偽記載等の罪により上場が廃止されるという事態は、個人投資者の証券市場への参入を妨げ、こうした政策に悪影響を及ぼすことは明らかであるから、こうした見地から上場廃止を重要な量刑因子と見る考え方はあり得るかもしれない（証券市場の整備が進んでいる米国では証券犯罪の量刑が極めて重く、例えばインサイダー取引で有罪となった場合20年を超える刑になることもしばしばであるが、これは証券市場の公正を維持するという目的に基づくものと説かれることがある）。もしそうだとすれば、個人投資者の参入が進むほど、上場廃止という結果が量刑において持つ重大性が大きくなるということも考えられるかもしれない。

■ **総　論** ■

4　特別背任罪といわゆる経営判断の原則について

津地方裁判所四日市支部 判事補　関　洋太

1　特別背任罪（会社法960条 1 項）の成立要件

　特別背任罪は、取締役等が「自己若しくは第三者の利益を図り又は株式会社に損害を加える目的」（以下「図利加害目的」という）で、「その任務に背く行為」（以下「任務違背行為」という）をし、当該株式会社に財産上の損害を与えた場合に成立する。

　本稿では、このうち図利加害目的及び任務違背行為について取り上げるが、本書の目的に鑑み、細かな学説の対立等には立ち入らないこととする。

⑴　図利加害目的とは

　図利加害目的をどのように理解するかについて、現在有力な見解は、図利加害の認識があり、本人（行為者に事務処理を委任した者のこと）の利益を図る（以下「本人図利」という）目的が全くないか、それが決定的な動機とはいえない場合をいうと理解している。そして、この理解は多くの判例、裁判例とも整合的と評価できる。

⑵　任務違背行為とは

　取締役等がその任務たる事務処理の性質上一般に要求される信認関係に違反する行為をすることをいう。

2　いわゆる経営判断の原則とは

　いわゆる経営判断の原則（以下「本原則」という）とは、主としては民

総　論

事事件において、取締役の善管注意義務あるいは忠実義務の違反（以下単に「義務違反」という）の文脈で問題となるものである。

　一般的な見解は、取締役等が、問題となっている判断を行った当時の状況に照らして、判断の前提となった事実の認定に過失に基づく誤りがなく、その事実に基づく意思決定の過程及び内容に著しく不合理な点がない場合、結果として会社に損害が生じた場合であっても、当該判断が義務違反を構成することはない、という考え方であるといえよう。そして、これを経営判断の原則と呼んでいるかどうかは格別、少なくともこのような考え方自体は多くの裁判例も受け入れているものと思われる。

3　両者の関係性について

　取締役の特別背任が問題となった北海道拓殖銀行事件（本書24事件）においては、最高裁が本原則に言及したことから、近時、特別背任罪と本原則との関係についての議論がなされるようになり、一部には本原則によって取締役等が特別背任罪に問われる危険性が減ることを期待する向きもあるようである。

　しかし、実際に特別背任罪が問題となる事件において本原則の果たす役割はさほど大きなものではないと理解し、取締役等が本原則によって刑事裁判において保護されているとは考えないほうが安全と思われる。以下にその理由について述べる。

4　刑事裁判における図利加害目的の認定手法

　任務違背行為と図利加害目的は、上記のとおり特別背任罪の成立要件としては別個のものであるが、実際の刑事裁判における認定判断ではこれらは密接に関連している。

　すなわち、図利加害目的が、上記1の(1)のとおり、図利加害の認識があり、本人図利目的が全くないか、決定的でない場合に存在すると理解するにしても、刑事裁判においては被告人が実際に主観的にそのような状態であったことが証明されねばならない。しかし、検察官にしてみれば、被告

人の主観という目に見えないものを立証するという性質上の困難さがある。また、多くの被告人は本人図利目的であったと主張するから、実際の認定は容易ではない。

そんな中で、刑事裁判で図利加害目的の認定において最も大きなファクターとなるのは、客観的に認定できることの多い任務違背行為それ自体の内容及び性質である。

例えば、北海道拓殖銀行事件では、最高裁の認定によれば、任務違背行為として起訴されたのは、融資先が実質倒産状態で経営状況が改善する見込はなく、既存の貸付金の返済は期待できないばかりか、追加融資は新たな損害を発生させる危険がある状況下で、実質無担保の追加融資を行ったという行為である。すなわち、北海道拓殖銀行事件の任務違背行為は、焦付き必至の融資というほかなかった。銀行の取締役はその業務の公共性等から、少なくとも融資業務に関しては通常の会社の取締役より高度の注意義務が課せられているが、仮に本件における会社が銀行でなかったとしても、当該融資については、期待される事務処理の姿と比較した場合の逸脱が著しく、任務違背行為それ自体が極めて強く図利加害目的を推認させる。このような場合、よほど合理的な理由がない限り、本人図利目的があったということは困難である。

このように、任務違背行為の内容及び性質が、期待される事務処理からどれだけ逸脱しているかは大きなファクターであり、この逸脱が著しければ、図利加害目的肯定の方向に大きく傾く。むろん、それ以外にも、自己図利目的としてどのようなものが想定できるか（多くの場合は経営の失敗を一時的に取り繕うことで、取締役解任という事態を免れるという自己保身目的が想定される）、そのような目的を持つような状況にあったか等の事情も検討される。しかし、任務違背行為の逸脱の程度が著しい場合は、他の要素からよほど明確な本人図利目的が認定できない限り、本人図利目的の主張は排斥されることになろう。

総 論

5 検 討

　以上を前提にすると、以下のことがいえよう。

　すなわち、第1に、北海道拓殖銀行事件は、最高裁の認定を前提とする限り、そもそも任務違背の程度が極めて深刻で、容易に図利加害目的が肯定できるような事案であったことになる。そうだとすると、北海道拓殖銀行事件において最高裁が本原則に言及する必要は本来なく、最高裁が本原則に言及したことが持つ意味合いは大きくないと見ておくのが安全である。

　第2に、上記4で述べたところを前提とすると、本原則が仮に特別背任罪に適用されると解するとしても、その役割が大きくなることは考えにくい。すなわち、仮に本原則が適用されることにより処罰範囲が限定されるのだとすると、任務違背行為か図利加害目的のいずれかが本原則により狭く解されると見ることになろう。しかし、任務違背行為は上記1の(2)で述べたとおり、合理的な取締役等であればどのような判断をするかが基準となる。そこでは、本原則が問題にするような判断の基礎とされた事実の認識の合理性、判断プロセス及び判断内容自体の合理性が当然に考慮される。これは本原則の適用の有無を論ずるまでもないことであり、実際、特別背任罪が適用にならない事務処理者（当然取締役等ではなく、その判断も経営とは必ずしも関係しない）に適用される背任罪（刑法247条）における任務違背行為の判断基準も基本的にこれと大きくは異ならない。そして、図利加害目的の認定は任務違背行為の認定に大きく依存するのであるから、図利加害目的の部分のみに本原則を適用するといってみても、そのようなことが可能であるかにそもそも疑問があるうえ、仮にできたとしてもその意味合いは大きくないであろう。結局、本原則の適用があるかないかを論じることは、特別背任罪の成否にほとんど意味を持たず、本原則の適用がない場合よりもある場合の方が特別背任罪の処罰範囲が狭くなるともいえないように思われる。

－44－

6 まとめ

　以上述べてきたことからすれば、取締役等は、本原則により特別な保護を与えられているわけではないと見ておいた方が、少なくとも現時点においては妥当といえる。結局、取締役等の行動規範としては、経営判断の基礎となる事実を適切な形で収集し、その判断に至るプロセス及び判断内容それ自体が合理的であると常に説明できるようにしておくべきであり、万が一にも会社ではなく取締役等個人や第三者の利益を追求していると疑われるような行為をしないという至極当然の結論が導かれるのみである。

　そして、いかなるものが「適切」あるいは「合理的」といえるかについては、当該業界における通常のやり方からの逸脱の程度の大きさが考慮される。何とも面白味のない結論ではあるが、そもそも論として、会社経営者になると突如として本原則により特別背任罪の免罪符を得られるというのがむしろおかしな話であって、このような帰結になるのも当然であるかもしれない。

各論

裁判例の分析・解説

1 会社設立時

各論〔裁判例の分析・解説〕

■見せ金■

1 仮装払込事件－東京相和銀行事件 （最決平成17・12・13刑集59巻10号1938頁、判例時報1919号176頁、原審：東京高判平成16・12・3、1審：東京地判平成15・2・18）

【事案一覧表】

事件のポイント	関連会社及び取引関係にある消費者金融業者等を経由した自己資金による株式払込の効力及び電磁的記録不実記載罪及び同供用罪の成否
関係現行法令	刑法157条1項、会社法208条1項
起訴された者	・H4.6.26〜H11.6.11間の東京相和銀行(以下「T銀行」という)取締役会長X1 ・H5.6.29〜H11.6.11間のT銀行代表取締役社長X2 ・H7.4.28〜H9.6.26間のT銀行代表取締役専務兼H9.6.27〜H11.6.11間のT銀行代表取締役副社長X3 ・H6.6.29〜H9.9.30間のT銀行常務取締役兼H9.10.1〜H10.9.30間のT銀行代表取締役専務X4 ・H7.6.29〜H9.6.26間のT銀行取締役兼H9.6.27〜H10.11.30間のT銀行常務取締役X5
結　　論	代表取締役らの行為が、電磁的記録不実記載罪及び同供用罪により有罪とされ、各被告人に以下の1審判決が言い渡され、確定した。 X1:懲役3年執行猶予5年 X2:懲役2年6月執行猶予4年 X3:懲役2執行猶予4年 X4:懲役1年6月執行猶予3年 X5:懲役1年6月執行猶予3年

－48－

1 東京相和銀行事件

裁判の経過	・X₁以外が控訴（控訴棄却） ・X₂及びX₅のみ上告（上告棄却）
その他参考事項	・類似事案として、東京地判昭和38・10・31下民集14巻10号2165頁、東京高判昭和48・1・17高民集26巻1号1頁。

【当事者関係図】
〔第1回増資〕

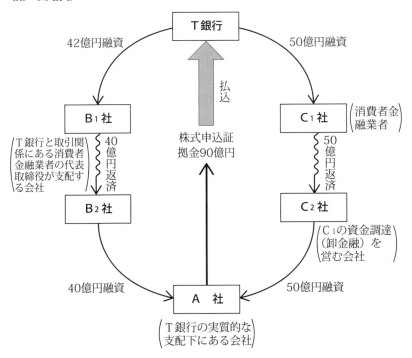

-49-

各論〔裁判例の分析・解説〕

〔第2回増資〕

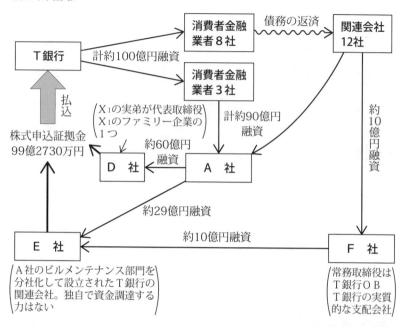

1　事案の概略

　T銀行取締役等のX₁らが、2回にわたる第三者割当増資（第1回及び第2回増資）につき、同増資によっては実質的にT銀行の資産が増加したとはいえないとして、同増資の効力を否定され、電磁的記録不実記載罪及び同供用罪により有罪とされた。

2　時系列

年　月　日	本件に関する事情
H5.3.31	銀行法14条の2に基づき、銀行の自己資本比率基準について4％以上を目標とする旨が規定される。

H8.3	T銀行の平成8年3月期の表面自己資本比率が3.81％となる。
H8.6.21	金融監督当局が、自己資本比率が4％未満の銀行に経営改善計画の提出及び実行の命令等を発動できるようになる。
H9.5下旬	9月に総額約400億円規模の第三者割当増資をすることで、自己資本比率を上昇させることが、X₁ら開催の「勉強会」にて決定（「勉強会」では重要案件に関する政策や方針について、経営陣の実質的な検討がなされていた）。
H9.8.29	T銀行が、C₁社に対し運転資金として50億円及び事業資金として30億円を融資。C₁社はC₂社に対し、50億円の債務の返済をし、C₂社はA社に対し、50億円を融資。
H9.9.3	X₁ら出席のうえ、T銀行の臨時取締役会開催。B₁社に対して運転資金42億円、ホテル建設資金21億円の融資を実行。B₁社からB₂社へ資金付替え名目で40億円が移動。
H9.9.4	B₂社が、A社に40億円を融資。
H9.9.18	A社がB₂社及びC₂社から融資を受けた合計90億円を含む370億円（株式発行価格1株400円、引受株式9250万株）を第三者割当増資の申込証拠金としてT銀行に入金。
H9.9.19	T銀行が総額400億円の株式払込保管証明書を発行。
H9.9.25	T銀行が、東京法務局湊出張所において変更登記を申請。登記官に、商業登記簿謄本である電磁的記録に、「発行済株式総数」、「資本の額」が増加した旨記録させ、同出張所に備え付けさせた。【第1行為】
H10. 2.25〜	T銀行が、消費者金融業者11社に対し、事業資金を含む8〜20億円を融資。融資を受けた各消費者金融業者、自らないし関連会社を経由して、A社及びF社に対し、合計約100億円を融資。

各論〔裁判例の分析・解説〕

H10.3.19	A社が、D社及びE社に対し、それぞれ60億円及び29億3000万円を融資。F社が、E社に対し、10億円を融資。D社が60億5万円（株式発行価格1株350円、引受株式合計1714万3000株）、E社が99億2730万円（1407万8000株）を第三者割当増資の申込証拠金としてT銀行に入金。その余の引受先も、T銀行から資金の融資を受け、申込証拠金とする。
H10.3.20	T銀行が、総額250億2500万円の株式払込金保管証明書を発行。
H10.3.24	T銀行が、東京法務局港出張所において変更登記を申請。登記官に、商業登記簿謄本である電磁的記録に、「発行済株式総数」、「資本の額」が増加した旨記録させ、同出張所に備え付けさせた。【第2行為】
H12.5	金融整理管財人の告発により、X₁ら逮捕。

```
3   裁判所の認定と判断
```

(1) 罪となるべき事実・罰条

① 第1行為（電磁的記録不実記載罪及び同供用罪：刑法157条1項・60条）

X₁らは共謀のうえ、T銀行から、同銀行が実質的に支配していたA社に、T銀行の取引先であるB₁社及びB₂社を経由して40億円を、T銀行の取引先であるC₁社及びC₂社を経由して50億円をそれぞれ移動し、平成9年9月18日に、A社からT銀行に、上記合計90億円を新株2250万株の申込証拠金として入金させ、同月19日、T銀行が、上記90億円を含む総額400億円についての株式払込金保管証明書を発行して払込を仮装したうえ、同月25日、T銀行の新株発行による虚偽の変更登記を申請し、登記官に不実の記録をさせ、法務局出張所に備え付けさせた。

－52－

1 東京相和銀行事件

② 第2行為（電磁的記録不実記載罪及び同供用罪：刑法157条1項・60条）

X₁らは共謀のうえ、Ｔ銀行から消費者金融業者を経由し、さらに、Ａ社及びＦ社をそれぞれ経由して、Ｄ社及びＥ社に合計99億2730万円を移動し、平成10年3月19日に、Ｄ社及びＥ社からＴ銀行に上記99億2730万円を新株2836万4000株の申込証拠金の一部として入金させ、同月20日、Ｔ銀行が、上記99億2730万円を含む総額250億2500万円についての株式払込金保管証明書を発行して払込を仮装したうえ、同月24日、Ｔ銀行の新株発行による虚偽の変更登記を申請し、登記官に不実の記録をさせ、法務局出張所に備え付けさせた。

(2)　裁判所の判断

1審は、本件各増資における90億円の払込及び99億2730万円の払込は資本充実の原則に反する無効なものであり、本件各増資を計画・実行したX₁らには、電磁的記録不実記載罪及び同供用罪が成立するとした。

4　事案の分析

(1)　不正の発生原因

① 動　機

「金融機関等の経営の健全性確保のための関係法律の整備に関する法律」の成立に基づく銀行法の一部改正に伴い、金融監督当局が、自己資本比率が4％未満の銀行に経営改善計画の提出及び実行の命令等を発動できるようになった。そのため、平成8年3月期の表面自己資本比率が3.81％となっていたＴ銀行は、最優先課題として、自己資本比率の向上を迫られていた。

② 当時のＴ銀行及びＡ社の経済状況

Ｔ銀行は平成8年3月期及び平成9年3月期に赤字決算となった。大手三銀行からは、株式持合いの解消の申し出を受け、大量のＴ銀行株式の引受先を探すのに苦労しており、第三者割当増資をすることにしたものの、

－53－

各論〔裁判例の分析・解説〕

新株の引受先を確保することが困難な状況にあった。また、Ａ社を新株引受人としたものの、当時のＡ社の財務状況からして、Ａ社のみで、第三者割当増資の目標額を達成することは困難であった。

なお、100億円単位の株を市場で処分すれば、株価が急落してＴ銀行の破綻を招いてしまう危険があった。

③ 機 会

当時、消費者金融業者らは、資金需要に旺盛であり、事業資金の融資が得られる期待、また、将来の取引関係に支障が生じることの懸念もあり、Ｔ銀行のスキームに協力することを了承しやすかった。

④ 正当化要素

イ　Ｔ銀行からの融資金をもって、Ｔ銀行の増資の払込金に充てることは、商法上、違法なものとされてはいない。

ロ　Ａ社等の新株引受人はＴ銀行に対し、現実に新株払込金を払い込んでいる。

(2)　有罪認定で重視された事情

①　低利率・不十分な担保及びＴ銀行の介入

本件第1回増資の各融資は、いずれも利率が事業資金融資の場合よりも低く設定され、返済方法・期限はＴ銀行が決定し、担保も事業資金融資の場合と比べて不十分なものであった。

また、本件第2回増資の各融資も、いずれも利率が事業資金の場合より低く設定され、返済方法・期限はＴ銀行が決定し、各融資の担保は不十分もしくは無担保であった。

②　資金移動の不必要性・不合理性

第1回増資において、Ｂ₁社あるいはＣ₁社は、いずれもＢ₂社あるいはＣ₂社との間の貸借関係を清算する必要はなかった。また、Ｔ銀行からの融資金については同銀行によってその使途が限定されていたにもかかわらず、Ｂ₂社及びＣ₂社は、融資先とされたＡ社の財務状況等を詳しく調査しなかった。

さらに、第2回増資においても、各消費者金融業者は、関連会社等との

-54-

賃借を清算する必要はなく、融資先とされたＡ社及びＦ社の財務状況等について詳しく調査していなかった。

③　**貸金債権の資産的価値**

　Ｔ銀行には、各融資スキームを実行した結果、直接の融資先である各消費者金融業者に対する貸金債権が生じていたが、Ｔ銀行と消費者金融業者との間では、（ⅰ）返済期限にＴ銀行がＡ社等の引き受けた増資新株を買い受ける者に融資をしてでも買い受けさせる旨の合意、及び、（ⅱ）消費者金融業者及びその関連会社がＡ社等から返済を受けない限り、Ｔ銀行は、消費者金融業者に対し各貸金債権の返済を求めない旨の合意がなされており、また、Ａ社等の引受会社は、その財務状況からして、各融資金を自力で返済できる能力はなかったため、同債権の資産的価値はほとんどなかった。

④　**資金の直接的な連動**

　本件第１回増資において、Ｔ銀行からＢ₁社に対する融資とＢ₂社からＡ社に対する融資、Ｔ銀行からＣ₁社に対する融資とＣ₂社からＡ社に対する融資がそれぞれ直結的に連動している。

　また、本件第２回増資においても、Ａ社等に対する融資は、いずれもＴ銀行の各消費者金融業者に対する各融資から短期間に実施されており、それぞれ直接的に連動している。

　これらの事実を重視し、１審及び２審は、本件各増資は、資本充実の原則に反する仮装増資であり、Ｘ₁らはその違法性を認識していたと判断した。

(3)　**会社資金による仮装払込について**

　本件においては、会社法965条に処罰規定のある預合い、判例上払込が無効とされている見せ金とは異なり、迂回された会社資金により実際に払込がなされており、（ⅰ）会社資金による仮装払込は、見せ金と同様に私法上無効と解してよいか、また、（ⅱ）これが肯定されるとき、いかなる場合に会社資金による仮装払込と認定してよいかが問題となっていた。

　最高裁決定は、Ｔ銀行が取得した各貸金債権は、実質的な資産と評価す

各論〔裁判例の分析・解説〕

ることはできず、いずれも株式の払込としての効力を有しない旨述べ、また、1審及び2審判決は、本件各払込が、資産充実の原則を満たしていない旨述べ、本件の払込の効力を否定し、X₁らを有罪とした。

　本件のように、実質的に会社資金による払込がなされたことに加え、会社が得た貸金債権が実質的な資産と評価できない場合には、見せ金と同様、払込は私法上無効となり、また、不実記載罪の成立が認められることになると判断されたものと考えられる。

　会社資金による払込（迂回融資）が、預合いや見せ金の場合同様、その効力を無効とされ、同払込を計画・実行した経営陣に電磁的記録不実記載罪及び同供用が成立する場合があることが示された。

(4) 量刑判断で重視された事情

【加重要素】

- ・当時、金融機関には適正・妥当な査定により自己資本比率を算定して正確な財務体質を把握することが要求されており、X₁らはその要請に誠実に応えるべき立場にあったこと
- ・仮装増資の総額は約189億円余と極めて多額で、発行された増資株式は合計5000万株余、T銀行の発行済株式総数の約13.5％に及び、商業登記簿に対する社会一般の信頼を著しく損ねたこと等

【軽減要素】

- ・X₁らは当初から仮装増資を企図していたわけではないこと
- ・経営陣としての立場から、T銀行の当面の維持、存続を図るという酌むべき動機があったこと等

5　不正の防止策・注意点

　本事案の分析からは、実質的に会社資金を含む払込を行う場合につき、以下の防止策・注意点が導かれる。

(1) 仮装払込と疑われる危険性に十分配慮する

　本件で行われた各増資のスキームは、必ずしも違法・無効なものではな

－56－

い。もっとも、各融資や貸金契約において、各融資・借入先の会社の財務状況を調査のうえ、適切な利率・担保の設定をし、また、同融資や貸金債権の将来における回収が確実であると評価できる必要があった。

なお、本件において、X₁らは、顧問弁護士から、「信用、担保等についての審査に遺漏がないよう配慮すべきである」、「Ｔ銀行が第三者に融資をし、当該第三者が引受人にさらに融資をしてその融資金をもって払込に充てた場合も適法であるが、同じく配慮を要する」旨の意見や、「払込金がＴ銀行の資金として運用できるものであり、かつＴ銀行の上記別会社に対する貸金債権の回収が確実と見込まれていれば、払込は有効である」旨の意見を得ていた。

(2) 実質的に会社資金を含むこととなる払込は補完的手段とすること

本件においてＴ銀行は、当初、劣後ローンの導入や中間発行増資の実施等を中心として自己資本充実策を検討しており、量刑上の軽減事情とされた。会社資金の迂回融資は仮装払込と疑われる危険も高いことに留意すべきである。

(3) 払込金と連動する自社の貸金債権の回収可能性を考慮する

融資スキームの結果、自社が得ることとなる貸金債権が返済期限において確実に回収が見込めるものであるか、融資先の運営・資産状況を調査し、回収が見込める旨の具体的な根拠を備えておく。また、融資金及び貸金債権につき、合理的な返済期限・方法を定めておき、返済を猶予するような合意は避けるべきである。

さらに、新株引受会社が、返済期限において、取得した新株を売却して融資金の返済に充てる回収手段を想定する場合には、額面通りの売却が見込まれるのかを自社の運営・債務状況から厳しく判断すべきである。

（金澤（根岸）亜也子）

各 論
裁判例の分析・解説

2 財務情報開示

各論〔裁判例の分析・解説〕

■BS・資産の過大計上■

2 株価操縦の事実を隠ぺいする目的でなされた株式の取得価額の過大計上等—キャッツ事件 (最決平成22・5・31判例時報2174号127頁)

【事案一覧表】

事件のポイント	仕手筋を用いた株価操縦行為の清算のために、会社から60億円を出金して仕手筋から株を買い戻した事実に関し、これらの事実を隠ぺいする目的で、実体のない預け金を計上したり、株式の取得価額を過大に計上したりするなどの会計処理を行った行為の違法性
関係現行法令	金融商品取引法197条1項1号(虚偽記載有価証券報告書提出)・197条の2第6号(虚偽記載半期報告書提出)
起訴された者	株式会社キャッツ(以下「A社」という)と監査契約を締結する監査法人の公認会計士X
結 論	Xが、虚偽記載半期報告書提出罪及び虚偽記載有価証券報告書提出罪により有罪、懲役2年、猶予4年(上告棄却で確定)。
裁判の経過	1審:東京地裁平成18年3月24日判決 　　懲役2年、猶予4年 控訴審:東京高裁平成19年7月11日判決 　　懲役2年、猶予4年
その他参考事項	代表取締役社長a:東京地裁平成17年3月11日判決が懲役3年、執行猶予5年、追徴金3億1082万円とし、確定(判例時報1895号154頁)。

2 キャッツ事件

【当事者関係図】

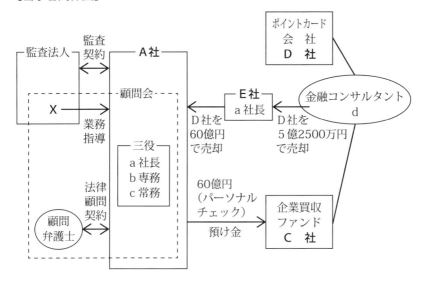

1 事案の概略

　本件は、東証1部上場会社であったA社の役員ら（a社長、b専務、c常務、以下併せて「三役」という）が、仕手筋に資金を提供してA社株を大量に購入させ、A社株を高値に誘導する株価操縦を行っていたところ、株価操縦を継続する資金に窮したことから、仕手筋の保有するA社株を買い取って株価操縦を終結させることとし、a社長がA社から60億円の資金を引き出して仕手筋からA社株を買い戻した行為に関し、株価操縦の事実が明るみに出ることをおそれた三役らが、上記60億円の出金の会計処理について、実体のない取引等に基づく処理を行い、内容虚偽の半期報告書及び有価証券報告書を提出した行為について、これに加功したとして、A社と監査契約を締結する監査法人の公認会計士であったXが、虚偽記載半期報告書提出罪及び虚偽記載有価証券報告書提出罪により有罪とされた事案である。

各論〔裁判例の分析・解説〕

2　時系列

(1)　平成14年度の中間監査までの経緯（虚偽記載半期報告書提出罪）

年　月　日	本件に関する事情
H12.8ころ	b専務が仕手筋に資金を提供してA社株を大量に購入させ、A社株を高値に誘導する株価操縦を開始。
H12.8末	b専務がa社長に対し、株価操縦の事実を報告。当時、A社は東証1部上場のために役員の持株比率を下げ、株主の数を増やすことが課題であったことなどもあり、a社長も仕手筋への資金提供を了承。
H12.12	A社東証1部上場。
H14.1.9	三役が会議。仕手筋への資金提供の継続が困難なため、仕手筋からA社株を買い取って株価操縦を終結させる方針を確認。仕手筋に買い占められているA社株は約240万株であり、これを買い取るためには約77億円の資金が必要となることから、a社長は、自己資金に加え、A社から60億円を借り受けて、買取りに充てることを決定。
H14.1	A社株の買取方法について、インサイダー取引禁止の例外として、上場会社が株式の買占めにあった場合において、これに対抗するため取締役会の要請決議により、会社役員による自社株の買取りが許容されることとされているいわゆる防戦買いという手法をとることを決定。
H14.1.29	A社、銀行から60億円を借入れ。
H14.2.4	A社から（別会社をいったん経由して）a社長に対する60億円の貸付実行（A社の経理処理上は、a社長への仮払金として処理。以下、この60億円を「本件60億円」という）。

－62－

H14.2.5	ａ社長、証券会社に開設したａ名義の口座に本件60億円を含む77億円を振込。
H14.2.6	証券会社が防戦買いの取次業務を拒否し、77億円全額をａ社長の銀行口座に返還したが、ａ社長は、本件60億円をＡ社には返還せず。
H14.2.7	防戦買いの失敗を受け、ａ社長は、知人の金融コンサルタントｄに仕手筋の保有するＡ社株の買取方法を相談。 ｄは、①ａ社長が海外のＢ銀行の社債券を購入し、Ｂ銀行が（ａ社長による社債券の購入代金を原資として）Ａ社株を購入するスキーム（Ｂ銀行スキーム）、②ａ社長がｄと匿名組合契約を締結し、ａ社長がその営業者であるｄに出資して、ｄが匿名組合の事業としてＡ社株を買い付けるスキーム（匿名組合スキーム）を提案し、この両案が併用して採用されることとなる（海外株買取スキーム）。
H14.2.19	ａ社長は、いったん海外のＣ銀行へ本件60億円を含む70億円を送金。そのうち33億円がｄの証券口座に送金され、さらに上記70億円のうちの33億円がＢ銀行に送金された。
H14.2.22	ｄを営業者とする匿名組合がＡ社株100万株を買取り。
H14.3.14	Ｂ銀行がＡ社株100万株を買取り。
H14.6.7	ａ社長は、期中監査を迎えるに際し、本件60億円を仮払いのままにしておくことはできず、現金で返済することもできなかったことから、銀行にａ社長名義の当座預金口座を開設したうえ、額面30億円のパーソナルチェック２枚を振り出し（以下「本件パーソナルチェック」という）、これをＡ社に差し入れることによって、60億円を返済することとした（パーソナルチェックスキーム）。しかし、当該当座預金口座に60億円の決済資金が入金されることはなかった。 ｃ常務は、経理部長らに対し、ａ社長に対する60億円の仮払金は本件パーソナルチェックで５月末日に返済されたこ

2　キャッツ事件

各論〔裁判例の分析・解説〕

	とにするが、支払呈示すると不渡りになるので、支払呈示には回さないよう指示し、本件60億円の仮払金を消すとともに、現金60億円の支払を受けた旨の経理処理をさせ、本件パーソナルチェックは金庫で保管。
H14.7中旬	A社は、中間監査を迎えるに際し、本件パーソナルチェックを換金しないまま保有しておくことはできなかったため、a社長は、dと協議し、本件パーソナルチェックは、M＆A目的の名目で、dが実質的に所有して代表取締役も務めるC社に預託し、経理上60億円を預けた形にし、C社においては、A社から60億円を預かっている旨を証明する、ただし、C社は、本件パーソナルチェックを支払呈示に回すこともないし、A社もC社に対し、預託した60億円の返還を請求することはない旨の合意が成立し（預け金スキーム）、A社とC社との間で、本件パーソナルチェックをM＆A目的で寄託する旨の消費寄託契約書を作成（中間監査が6月末時点の計算で行われるため、同契約書の作成日付は6月28日付けとされた）。
H14.7下旬	監査法人による中間監査。C社が60億円を預かっている旨の証明書を発行したため、監査補助者である公認会計士らは、60億円を預け金として処理することを了承。
H14.9.19	A社、半期報告書を提出【第1行為】。同報告書の中間貸借対照表には、平成14年6月30日現在での資産として「預け金60億円」が計上されたうえ、「重要な資産の内容」「預け金60億円」消費寄託契約に基づく企業買収ファンド事業会社への資金の寄託であります」との注記が加えられた。

－64－

⑵　平成14年度の中間監査後の経緯（虚偽記載有価証券報告書提
　　出罪）

年　月　日	本件に関する事情
H14.3ころ	dがD社を1000万円余りで買収（D社は、ポイントカード事業を行う会社）。 a社長は、dの要請を受け、a社長が実質的に支配するE社の名義で、D社株500株を1株5万円（合計2500万円）で引き受けた。
H14.9末	a社長は、60億円の預け金を期末までに処理する必要に迫られていたところ、12月末までに現金60億円を調達できる目途も立たなかったことから、dの経営するD社に目をつけ、D社をdからA社が60億円で買収し、その対価をC社に預託していた本件パーソナルチェックで支払って60億円を清算する方策（D社買収スキーム）を考えつき、dにD社を売却するよう依頼。
H14.11.6	三役が会議。D社買収スキームを了承。 c常務は、買収にあたっての株価算定を、かつてA社の経理部でc常務の部下として働いていた公認会計士に依頼することとし、同会計士に対し、a社長は60億円で評価してほしいという意向を持っていると伝えたうえで、D社の株価算定を依頼。同会計士は、D社の作成した事業計画書の内容が現状とかけ離れていると考え、その実現可能性は低いと判断したが、a社長の意向を酌んで、DFC方式を採用し、リスクプレミアムを操作することで、D社の株式の時価総額を約60億4300万円と評価した算定書を作成。
	D社の株式を上記の算定額で売却した場合にdらに発生する多額の譲渡益を回避するため、dらが保有するD社株合計2100株は、1株25万円でいったんE社に売却し、E社がもともと保有している500株と併せた2600株を60億円で

－65－

各論〔裁判例の分析・解説〕

H14.11末	A社に売却する形をとることを合意。 【D社の株主構成（発行済株式総数：2600株）】 d：1640株、e：100株、f：360株、E社：500株 1株25万円でいったんE社が買い取ることを合意（d、e、f が保有する合計2100株の買取価額の合計は、5億2500万円）。
H14.11.28	A社取締役会。C社との消費寄託契約を解除し、返還された60億円でD社の全株式をE社から取得することを承認。預け金60億円を子会社株式60億円に振り替える旨の経理処理。
H15.3.28	A社、有価証券報告書を提出【第2行為】。同報告書の貸借対照表の中の「主な資産及び負債の内容」には、「D社株式60億円」との記載がされた。

3　裁判所の認定と判断

(1)　罪となるべき事実・罰条

①　第1行為・虚偽記載半期報告書提出罪（現・金融商品取引法197条の2第6号）

　平成14年9月19日、X、a社長、金融コンサルタントdが共謀のうえ、内容虚偽の半期報告書を関東財務局長に提出。実際には、A社からa社長への60億円の貸付金であるにもかかわらず、企業買収ファンドへの資金の寄託に係る60億円の預け金として計上した貸借対照表等を掲載。

②　第2行為・虚偽記載有価証券報告書提出罪（同法197条1項1号）

　平成15年3月28日、X、a社長、金融コンサルタントdが共謀のうえ、内容虚偽の有価証券報告書を関東財務局長に提出。A社が保有するD社の株式の取得価額が多くとも6億5000万円（1株25万円×2600株）であるにもかかわらず、同株式の取得価額を60億円として計上した貸借対照表

－66－

等を掲載。

(2) 裁判所の判断

　Xは、一連の会計処理は正当であり、本件各報告書に「虚偽の記載」はないこと、a社長及びdとの間で「虚偽の記載」について共謀した事実はないことを主張して争ったが、本決定は、一連の会計処理に係る取引が仮装された実体のない取引であったこと、Xが一連の取引について専門家の立場から助言や了承を与えるなど、積極的な役割を果たしてきたことなどを認定し、Xの主張を排斥して、1審の判断を是認した。

4　事案の分析

罰　　条	内　　容
虚偽記載有価証券報告書提出罪（現・金融商品取引法197条1項1号）	「……有価証券報告書……であって、重要な事項につき虚偽の記載のあるものを提出した者」は、10年以下の懲役もしくは1000万円以下の罰金に処し、またはこれを併科する。
虚偽記載半期報告書提出罪（同法197条の2第6号）	「……半期報告書……であって、重要な事項につき虚偽の記載のあるものを提出した者」は、5年以下の懲役もしくは500万円以下の罰金に処し、またはこれを併科する。

規　　範	本件のあてはめ
虚偽の記載＝真実に合致しない記載	第1行為：本件パーソナルチェックはC社における60億円の運用のために交付されたものではなく仮装されたものであるから、C社に対して60億円を寄託したとはいえない。
	第2行為：本件パーソナルチェックは支払呈示をしないことを前提に交付されたものであり、D社の買収にあたっても、その代金支払手段とされたものと

各論〔裁判例の分析・解説〕

	は認められないから、D社株を60億円で取得したとはいえない。
重要な事項＝投資者の投資判断に著しい影響を及ぼす事項（真実の記載がなされれば、投資者の投資判断が変わるような事項）	第1行為：本決定は、「重要な事項」であるか否かについては取り立てて検討を加えていないが、M＆A目的の「預け金」とa社長に対する巨額の「貸付金」とでは、回収見込も大きく異なるものと解されるから、「重要な事項」といえよう。
	第2行為：本決定は、「重要な事項」であるか否かについては取り立てて検討を加えていないが、多くとも6億5000万円であるD社の取得価額を60億円と計上したのであれば、50億円以上の資産が過大計上されていることとなるから、「重要な事項」といえよう。

【不正の発生原因】

(1) 動 機

A社は、株価操縦を開始した平成12年8月当時、東証1部上場を目指しており、東証1部上場のためには役員の持株比率を下げ、株主の数を増やすことが課題であったことのほか、A社の株価を上げて売却益を得る利益など、a社長ら三役には、仕手筋を用いて株価操縦を行うことでA社の株価を高値に誘導する動機があった。

(2) 機 会

Xは、公認会計士であり、A社と監査契約を締結する監査法人の代表社員の1人であったが、A社の監査業務は、Xとは別の代表社員が担当しており、Xは、A社の業務指導を担当していた。Xは、三役及び顧問弁護士を加えた5名によって構成され、概ね1か月ごとの頻度で定期的に開催される顧問会と呼ばれる会合に参加し、A社の経営に関して専門家としての助言、了承を与えるなど、A社と密接な関係にあった。

(3) 正当化要素（会計上の意味における「真実」）

Xは、第1行為に関し、C社は預け金60億円について監査法人に対し

証明書を発行しているから、消費寄託契約が仮装されたものであるということはできず、預け金60億円を計上した会計処理に虚偽はない、第2行為に関し、6億5000万円はあくまでもE社がD社を取得した価額であるところ、A社は、E社からD社を60億円で取得しているのであり、現にD社が60億円の価値を有することは第三者の評価によって証明されているのであるから、A社におけるD社の取得価額を60億円と計上した会計処理に虚偽はない、と主張している。

5　不正の防止策・注意点

　本件のように経営トップが不正を認識し、積極的にこれに関与した場合、経営陣に牽制力を発揮できる者がいなければ、ガバナンスを発揮することは困難である。

　したがって、公認会計士など財務会計についての専門的知見を有し、経営陣からの独立性を有する社外役員を選任しておくことが有用である。

　本件におけるXは、公認会計士であり、A社と監査契約を締結する監査法人の代表社員であったが、監査業務は別の公認会計士が担当し、Xは顧問会に参加するなどして業務指導を担当していた。監査法人の代表社員が、クライアント企業と深く関わることは外見的独立性を害するばかりか、Xは、平成元年ころの店頭公開準備の時からA社に関わり、A社を我が子のように思っていたことなどから、社外の人間としてのガバナンスを十分に発揮することができなかった。

（木下雅之）

各論〔裁判例の分析・解説〕

キャッツ事件

　判決によると、当該事件で問題となった会計処理は、以下の2点である。

①代表取締役に対する「貸付金60億円」として処理すべきところを「預け金60億円」として処理した。
②子会社株式を「6億5000万円」として処理すべきところを「60億円」として処理した。

　①に関しては、貸付金も預け金も同じ資産であるため、貸借対照表に計上する表示科目の虚偽記載が問題となった。同じ資産であっても、表示科目が違うと財務諸表利用者の意思決定に重要な影響を与えてしまう。本事件の対象となった中間貸借対照表において「預け金60億 消費寄託契約に基づく企業買収ファンド事業会社への資金の寄託であります。」との注記がされていた。しかし、これが「代表取締役に対する貸付金60億」として記載されていれば、金額が多額であり、通常行われる取引とはいい難いため、財務諸表利用者はその内容や回収可能性に注目し、意思決定に重要な影響を与えたと思われる。なお、会社と役員等との取引は、現在では関連当事者としての取引内容、取引金額、科目、期末残高などが注記され、開示される。

　また、貸付金として処理した場合、その回収可能性が検討され、貸倒引当金の設定が行われる。貸し付けた代表取締役に資金力がなく、回収可能性が乏しいようであれば、多額の貸倒引当金が計上される。その結果、費用が計上され、資産及び純資産（資本）が減少する結果となったと思われる。

公認会計士の視点

　②に関しては、貸借対照表に計上した金額の虚偽記載が問題となった。これは企業買収を利用した不正である。本事件では外部の公認会計士が算定した評価額が実態に即していないとして、その評価に基づいて行った会計処理が虚偽記載であるとされた。

　買収する会社の評価（企業価値評価）は、過去・現在の財務データだけでなく、事業計画などに基づいて将来の財務データを見積もって行う。この将来の予測が実務的には難しく、事業計画の実現可能性の検討が重要である。評価方法も唯一絶対的な方法がある訳ではなく、評価手法も色々あり、評価者によって評価金額が異なることは実務において多々ある。また、売り手側と買い手側で評価額も異なる。しかし、企業価値評価で大切なことは、他の専門家が企業評価を行っても近似値の評価額になるような、常識的な範囲内での評価額に着地させていくことであると思われる。

　本事件においては、①と②が絡み合っていたが、個々の会計処理だけに焦点を当てるのではなく、全体としてどのような会計事象（会計事実）であったのかを理解することが重要である。資金はどこからどこに流れたのか、最終的に何を取得し、どのような利益や損失があったのか。全体としての会計事象をとらえ、適切な会計処理をすべきであった事件であろうと思われる。

（西田明熙）

各論〔裁判例の分析・解説〕

■PL・架空・過大売上げ計上■

3　架空取引による粉飾─エフオーアイ事件（さいたま地判平成24・2・29公刊物未登載）

【事案一覧表】

事件のポイント	架空取引による粉飾行為とその虚偽の業績を公表すること等による一般投資家の株式会社エフオーアイ（以下「A社」という）株式の取得の勧誘行為の違法性
現行関係法令	金融商品取引法207条1項1号・197条1項1号・5条1項（有価証券届出書虚偽記載）・197条1項5号・158条（偽計取引罪）
起訴された者	A社の元代表取締役社長X1、元代表取締役専務（財務担当）X2
結　　論	Xらは、ともに有価証券届出書虚偽記載罪、偽計取引罪で有罪（いずれも確定） X1：懲役3年（求刑：懲役5年） X2：懲役3年（求刑：懲役4年）
その他参考事項	・A社は、平成22年5月31日付で破産手続開始決定を受けた（平成26年9月24日終結）。 ・裁判所は、上記の破産手続において、平成22年10月28日付でX1、X2及び元営業担当取締役aにつき、取締役としての任務懈怠による損害賠償債務額を17億3018万3302円と査定する旨の決定をしている（破産法178条1項。aとは和解契約が締結されている）。 ・破産管財人は、A社の監査役ら3名に対してA社が被った損害の内金1億円を、A社の会計監査人ら4名に対して内金5億円を損害賠償請求し、監査役1名と800万円、会計監査人4名と1億3000万円で和解した

-72-

3　エフオーアイ事件

| | （横浜地裁平成22（ワ）第5110号、平成22（ワ）第4979号）。残りの監査役2名に対する訴えは取り下げられている。
・そのほか、株主らの複数の団体がA社取締役、監査役、公認会計士、証券会社、証券取引所に対して損害賠償を請求する訴訟を提起している。 |

【当事者関係図】

〔架空売上げを計上するためのスキーム〕

注文書等の書類偽造

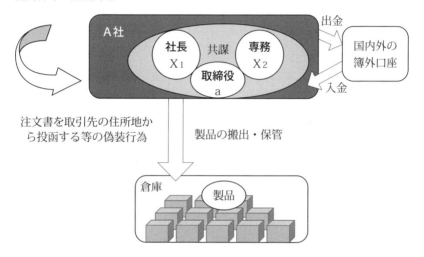

1　事案の概略

(1)　A社は、半導体製造装置の開発、生産等を行う会社である。平成15年3月期まで毎期連続で赤字決算を続けており、平成16年3月期においても赤字決算となることが必至であった。

(2)　業務全般を統括する代表取締役社長X_1及び経理業務全般を統括する代表取締役専務X_2は、ベンチャーキャピタルからの出資等を継続させ

各論〔裁判例の分析・解説〕

るため、A社営業担当取締役aとともに、架空取引（架空の売上げを計上
する）などの方法を用いて売上げを水増しした粉飾決算を公表するように
なった。平成19年、Xらは、A社の資金繰りが一層窮迫したことから、
公募増資によりA社を存続させようと考えて、粉飾した決算内容でA社の
上場申請を決行した。

　(3)　Xらが行った粉飾の方法は、以下のようなものである。

　①　実在する企業の書類を手本に注文書、検収書などの伝票を作成し、
出荷証明書、納税書も偽造した。

　②　取引先が郵便物を発送したように装うため、注文書等の郵便物は取
引先の住所地からA社宛に投函して消印を偽装した。

　③　売上金の入金を偽装するため、国内外の簿外口座を経由して、海外
に実在するメーカー名義でA社へ入金した。

　④　架空の取引に基づき、実際の製品を工場から出荷して、別の倉庫に
運び込んで保管した。

　⑤　公認会計士を海外に連れて行き、偽の取引先を紹介し、通訳に虚偽
の説明をさせた。

　(4)　Xらは、aと共謀のうえ、A社の上場に際して、平成21年3月期
連結会計年度において、約115億円の水増しをした架空売上げの計上によ
る虚偽の記載をした有価証券届出書を提出した【第1行為】。

　(5)　A社は、平成21年10月16日、上場を承認され、同年11月20日に
上場した。

　(6)　Xらは、共謀のうえ、多額の資金調達を図るため、平成21年10月
16日から11月17日までに、A社の業績を過大に偽る等、有価証券の募集
のために偽計を用いた【第2行為】。

　(7)　A社は、平成22年5月12日に証券取引等監視委員会の強制調査を
受け、同月21日に破産手続開始の申立を行った。同月31日には、A社に
破産手続開始決定が出て、同年6月15日付で上場廃止となっている。

－74－

3　エフオーアイ事件

2　時系列

年　月　日	本件に関する事情
H6	X_1がA社を設立し、代表取締役に就任。
H8〜H11	DRAM（半導体メモリ）不況
H12	ＩＴバブル崩壊
H13.3	X_2がA社の取締役に就任。 A社は毎期連続で赤字決算を続けるようになる。
H15.4以降	Xらが架空売上げの計上などにより、A社の売上高を数倍から数十倍に水増しする粉飾を行うようになる。
H19.5	X_2がA社の代表取締役に就任。
H21.10.16〜11.17	【第1行為】Xらは、虚偽の有価証券届出書を関東財務局長に提出。 【第2行為】証券取引所内記者クラブの投函ボックスに虚偽の業績見通しを投函。 買取引受を予定していた証券会社において、虚偽の目論見書を配布。 虚偽の売上高を前提とした有価証券届出書等の開示書類が真実かつ正確に記載されている旨の虚偽の表明。 引受証券会社をして、多数の一般投資家に虚偽の目論見書を交付させる等して、A社の新株の取得の申込を勧誘させる。

各論〔裁判例の分析・解説〕

| 3 | 裁判所の認定と判断 |

⑴　罪となるべき事実（Ｘらは事実関係について争わなかった）

①　第1行為・有価証券届出書虚偽記載（適用法令：金融商品取引法207条1項1号・197条1項1号・5条1項）

Ｘらは、ａと共謀のうえ、Ａ社の業務に関し、平成21年10月16日、上場に伴う株式の募集及び売出しを実施するに際して、重要な事項につき虚偽の記載のある有価証券届出書を関東財務局長に提出した。平成21年3月期の連結会計年度につき、Ａ社の売上高は約3億2000万円であったにもかかわらず、架空売上高を計上する方法により、売上高を約118億5500万円と記載した連結損益計算書を掲載していた。

②　第2行為・偽計取引（適用法令：同法197条1項5号・158条）

Ｘらは、共謀のうえ、Ａ社の業務に関し、Ａ社株券を平成21年11月20日に上場させるにあたり、証券会社をして、Ａ社の株券を募集させて多額の資金を調達しようと企て、真実は、平成21年3月期連結会計年度におけるＡ社企業集団の売上高が約3億2000万円、平成22年3月期第1四半期及び第2四半期連結累計期間における同売上高がそれぞれ約74万円及び約465万円であることを秘して、あたかも業績好調な会社であるかのように装い、下記の行為に及んで有価証券の募集のため偽計を用いた。

イ　平成21年10月16日、証券取引所内記者クラブに設置された投函ボックスにＡ社の平成22年3月期第2四半期連結累計期間における同社企業集団の売上高が48億9300万円の見込みであるなどと虚偽の内容を記載した業績見通しの書面を投函して虚偽の事実を公表した。

ロ　平成21年10月29日、証券会社において、Ａ社株券の買取引受を予定していた引受証券会社担当者らに対し、Ａ社の企業集団の業績に関し、平成21年3月連結会計年度における売上高が118億5500万円（前年同期比124.8％）、平成22年3月期第1四半期連結累計期間の売上高が24億3000万円などという虚偽の目論見書を配布するなどした。

ハ　平成21年11月11日、数社の引受証券会社との間で株式引受契約（引受株式総数675万株、払込金総額合計52億7850万円）を締結するに際し、上記の虚偽の売上高を前提とした有価証券届出書等の開示書類につき、真実かつ正確な記載がなされている旨の虚偽の表明をするなどした。

ニ　同月12日から17日までの間、引受証券会社をして、多数の一般投資家にこれらの虚偽の内容を記載した目論見書を交付させるなどしてＡ社が新たに発行する株券の取得の申込を勧誘させた。

(2)　量刑に関する事情

本件の粉飾率は、いずれも90％を超える極めて巨額なものであるうえ、Ｘらは、虚偽の情報流布により約52億円もの莫大な資金を集めている。しかも、その粉飾の発覚により、Ａ社には破産手続開始決定がなされ、上場廃止となったことから、投資者らに甚大な被害を生じさせている。

投資者の信頼を著しく裏切り、証券市場制度の根幹を揺るがす極めて悪質な犯行といえ、その被害の深刻さ、社会的影響の重大さに照らせば、一般予防の観点からもＸらは厳罰を免れない。

本件各犯行がＸらのいずれを欠いても成立し得ないものであることから、Ｘ1とＸ2の刑事責任は同等というべきである。

4　事案の分析

(1)　不正の原因について

①　犯行の経緯と当時の状況

Ｘ1がＡ社を設立した当初は、大手製鋼会社と連携するなどして、数十億円規模の莫大な資金を投入してきたところ、市況の悪化などの影響により大手製鋼会社が共同開発から撤退し、Ａ社の資金繰りは、ベンチャーキャピタル等に頼らざるを得なくなった。

ベンチャーキャピタルからの出資等を継続的に受けてＡ社を存続させるためには、Ａ社は常によい業績の結果を出す必要があったが、1990年代後半はDRAM不況と呼ばれる半導体事業にとって厳しい時期であり、

各論〔裁判例の分析・解説〕

2000年代初頭には、いわゆるＩＴバブルも崩壊してしまった。

② 犯行の動機等

X₂は、X₁の開発能力や営業能力、業界内におけるＡ社の成長力を過大視して盲進し、Ａ社を存続させるために、自己の専門的知識や経験を悪用して粉飾決算を重ねきた。X₁も、代表取締役社長として、市況や自社の経営状況に応じた適切な経営判断をすべき立場にあり、法令遵守を命ずべき立場にありながら、X₂らとともに粉飾を行ってきた。

X₁及びX₂ともに、当初のＡ社というベンチャー企業を成長・発展させて社会に貢献しようという純粋な動機が歪められ、Ａ社の存続が目的化されてしまったといえる。

③ 犯行の機会等

Xらは、Ａ社の経営陣のトップの地位にある者であり、本件では営業担当の取締役ａも粉飾に関与している（ａは起訴はされていない）。社長、財務担当及び営業担当の役員が一緒になって不正を働き、注文書等の書類も巧妙に偽造されている場合には、不正を事前・早期に発見して防止することは非常に難しい。本件では、内部告発等があったため２度上場申請を取り下げてはいるが、結局、上場前の、決算時の監査法人、上場時の引受主幹事会社及び証券取引所による三重のチェックによってもその粉飾は発覚しなかった。もっとも、架空の売上げを作出し、実際には売れていない製品を倉庫に保管して、資金を環流させるという手法には、自ずと限界があり、遅かれ早かれ破綻していたことは明らかである。

(2) 量刑判断で重視された事情

本件は、上場前の平成21年３月期における粉飾についての有価証券届出書の虚偽記載及び偽計取引についての責任が問われている。

裁判所は、粉飾額が約115億円と高額で、虚偽の情報流布により約52億円もの莫大な資金を集めているうえ、その粉飾の発覚により、Ａ社は破産し、上場廃止によって投資者らへの甚大な被害が生じていることを重視し、また、Ａ社の業務全般を統括する社長のX₁及び経理業務を担当する専務のX₂の刑事責任は同等であるとして、いずれも懲役３年の実刑を言

3　エフオーアイ事件

い渡している。

　X₁の弁護人らは、X₁が財務関係に関与しておらず、上場を準備していた事務室への自由な出入りも許されていない等、財務の詳細を把握することはできなかったとして、本件犯行を主導したのは専らX₂であるという主張をしていたが、裁判所は、社長のX₁は、市況や自社の経営状況に応じた適切な経営判断をする立場にあり、また、法令遵守を命ずべき立場にありながら、X₂らとともに粉飾に関与し、粉飾の実態及び隠蔽の手段を知悉していたとしてその主張を排斥した。

5　不正の防止策・注意点

⑴　遵法意識の高い職場環境作り

　社長、財務担当、営業担当による経営陣トップが故意に不正を行い、注文書等の書類を巧妙に偽造して、公認会計士に偽の取引先を紹介するといった偽装を行っている場合には、社内の制度や体制の構築だけでは不正を防げない。

　そのため、制度・体制以前の問題として、役員・従業員各人のコンプライアンス意識を持つことが何よりも重要であり、自らの職責の下で相互にチェックを行って不正を見逃さないという意識が必要となる。具体的な措置としては、行動規範を策定・周知や法令遵守研修会の実施等がある。

⑵　事前予防策としての体制構築

　本件不正は、A社内の取締役会（社外取締役も選任されていた）、監査役会、会計監査人はもちろん、決算時の監査法人、上場時の引受主幹事会社及び証券取引所による三重のチェックでも発見されなかったものである。

　もっとも、報道によれば、A社の売掛債権の回収サイトは2年近くに及ぶ異常に長期なものとなっており、それに対するX₂の説明は良品歩留率が数％に留まっているためといった内容であったことから、当初より疑問の声があったとのことである。また、判決文においても「内部告発等によ

－79－

各論〔裁判例の分析・解説〕

り二度にわたって上場申請を取り下げざるを得ない事態に陥るなど紆余曲折」があったという認定がなされている。

経営陣トップによる不正行為の場合であっても、内部告発は不正摘発に効果的な手法であるので、外部に窓口を設けた内部通報制度・ホットライン等のシステムを整備するべきである。

(3) 事後対応策としてとるべき対応

本件は、不正発覚後まもなく、Ａ社についての破産手続開始決定が出ているため、主な事後対応はＡ社の破産管財人が行っている。

① 不正行為の調査・事実関係及び結果等の公表

事実関係の調査、全容解明、経緯及び結果を公表する必要がある。

本件では、破産管財人により、債権者集会において、粉飾の概要等の報告が随時なされており、Ａ社のホームページ上でも、報告の内容が公表されている。

② 不正行為者等への責任追及等

不正行為に関わった役員等へは、責任追及を行うべきである。

本件では、破産手続において、裁判所が、Ｘらについての取締役としての任務懈怠による損害賠償債務額を17億3018万3302円と査定する旨の決定を行い（破産法178条1項）、その後、回収見込み等も踏まえて、破産管財人と一部の取締役間で和解契約が締結されている。

また、破産管財人により、監査役及び会計監査人に対して、損害賠償請求の訴えが提起されたが、監査役の一部への訴えが取り下げられたほかは和解が成立している。

③ 原因究明と再発防止策の策定

その他、会社が存続する場合には、原因究明と再発防止策の策定によりステークホルダーからの信頼回復を図る必要も出てくる。

3　エフオーアイ事件

会計用語等チェック

■架空循環取引

☞コラム「架空循環取引と架空原価の棚卸資産への付替え」・150

☞公認会計士の視点「エフオーアイ事件（架空売上げ・架空仕入）」・82

■有価証券報告書

☞コラム「有価証券報告書」・250

（岸本寛之）

各論〔裁判例の分析・解説〕

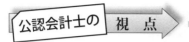

エフオーアイ　架空取引（架空売上・架空仕入）

　判決によると、本事件では架空取引を行うことにより、財務諸表の虚偽記載が行われた。ここでは、架空取引に関する会計処理について説明する。

　架空売上（実態のない取引を売上に計上する会計処理）を行うと、売上高（収益）を水増しし、利益が過大に計上され、業績をよく見せることができる。しかし、架空売上に伴い売掛金（売上債権）が過大に計上される。売掛金は会社に入金されることで売掛金の減少という会計処理を行うため、架空の売上先から実際にお金を入金しなければならないが、架空売上なので入金するお金は会社が用意する必要がある。

　資金調達を目的として粉飾決算を行う場合、そもそも資金繰りが苦しいため、入金するお金が用意できず、結局、売掛金の残高が増加し、長期化する（これを滞留という）傾向にある。

架空売上　→　売上・利益過大計上　→　売掛金過大計上　→　売掛金滞留

　架空売上だけ行うと、売上高から売上原価を差し引いて算定される売上総利益が大きく異常値になるため、架空仕入（実態のない取引を仕入に計上する会計処理）も併せて行うことがある。

　架空仕入を行うと、売上原価（仕入＝費用）を水増しし、利益が過小に計上されるが、架空売上と併せて適度な売上総利益の金額となるように架空仕入の金額を設定する。架空仕入に伴い、買掛金（仕入債務）が過大に計上される。

　買掛金は会社から支払うことで買掛金の減少という会計処理を行うため、架空の仕入先に対して実際に支払を行うが、架空仕入であるため会社

から出金したお金は架空売上に係る売掛金の入金に充てると思われる。

　しかし、売上総利益を黒字にするためには、架空仕入の金額より架空売上の金額を大きくする必要があるため、架空仕入のお金だけでは架空売上に係る売掛金の入金額をまかなうことはできない（売掛金が滞留する要因）。

　そして、資金調達を目的として粉飾決算を行う場合、そもそも資金繰りが苦しいため、架空の売掛金への入金のための資金を確保するために、買掛金はすぐに支払い、売掛金のように滞留することは通常ない。

> 架空仕入　→　仕入過大計上　→　買掛金過大計上　→　買掛金は滞留しない

　さらに、損益計算書を黒字とするためのいわゆる粉飾決算を行うと、実際には儲かっていないにもかかわらず、利益（課税所得）が発生したことになり、その結果、法人税等の支払が実際より増加する。また、消費税も実際より増加する。そして、より一層資金繰りが悪化し、まさに負の連鎖により資金繰りが一層悪化していく。

　では、このような架空取引を行うと、財務諸表にどのような兆候が現れるのか考えてみたい。

　まず、売掛金が滞留するため、売掛金の金額が多額になり、売掛金を売上高で除した売掛金回収期間（回収サイト）が長期化する。

　エフオーアイの有価証券届出書には売掛金回収期間が財務に関するリスクとして記載されており、「売掛金回収は、技術検収完了後の回収が標準であるため、設置完了基準による売上計上から売掛金回収までおおむね１年６ヵ月から２年６ヵ月の期間を要す傾向があります。」と説明している。

　もちろん、業種業態によっては売掛金の回収が長期化することもあるため、売掛金回収期間が長いからといって直ちに不正を行っていると判断することはできない。そこで、同業他社の財務データと比較することで、異

各論〔裁判例の分析・解説〕

【表1】エフオーアイの売掛金回収期間　　　　　　　　（出所：有価証券届出書）

回　次	第11期	第12期	第13期	第14期	第15期
決算日	平成17年3月	平成18年3月	平成19年3月	平成20年3月	平成21年3月
売上高(千円)	3,138,985	4,825,416	7,053,976	9,496,817	11,855,960
期末売掛金(千円)	4,630,727	7,787,691	13,430,261	18,211,895	22,895,952
売掛金回収期間(年)	1.5	1.6	1.9	1.9	1.9

常であるかどうかの判断が可能となる。

　同じ半導体製造装置メーカーである東京エレクトロン㈱と㈱アドバンテストの同時期における売上債権回収期間（表2・表3）と比較すると、エフオーアイのそれが同じ業界でも長期であり、異常値ではないかと推測できる。

【表2】東京エレクトロン㈱の売上債権回収期間　（出所：有価証券報告書をもとに作成）

連結会計年度	第42期	第43期	第44期	第45期	第46期
決算日	平成17年3月	平成18年3月	平成19年3月	平成20年3月	平成21年3月
売上債権(百万円)	172,487	169,038	228,688	224,170	119,687
売上高(百万円)	635,710	673,686	851,975	906,091	508,082
売上債権回収期間(年)	0.3	0.3	0.3	0.2	0.2

【表3】㈱アドバンテストの売上債権回収期間　　（出所：有価証券報告書をもとに作成）

連結会計年度	第63期	第64期	第65期	第66期	第67期
決算日	平成17年3月	平成18年3月	平成19年3月	平成20年3月	平成21年3月
売上債権(百万円)	56,702	69,567	54,264	30,124	10,415
売上高(百万円)	239,439	253,922	235,012	182,767	76,652
売上債権回収期間(年)	0.2	0.3	0.2	0.2	0.1

（注）米国会計基準を採用している。売上債権は貸倒引当金控除後の金額である。

公認会計士の視点

　次に、健全な経営を行っている会社は、売上で獲得したお金で仕入債務を支払い、その差額である売上総利益分の資金で販売費及び一般管理費を支払い、支払利息などの財務コストや税金費用を支払っていく。そこで、売上債権と仕入債務の比率である売上債権対仕入債務比率に着目したいと思う。この比率は売上債権の金額で仕入債務を支払う方が健全であるため、100％以上が望ましいとされている。

　東京エレクトロン㈱、㈱アドバンテスト、エフオーアイの売上債権対仕入債務比率（表4・表5・表6）は以下である。

【表4】東京エレクトロン㈱の売上債権対仕入債務比率　（出所：有価証券報告書をもとに作成）

連結会計年度	第42期	第43期	第44期	第45期	第46期
決算日	平成17年3月	平成18年3月	平成19年3月	平成20年3月	平成21年3月
売上債権（百万円）	172,487	169,038	228,688	224,170	119,687
仕入債務（百万円）	58,229	65,816	83,837	55,332	24,393
売上債権対仕入債務比率	296%	257%	273%	405%	491%

【表5】㈱アドバンテストの売上債権対仕入債務比率　（出所：有価証券報告書をもとに作成）

連結会計年度	第63期	第64期	第65期	第66期	第67期
決算日	平成17年3月	平成18年3月	平成19年3月	平成20年3月	平成21年3月
売上債権（百万円）	56,702	69,567	54,264	30,124	10,415
仕入債務（百万円）	23,196	32,584	29,095	11,765	4,767
売上債権対仕入債務比率	244%	214%	187%	256%	218%

（注）米国会計基準を採用している。売上債権は貸倒引当金控除後の金額である。

各論〔裁判例の分析・解説〕

【表6】エフオーアイの売上債権対仕入債務比率　（出所：有価証券届出書をもとに作成）

事業年度	第11期	第12期	第13期	第14期	第15期
決算日	平成17年3月	平成18年3月	平成19年3月	平成20年3月	平成21年3月
売掛金（千円）	4,630,727	7,787,691	13,430,261	18,211,895	22,895,952
買掛金（千円）	618,978	649,204	552,065	660,530	599,374
売上債権対仕入債務比率	748%	1,200%	2,433%	2,757%	3,820%

(注)個別財務諸表の数値である。

　通常、資金繰りをよくするためには売掛金は早く回収し、買掛金は支払を遅くすることが効果的であるため、その場合、売上債権対仕入債務比率は低くなる傾向にある。エフオーアイの売上債権対仕入債務比率も100％を超えているが、その比率が高すぎることが明らかである。

　先に説明したように、架空取引を行っていると、架空の売掛金（売上債権）は滞留して金額が大きくなる傾向があり、架空の買掛金（仕入債務）は支払を早めるため滞留しない傾向にあり、売上債権対仕入債務比率は高くなる傾向にある。

　売上債権対仕入債務比率が高すぎる場合には資金繰りが悪化していることを表し、健全な経営を行っているとはいい難い。資金繰りが悪かったエフオーアイにおいて、売掛金と買掛金のバランスが何十倍にもなることは異常値としてのサインと見るべきである。

　その他にも、損益計算書の営業利益とキャッシュ・フロー計算書の営業キャッシュ・フローの関係に着目すると異常値を発見するきっかけになることがある。「利益は意見、キャッシュは事実」といわれるが、利益は適用される会計基準により数値が変わるが、キャッシュ（現金）は実態のあるお金の流れそのものであり、会計基準により変わることはないことを意味しており、利益は粉飾が可能であるが、キャッシュは粉飾ができないとさ

－86－

公認会計士の視点

れている。

　エフオーアイの営業利益と営業キャッシュ・フローの関係は以下（表7）である。このように営業利益に比べて営業キャッシュ・フローがマイナスになることもある。しかし、この状態が継続する場合や両者の差額が多額である場合には、異常な原因によるものではないかと考えるきっかけになる。

【表7】エフオーアイの営業利益と営業キャッシュフローの関係　（出所：有価証券届出書をもとに作成）

連結会計年度	平成20年3月	平成21年3月
営業利益（千円）	1,810,391	2,474,716
営業キャッシュフロー（千円）	-3,995,770	-3,550,656
差額（千円）	5,806,161	6,025,372

（注）連結財務諸表の数値である。

（西田明熙）

各論〔裁判例の分析・解説〕

■PL・架空・過大売上げの計上■

4 風説流布・偽計使用及び架空売上げの計上—ライブドア事件（東京高判平成20・7・25判例タイムズ1302号297頁、判例時報2030号127頁）

【事案一覧表】

事件のポイント	代表取締役兼最高経営責任者が、株式売買その他取引のため及び株価維持上昇を図る目的で虚偽の事実を公表し、偽計を用いるとともに風説を流布し、また、決算において経常損失が発生していたにもかかわらず、売上計上の認められない株式売却益及び架空売上げを売上高に含めるなどして内容虚偽の連結損益計算書を掲載した有価証券報告書を提出した行為についての、風説流布・偽計使用罪及び虚偽有価証券報告書提出罪の成立で有罪とされた事例
関係現行法令	金融商品取引法197条1項7号・158条・207条1項1号・197条1項1号・24条1項
起訴された者	ライブドア株式会社(以下「L社」という)代表取締役兼最高経営責任者X
結 論	1審においてXは風説流布・偽計使用罪及び虚偽有価証券報告書提出罪で有罪とされ、懲役2年6月実刑(控訴を棄却し原審判決を維持)。
裁判の経過	1審：東京地裁平成19年3月16日判決(判例タイムズ1287号31頁) 懲役2年6月実刑 上告審：最高裁平成23年4月25日決定 懲役2年6月実刑(確定)
	平成18年1月16日、東京地方検察庁がXらに対する強

－88－

4 ライブドア事件

| その他参考事項 | 制捜査を開始したが(同月23日にXら逮捕)、L社株式は同年4月14日付で上場廃止となった。この間、L社株式の株価は急落するに至ったが、平成17年5月25日から平成18年1月17日までにL社株式を取得し、平成18年1月17日から同月31日までにL社株式を売却した機関投資家らは、金融商品取引法(行為当時は証券取引法)21条の2に基づき、L社に対し株価急落につき損害賠償を請求した。平成24年3月13日、最高裁はL社に対する約95億円余の損害賠償請求を認めた。 |

【当事者関係図】

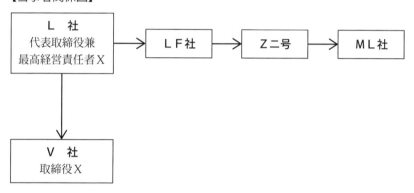

1　事案の概略

(1)　Xは、ポータルサイトの運営・企業の買収・合併等を主な業務とし、発行する株式を東証マザーズ市場に上場していたL社の代表取締役社長兼最高経営責任者にあり、かつ、L社の子会社でインターネットによる広告・広告代理等を業務とし、発行する株式を東証マザーズ市場に上場していたV社の取締役として、関連する多数の企業体であるL社グループの中枢に位置し、グループを統括する立場にあった。

各論〔裁判例の分析・解説〕

(2)　Xは、Ｌ社の取締役で財務面の最高責任者であったａらと共謀の
うえ、東京証券取引所が提供するTDnet（Timely Disclosure network：適
時開示情報伝達システム）によって、株式交換によりＶ社がＭＬ社を完全
子会社とすることを決議した旨を公表するに際し、Ｖ社株式の売買その他
の取引のため及び同株式の株価の維持上昇を図る目的を持って虚偽の事実
を公表し、偽計を用いるとともに風説を流布した。

(3)　また、Xは、Ｌ社の業務に関し、平成16年9月期決算において、
3億1278万円余りの経常損失が発生していたにもかかわらず、売上計上
の認められないＬ社株式売却益及び架空売上げを売上高に含めるなどして
経常利益を50億3421万円余りとして記載した内容虚偽の連結損益計算書
を掲載した有価証券報告書を提出した。

2　時系列

年　月　日	本件に関する事情
H16.10.25	TDnetにより、Ｖ社が、取締役会において平成16年12月1日を期日とする株式交換によりＭＬ社を完全子会社とすることを決議した旨を公表するに際し、「株式交換比率1対1については、第三者機関が算出した結果を踏まえ、両者間で協議の上で決定した」旨の虚偽の内容を含む公表を行った。
H16.11.9	TDnetにより、前日に公表されたＶ社株式の100分割に伴い株式交換比率をＶ社「100」対ＭＬ社「1」に訂正する旨公表し、さらに、真実は、Ｖ社は平成16年12月期第3四半期通期において、経常損失及び当期純損失が発生していたのに、架空の売上げ、経常利益及び当期純利益を計上した。
	TDnetにより、「Ｖ社の第3四半期の売上高は約7億5900万円、経常利益は約7200万円、当期純利益は約5300万円である。当期第3四半期においては、前年同期比で増収増益を

－90－

H16.11.12	達成し、前年中間期以来の完全黒字化への転換を果たしている」旨虚偽の事実を公表し、もって、有価証券の売買その他の取引のため及び有価証券の相場の変動を図る目的をもって、偽計を用いるとともに、風説を流布した。
H16.12.27	財務省関東財務局において、財務局長に対し、L社の上記連結会計年度につき、同年度に経常損失が3億1278万4000円（1000円未満は切捨て）発生していたにもかかわらず、売上計上の認められないL社株式売却益37億6699万6000円並びにR信販及びQN社に対する架空売上げ15億8000万円を、それぞれ売上高に含めるなどして経常利益を50億3421万1000円として記載した内容虚偽の連結損益計算書を掲載した有価証券報告書を提出した。

3 裁判所の認定と判断

(1) 罪となるべき事実

① 風説流布・偽計使用について（証券取引法197条1項7号・158条）

イ　Xは、V社において、（L社の完全子会社で企業買収等を行うことを業とする）LF社が（Z二号の名義で既に買収済みの）ML社との間で、同社をその企業価値を過大に評価した株式交換比率でV社の完全子会社とする株式交換を行う旨を公表するとともに、株式を100分割する旨も公表した。

さらに、Xは、V社において、「実際には平成16年12月期第3四半期通期（平成16年1月1日から同年9月30日まで）に経常損失及び当期純損失が発生していたのに、架空の売上げ、経常利益及び当期純利益を計上して虚偽の業績を発表」することにより、V社の株価を維持上昇させたうえで、株式交換により実質的にLF社がZ二号の名義で取得するV社株式を売却し、同売却益をL社の連結売上に計上するなどして利益を得ようと企て、

各論〔裁判例の分析・解説〕

当時L社の取締役を辞任していたものの財務等に関する業務を実質的に統括していたa、L社の取締役であってV社の代表取締役社長の内定者あるいは同代表取締役社長として同社の業務全般を統括していたb、L社・グループのファイナンス業務に従事していたc、L社の従業員で企業買収業務を担当していたd、V社の代表取締役社長かつ最高財務責任者であったeと共謀した。

　ロ　Xは、V社株式の売買のため及び株価の維持上昇を図る目的で、真実は、V社とML社との株式交換は上記企ての下に行われ、aらがML社の企業価値を大幅に超える株数のV社株式の発行を実質的にLF社に受けさせるためML社の企業価値をあえて過大に評価して株式交換比率を決めるなどしたものであったにもかかわらず、平成16年10月25日、TDnetにより、V社が、取締役会において平成16年12月1日を期日とする株式交換によりML社を完全子会社とすることを決議した旨を公表するに際し、「株式交換比率1対1については、第三者機関が算出した結果を踏まえ、両者間で協議の上で決定した」旨の虚偽の内容を含む公表を行い、次いで、平成16年11月9日、TDnetにより、前日に公表されたV社株式の100分割に伴い株式交換比率をV社「100」対ML社「1」に訂正する旨公表した。

　さらに、Xは、真実は、V社は平成16年12月期第3四半期通期において、経常損失及び当期純損失が発生していたのに、架空の売上げ、経常利益及び当期純利益を計上して、平成16年11月12日、TDnetにより、V社の第3四半期の売上高は約7億5900万円、経常利益は約7200万円、当期純利益は約5300万円であり、当期第3四半期においては、前年同期比で増収増益を達成し、前年中間期以来の完全黒字化への転換を果たしている旨、虚偽の事実を公表した。

　ハ　以上により、有価証券の売買その他の取引のため及び有価証券の相場の変動を図る目的をもって、偽計を用いるとともに、風説を流布した

②　有価証券報告書虚偽記載について（証券取引法207条1項1号・197条1項1号）

－92－

イ　Xは、a、b及びc、L社の執行役員あるいは取締役であったf並びにL社から証券取引法193条の2に基づく有価証券報告書の財務計算に関する書類等の監査証明を目的とする監査の委嘱を受けていたK監査法人の代表社員としてL社の平成15年10月1日から平成16年9月30日までの連結会計年度における上記監査に関与していたg及びK監査法人の元代表社員であったhと共謀した。

ロ　L社の業務に関し、平成16年12月27日、財務省関東財務局において、同財務局長に対し、L社の上記連結会計年度につき、同年度に経常損失が3億1278万4000円（1000円未満は切捨て）発生していたにもかかわらず、売上計上の認められないL社株式売却益37億6699万6000円並びにR信販及びQN社に対する架空売上げ15億8000万円を、それぞれ売上高に含めるなどして経常利益を50億3421万1000円として記載した内容虚偽の連結損益計算書を掲載した有価証券報告書を提出した。

ハ　以上により、重要な事項につき虚偽の記載のある有価証券報告書を提出した

4　事案の分析

(1)　不正の発生原因の分析（動機）

Xの犯行動機もしくは戦略的意図として、「経営する会社やグループ企業が、時流に乗り発展途上にあって、飛躍的に収益を増大させており成長性が高いということを実際の業績以上に誇示し、有望で躍進しつつある状況を社会に向けて印象付け、ひいては自社グループの企業利益を追求した」という点が認定された。

(2)　有罪認定で重視された事情

以下の各争点に対する事実認定判断が、有罪認定において重視された事情である（いずれも肯定された）。

①　風説流布・偽計使用について

イ　株式交換に関する平成16年10月25日及び同年11月9日の各公表が

各論〔裁判例の分析・解説〕

虚偽であるか否か（（ⅰ）株式交換比率を1対1と公表した点が虚偽といえるのか。（ⅱ）株式交換比率については第三者機関が算出した結果を踏まえて決定した旨公表していたが、この点が虚偽といえるのか）

ロ　V社の平成16年12月期第3四半期（通期）の業績状況に関する同年11月12日の公表が虚偽であるか否か（売上高が約7億5900万円であるなどと公表しているところ、QN社に対する合計1億500万円の売上げは架空であって、この点が虚偽といえるのか）

ハ　虚偽事実の各公表に関するXの犯意及び共謀の有無

ニ　虚偽事実の各公表は、V社株式の売買のため、又は同株価の維持上昇を図る目的を持って行われたものか否か

②　有価証券報告書虚偽記載について

イ　L社は、重要な事項につき虚偽の記載がある本件有価証券報告書を提出したか否か（（ⅰ）L社は、本件有価証券報告書掲載の連結損益計算書において、L社株式の売却益37億6699万6000円を売上高に含めて、同額の連結経常利益を計上しているところ、同株式売却益は売上計上の許されないものか否か。（ⅱ）L社は、本件有価証券報告書掲載の連結損益計算書において、15億8000万円を売上高に含めて、同額の連結経常利益を計上しているところ、このうち、14億7500万円が架空売上げであることは争いないが、V社のQN社に対する合計1億500万円の連結売上げが架空であるか否か）

ロ　虚偽記載のある本件有価証券報告書の提出に関するXの犯意及び共謀の有無

(3)　量刑判断で重視された事情

量刑判断に関し、裁判所は、「被告人の刑事責任を軽視することはできないというべきである」とした。裁判所が重視した事情は以下のとおりである。

①　犯行の動機もしくは戦略的意図

投資者を保護し株式投資等の健全な発達を図るためには、上場企業に関

－94－

する正確で適切な情報の開示が求められ（客観的な情報に接する機会の少ない一般投資者にとっては特にその必要性が大きい）、そのため、証券取引法（金融商品取引法）においてはディスクロージャー制度としての有価証券報告書の提出が定められ、自主的規制制度として東証のTDnetが定められている。しかしながら、Xの犯行動機もしくは戦略的意図は、ディスクロージャー制度の信頼を損ね、制度そのものを根底から揺るがしかねない犯行であって、強い非難に値する。

② **犯行態様**

Xらは、会計的側面や税務処理の面で必ずしも法的整備ができておらず、実態の不透明な民法上の組合としての投資事業組合を組成し、これをL社株式の売却に形式的に介在させ、あるいはL社株式の売却益がL社側に還流している事実が発覚するのを防ぐために、日付をさかのぼらせてまで組成した組合をスキームに介在させた。そのために経理の専門家である監査法人や公認会計士を巻き込んで、殊更にスキームを巧妙、複雑化させたりしているのであって、悪質といい得る。

③ **本件犯行がもたらした結果の重大性**

株式投資等の健全な発展を阻害し、投資者の保護という面で深刻な悪影響を及ぼしたと認め得る。そして、犯行発覚により、L社は上場廃止となり、多数の株主に投下資本の回収を極めて困難にして多大な損害を被らせたといい得ること、また取引相手等の関連企業やその従業員にも少なからず影響を与えたことがうかがわれ、社会一般に与えた衝撃にも無視し得ないものがあるとうかがえ、結果は重大といってよい。

④ **上場企業としての社会的責任の大きさや企業経営者として当然持つべき責任**

Xを初めとする経営陣が自ら主導し、あるいは各事業部門の担当者や子会社の者に指示を出すなどして、組織的に敢行したものである。L社の唯一代表権を有する者として、被告人の指示・了承等がなければ本件各犯行の実行はあり得ず、その意味で、被告人の果たした役割は重要であった。

⑤ **Xの規範意識**

各論〔裁判例の分析・解説〕

　Xは、自己の認識や共謀の成立を否定するなどして、本件各犯行を否認し、公判廷においても、メールの存在等で客観的に明らかな事実に反する供述をするなど、不自然、不合理な弁解に終始しており、前記のとおり多大な損害を被った株主や一般投資者に対する謝罪の言葉を述べることもなく、反省の情は全く認められないのであって、被告人の規範意識は薄弱であり、潔さに欠けるといわざるを得ない。Xは、「（L社の株式の分割につき、）今では、一度に100分割するのではなく、もっとゆっくり分割していけばよかった、少し急ぎすぎたのではないかと反省しています」とか、「株式市場に対する不信を招いてしまったことは悔やんでも悔やんでも悔やみきれません」などと現在の心情をつづっているが、自己の犯行についての反省の情はうかがわれない。

5 　不正の防止策・注意点

　本件はL社の経営陣及び監査法人の代表社員である公認会計士等が共謀して実行した犯罪であり、予防することが困難であるともいえる。

　ただ、同種の犯罪を予防するためには、社外取締役や社外監査役に人物本位で適切な人材を配置しガバナンスを強化することや、人物本位で適切な監査法人・公認会計士を選任すること等が考えられる。また、企業内弁護士を活用することにより、内部の視点から不正を防止する可能性を強化することも考え得る防止策である。

会計用語等チェック

■有価証券報告書

　☞コラム「有価証券報告書」・250

■一般に公正妥当と認められる企業会計の基準

　☞コラム「一般に公正妥当と認められる企業会計の基準」・238

（藤本和也）

公認会計士の視点

```
公認会計士の　視点 ▶
```

ライブドア事件

　本事件では、他の会計不正の事案と比べて、資金繰りのために行った会計不正ではないということが特徴である。判決によると、株価維持上昇を図る目的で虚偽記載等を行ったとされている。ライブドア（以下「L社」という）はM&Aを多用して企業規模を拡大していったが、平成16年以降、高い株価をもとにした株式交換という手法によるM&Aが急増していることがわかる。

　M&Aには様々な方法があり、買収側の支払手段で考えると、現金で買

【表1】株式交換による買収　　（出所：有価証券報告書より抜粋）

時　期	相手会社
平成13年12月	㈱パイナップルサーバーサービス
平成14年3月	㈱アットサーバー
平成14年9月	㈱スプートニク
平成14年12月	プロジーグループ㈱
平成16年3月	ウェッブキャッシング・ドットコム㈱
平成16年3月	クラサワコミュニケーションズ㈱
平成16年3月	㈱トライン
平成16年3月	㈱ABS
平成16年5月	ターボリナックス㈱
平成16年10月	㈱キューズネット
平成16年10月	㈱ロイヤル信販
平成16年12月	弥生㈱
平成17年1月	ビットキャッシュ㈱
平成17年1月	ライブドア証券㈱
平成17年2月	㈱ベストリザーブ

各論〔裁判例の分析・解説〕

収するか株式で買収するかということになるが、株式交換は株式で買収する方法であり、買収に現金を必要としないことが最大のメリットである。

L社がK社を株式交換で買収する場合、L社はK社株主からK社株式を受け取るとともに、K社株主に対してL社株式を交付する（K社株式とL社株式の交換）。この結果、L社はK社株式を全て取得し、K社を子会社として支配することになる。K社株主は株式交換後においてはL社の株主となる。

【図1】株式交換

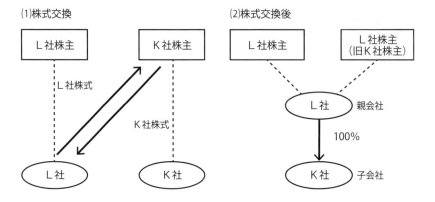

本事件では、「売上（収益）計上の認められないL社株式売却益を連結損益計算書における売上高に含めたこと」が問題となった。これについて、会計処理の説明を行いたいと思う。

先ほど説明した株式交換において、通常はこれで終わるところ、本事件では、株式交換で交付したL社株式を、K社株主からL社の金融事業を行っている子会社が実質的に出資している投資事業組合（ファンド）が現金で買い取り、L社株式の株価が上昇した時に外部へ売却した。そして、この投資事業組合はより上位の投資事業組合にL社株式の売却益に基づく分

配を行い、最終的にはL社の子会社が分配を受け取り、それを連結売上高に計上した。

【図2】 L社株式の売却

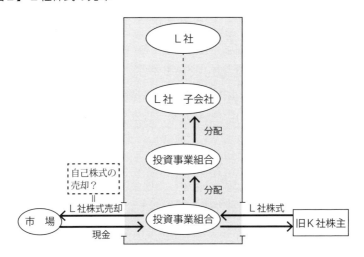

　この取引は、投資事業組合が実質的にL社の企業集団（連結の範囲）に含まれると判断されて、このL社株式の売却益は、連結の観点では自己株式の売却益に該当するとされ、自己株式の売却益は資本取引として資本剰余金に計上しなくてはならなかったとされた。

　会計上の論点としては、①資本取引であるのかという点と、②連結の範囲に含まれるのかという点が挙げられる。

　まず、①資本取引であるのかという点について、会計は出資としての元手部分と元手をもとに企業活動を行って獲得した儲けである利益部分を明確に分けることで、適切な経営成績や財政状態を表すことができ、儲けである利益部分から出資者である株主に配当を行うことを可能にしている。

　ここで、資本取引とは、株主からの直接的な拠出取引やその増減取引を

いい、具体的には、株式の発行（増資）、減資、自己株式の取得・売却、利益配当などが該当する。資本取引によって会社に入金があっても、それは利益を計算する収益として処理してはならず、資本金や資本剰余金として処理する。

　本事件に関係ある自己株式の取得・売却についてさらに説明する。

　例えば、会社が自社の株式（自己株式）を1,000で取得した場合、株主との直接的な取引なので資本取引に該当する。また、実質的に出資（株式の発行）の払戻しとなる。取得した自己株式は後日、市場で売却することや株式交換等のM＆Aで利用できるため、資本金や資本剰余金の減少として処理するのでなく自己株式として処理し、株主資本（純資産）のマイナスとして貸借対照表に計上する。

　この自己株式1,000を1,500で売却した場合、会社は500の儲けが生じたように見えるが、自己株式を購入するのは株主なので株主との直接的な取引に該当し、株主からの元手としての拠出になるため、資本取引となる。したがって、この自己株式の売却益500は売上げといった収益ではな

【図3】自己株式の取得・売却

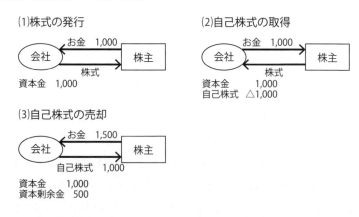

公認会計士の視点

く、元手部分を表す資本剰余金として処理する。

　本事件のL社株式の売却益が、自己株式の売却益に該当するか否かは、②連結の範囲に含まれるのかという問題となる。つまり、L社株式の取得・売却を行った投資事業組合がL社の連結の範囲に含まれる場合、L社を頂点とする企業集団で考えると、自己株式の取得・売却に該当する。連結の範囲に含まれるか否かについては、支配力基準で判定する。これは形式的な持分割合だけでなく、ある会社が他の事業体（会社や組合等）を実質的に支配しているかどうかで判断する。

　投資事業組合は、株式会社のように株主が業務執行者を選任するのでなく、業務執行組合員という出資者が業務執行の決定を行う。業務執行組合員が当該投資事業組合を支配しているのであれば、業務執行組合員の連結の範囲に含まれることになる。本事件においては問題となった投資事業組合に関してL社は業務執行組合員ではなかった。しかし、ほとんどが実質的にL社の出資であり、当該投資事業組合の損益はほとんどが最終的にL社に帰属することになり、また、このような状況下では業務執行組合員はL社の意向に大きく影響されるため、当該投資事業組合はL社の連結の範囲に含まれると判断されたと思われる。

　本事件においては、当時の会計基準が明確でなかったといわれるが、あらゆる会計事象を会計基準において規定することは現実的に難しく、そのような場合には、会計基準の趣旨や考え方を斟酌する必要がある。また、特に連結財務諸表の作成においては個々の取引に対する会計処理の適正性を検討するだけではなく、企業集団の観点で全体の取引を見直し、適切な会計処理を行うべきであったと思われる。

　なお、投資事業組合に対する支配力基準の判断については、企業会計基準委員会から平成18年9月に『投資事業組合に対する支配力基準及び影響力基準の適用に関する実務上の取扱い』が公表されている。　（西田明熙）

各論〔裁判例の分析・解説〕

■PL・架空・過大売上げの計上■

5 架空の相殺処理など―プロデュース事件（東京高判平成25・1・11D-1LAW.com判例体系ID28210151）

【事案一覧表】

事件のポイント	架空の相殺処理スキーム、架空循環取引による粉飾手法。会計監査人の代表会計士に有価証券報告書虚偽記載罪などの「共謀」が成立。
関係現行法令	金融商品取引法197条1項1号・207条1項1号・5条・24条
起訴された者	株式会社プロデュース（以下「A社」という）の会計監査人の代表社員であったX公認会計士
結 論	Xが有価証券報告書虚偽記載罪、有価証券届出書虚偽記載罪、業務上横領罪により有罪、懲役3年6月実刑（求刑6年）
裁判の経過	1審：さいたま地裁平成24年1月30日判決 　　懲役3年6月実刑 上告審：最高裁平成26年9月17日判決 　　上告棄却、実刑判決確定（日本経済新聞同月19日付夕刊）
その他参考事項	・さいたま地裁は、平成21年8月5日、本事件と別手続で、有価証券届出書虚偽記載罪、有価証券報告書虚偽記載罪、公正証書原本不実記載罪により、a元社長を懲役3年、罰金1000万円の実刑、b元専務を懲役2年6月、執行猶予4年とする判決（D-1LAW.com判例大系ID28166816）。b元専務については1審で確定。a元社長については、東京高裁平成22年3月23日判決で控訴棄却、最高裁同年8月10日判決で上告棄却され確定。 ・平成21年5月27日、さいたま地裁は、A社のc元常務

5　プロデュース事件

について、A社の強制捜査の公表前に保有するA社株式を売却したインサイダー取引規制違反で懲役3年、執行猶予4年、罰金500万円、追徴金7877万4000円の有罪判決（日本経済新聞平成21年5月28日付朝刊）。執行猶予とした理由として「ストックオプションにより保有していた株で計画性がない」と認定（日本経済新聞平成21年5月28日付大阪朝刊）。

【当事者関係図】

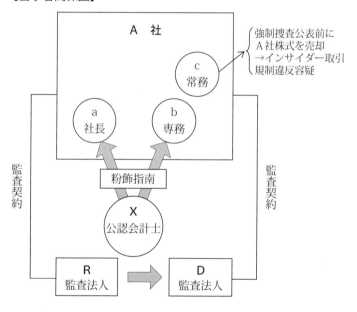

1　事案の概略

(1)　公認会計士Xは、電子部品製造装置会社A社のa社長、b専務に対し、架空売上げと架空の買掛案件を相殺するスキーム、架空循環取引などの粉飾手法を提案。

(2)　A社は、(1)の粉飾に基づき、売上高の過大計上、損失の過少計上

－103－

各論〔裁判例の分析・解説〕

がされた損益計算書が記載された有価証券届出書、有価証券報告書を財務
局長に提出。

（3）Xは、所属する監査法人の資金を、自己が経営するコンサルティ
ング会社に入金させる方法で業務上横領。

2　時系列

年　月　日	本件に関する事情
H4.6.15	aが中心となってA社設立。
H13.4.16	X、R監査法人を設立。
H15.12	A社、ai証券と主幹事契約を締結し、本格的な上場準備に入る。
H16.9.24	A社とR監査法人、監査契約を締結。XがA社の監査を統括。
H16.10	後述粉飾手法①の実施。
H16.10.1	後述粉飾手法②の実施。
H17.2ころ	後述粉飾手法③〜⑤の実施。 →H17.6月期決算直後の上場は絶望的だったが目標数値を達成。
H17.11.10	【罪となるべき事実　第1・1】有価証券届出書虚偽記載。 R監査法人が監査。Xが無限定適正意見。
H17.12.14	A社、ジャスダックに上場。
H18.1ころ	R監査法人の税理士が、売掛金の滞留や仕掛、原価が多いこと、薄利案件があることなどを指摘→XはA社に対して後述粉飾手法①の隠ぺい方法などを提案。
H18.5.11	A社、株式分割と業績予想の上方修正を発表。 aは公募増資を計画していたが、Xと相談し、既存株主からの反発をかわすため、より少ない株式数で多くの資金調達を行うことを目論んで、株式分割に合わせて業績予想の上

－104－

	方修正を公表することにより株価を一気に引き上げようと画策。
H18.8.14	X、R監査法人を脱退し、D監査法人を設立。
H18.9.25	A社、主幹事証券ai証券の強い意向で、会計監査人をR監査法人からT監査法人へ変更。 →aはこれまでの粉飾を知り尽くしているXのアドバイスを受けたいと考え、Xが経営するFコンサルティング社とコンサルティング契約を締結。T監査法人の目を欺くために、A社とは別会社のaa社を介して報酬を支払う。
H18.9.29	【罪となるべき事実　第1・2】有価証券報告書虚偽記載 R監査法人が監査。Xが無限定適正意見。
H19	a、Xに対して粉飾指南の謝礼としてar社とA社の業務資本提携に関するインサイダー情報を提供。
H19.1.10	H18.12末半期決算後、T監査法人の中間監査で厳しい追及を受けて粉飾が発覚しそうになる→Xは後述粉飾手法①の隠ぺい方法を提案。
H19.2.13～	a個人又はA社が、Xに対して粉飾指南の謝礼として、1億円を超える融資。
H19.2.16	T監査法人、中間監査で厳しい追及をし、A社に、1億4000万円の売上げを取り消させる。
H19.5.14	A社、Xが代表を務めるD監査法人と監査契約を締結。
H19.6末	Xは利益の水増しのための原価の付替作業を提案。
H19.8.17	A社、売上げ、利益ともに計画していた予算を経理処理上は達成、取締役会が決算承認し、決算短信を公表。
H19.9.27	【罪となるべき事実　第1・3】有価証券報告書虚偽記載。 D監査法人が監査。Xが無限定適正意見。
H19.11.16	【罪となるべき事実　第1・4】有価証券届出書虚偽記載。
H20.8.11	【罪となるべき事実　第2・1】X、D監査法人の口座から横領

各論〔裁判例の分析・解説〕

H20.8.13	【罪となるべき事実　第2・2】X、D監査法人の口座から横領
H20.9.18	証券取引等監視委員会、A社を強制捜査。
H20.9.22	A社、臨時取締役会でa代表取締役を解任。
H20.9.24	D監査法人、A社に対し監査契約の解除通知。
H20.9.26	A社、新潟地裁に民事再生手続開始申立。
H20.12.1	新潟地裁、A社について民事再生手続開始決定。
H21.3.5	さいたま地検特別刑事部、a元社長、b元専務、c元常務、d元取締役の4名を逮捕。
H21.3.31	証券取引等監視委員会、c元常務がA社の強制捜査の公表前に保有するA社株式を売却したとしてインサイダー取引規制違反容疑でさいたま地検に告発。
H21.4.9	さいたま地検、Xを逮捕。
H21.5.13	D監査法人、Xを業務上横領でさいたま地検に刑事告発。
H21.5.28	さいたま地裁、c元常務をインサイダー取引規制違反で懲役3年、執行猶予4年、罰金500万円、追徴金7877万4000円の有罪判決。
H21.8.5	さいたま地裁、有価証券届出書、有価証券報告書虚偽記載罪で、a元社長を懲役3年、罰金1000万円の実刑、b元専務を懲役2年6月、執行猶予4年とする判決。

3　裁判所の認定と判断

(1)　罪となるべき事実

　裁判所が認定した罪となるべき事実は以下のとおりである。

【罪となるべき事実　第1】

　Xが、a、bと共謀のうえ、以下の書面を関東財務局長に提出。

　①　平成17年11月10日、A社のジャスダックへの上場に伴う株式の募

－106－

集及び売出し実施に際して、平成16年7月1日〜平成17年6月30日の事業年度の売上高が約14億7668万9000円、税引前当期純損失が6118万4000円であったにもかかわらず、架空売上高を計上するなどの方法により、売上高31億0976万3000円、税引前当期純利益が1億9111万9000円と記載した損益計算書を掲載した有価証券届出書

② 平成18年9月29日、A社の平成17年7月1日〜平成18年6月30日の事業年度の売上高が約24億5071万6000円、税引前当期純損失が2億4305万円であったにもかかわらず、架空売上高を計上するなどの方法により、売上高58億8561万8000円、税引前当期純利益が6億9420万2000円と記載した損益計算書を掲載した有価証券報告書

③ 平成19年9月27日、A社の平成18年7月1日〜平成19年6月30日の事業年度の売上高が約31億1848万8000円、税引前当期純損失が7億3142万6000円であったにもかかわらず、架空売上高を計上するなどの方法により、売上高97億0400万円、税引前当期純利益が12億2376万1000円と記載した損益計算書を掲載した有価証券報告書

④ 平成19年11月16日、A社の株式募集に際し、【罪となるべき事実第1・3】記載の有価証券報告書を参照するべき旨を記載した有価証券届出書

【罪となるべき事実　第2】

① 平成20年8月11日、Xが、D監査法人の口座から、Fコンサルティング社の口座に2100万円を振込入金し、横領

② 平成20年8月13日、Xが、D監査法人の口座から、Fコンサルティング社の口座に2800万円を振込入金し、横領

(2)　捜査段階の自白の任意性について

Xは、捜査段階では一貫して自白していたが、第1回公判期日の罪状認否手続に際して以降、否認に転じた。

Xは、検察官が「調書にサインしなければ被告人や関係者を逮捕する」「認めれば保釈される」「認めれば執行猶予になる」といった「利益誘導」「偽計」に当たる発言があったと主張した。

各論〔裁判例の分析・解説〕

これに対し、本判決（2審）は、捜査段階からＸに弁護人がついていたこと、検察官の証言の信用性などから、捜査段階の自白が任意になされたものであると認めた。

(3) 共謀の有無について

Ｘは、有価証券届出書虚偽記載、有価証券報告書虚偽記載については、提出したのは会社であり、Ｘは共謀していないと主張した。

これに対し、本判決は、ａ元社長やｂ元専務の供述とＸの捜査段階の供述の符号などから、粉飾についての助言、処理協力を認め、共謀ありと認定した。

4 事案の分析

(1) 本件の粉飾手法

本判決（2審）は、以下のような粉飾手法がとられたことを認定した（1審判決を是認）。

① 売上げの前倒しや架空計上について、架空の買掛案件を立てて相殺する処理（相殺処理スキーム）による売上げ・利益の水増し。

そのために、架空案件の稟議書を後付で作成すること、相殺処理スキームの証拠として相殺通知書を偽造する、別の製品や部品の写真を撮影して監査法人に提示する。

② 実際の直接取引の中に複数回の架空案件を入れて売上げを上げる（架空循環取引）。

③ 売上原価を仕掛品に付け替えることによる利益水増し。

④ 他社に対する製造原価を「設備費用に付け替える」、「仕掛原価に付け替えて貸倒引当金の計上を回避させる」。

⑤ 架空売上げを立てて金だけを回す。

(2) 不正の発生原因

① 動 機

粉飾の当事者であるＡ社の動機としては、ａ元社長、ｂ元専務について

－ 108 －

の、さいたま地裁平成21年8月5日判決（D-1LAW.com判例体系ID2816681
6）が、上場前に「なんとしてでもベンチャーキャピタルからの出資を受
けようとしたこと」、「ベンチャーキャピタルから出資を引き上げられない
ようにすること」を認定している。投資家、銀行からの資金を引き揚げら
れないようにしつつ上場するため、上場後は上場を維持するため、という
点が粉飾の動機であった。

　他方、本判決の認定によると、A社の会計監査人であるR監査法人、D
監査法人の代表Xについては、以下の事情があった。すなわち、①Xは、
D監査法人を設立した後、上場企業の顧客がおらず、実績を上げて顧客を
拡大する必要があった。②株取引の信用取引で損失を抱え、追加保証が必
要となり、随時、金策が必要な状態にあった。

② 機　会

　a社長が、Xの提案を受けて粉飾を行っていく過程で、e取締役が、X
が代表のR監査法人から、Xと無関係のT監査法人へ会計監査人を交代す
るよう求めるなど、取締役会の中にも、a社長、b専務主導の粉飾を牽制
しようという動きがあったことも認定されている。

　しかしながら、結局はこれをとどめる体制まではなかったことが、粉飾
の機会を提供したといえる。

③ 正当化要素

　a元社長、b元専務らにとっては、「会社を倒産させないため、上場する
ため、上場を維持するためには、粉飾せざるをえない」という考えが正当
化要素になったと考えられる。

　Xは捜査段階では「A社の業績が改善すれば、数年かけて粉飾をなくし
てくことができると考えていた」と供述していると認定されている。粉飾
を将来的に解消できるということも正当化要素になったと考えられる。

(3) 量刑上重視された事情

　本判決は、Xが、①隠ぺい工作を重ねたこと、②上場企業の顧客をもっ
て実績としたいという利欲的動機、③公認会計士に対する社会的信用を傷
つけたことなどを量刑の加重要素としている。

各論〔裁判例の分析・解説〕

5　不正の防止策・注意点

　本件でも実行された「架空循環取引」に関する防止策については、本書
「7　アイ・エックス・アイ事件」の解説を参照されたい。

　本件で架空売上げ、損失の消込のために行われた手法に即して、防止策
を検討すれば、以下のような点が考えられる。

(1)　架空案件の稟議書の作成の防止

　本件では、稟議書によって「架空の買掛案件」が作り出されていた。

　監査部、監査役、会計監査人などが、稟議書のみで判断すると、その取
引の実在性の裏付けを十分にはとることができない。

　疑わしい取引が行われていることが想定される場合は、稟議書にある取
引の契約書や商品の現物など実物にあたって裏付けを確認することが、架
空取引の発見につながる。

(2)　対外文書の偽造の防止

　本件では、架空の売上げと架空の買掛案件の相殺のために、相殺通知が
偽造されていた。

　これも通知をチェックするのみでは、相殺対象の取引に基づく債権の実
在性の裏付けをとることができない。

　特に、以前から取引を継続している取引先との取引の実在性のチェック
は甘くなりがちである。

　実在性が疑われる場合は、相殺対象となった債権の債務者である取引先
に実際に確認するなどのアクションをとることが望ましい。

(3)　別の製品の写真による実在性の粉飾の防止

　本件では、A社は監査法人に対して取引の実在性を示すために、別の製
品の写真を提示していた。

　これも、製品、部品の写真のチェックだけでは実在性の確認として十分
ではない。

　疑わしい取引の存在が想定される場合は、現地で現物を実際に確認する

－110－

5　プロデュース事件

ことが不正の発見につながる。

会計用語等チェック

■架空循環取引

☞コラム「架空循環取引と架空原価の棚卸資産への付替え」・150

☞公認会計士の視点「アイ・エックス・アイ事件（架空循環取引）」
・133

（澁谷展由）

各論〔裁判例の分析・解説〕

■ＰＬ・架空・過大売上げの計上■

6　図利加害目的による資金提供及び虚偽の記載のある有価証券報告書の提出－アクセス事件（神戸地判平成24・12・25公刊物未登載）

【事案一覧表】

事　案	Ａ社代表取締役であるＸが、Ａ社に財産上の損害を与えたとして特別背任罪に、他の取締役と共謀して計上できない売上げを計上することで有価証券報告書虚偽記載罪につき起訴され、有罪とされた事例
関係現行法令	会社法960条1項3号違反、金融商品取引法197条1項
問 題 点	特別背任罪について図利目的が争いとなるとともに、有価証券報告書虚偽記載罪につき虚偽性及びＸの認識
起訴された者	代表取締役社長Ｘ
結　論	Ｘの行為が、特別背任罪及び有価証券報告書虚偽記載罪で有罪とされ、懲役3年及び罰金1500万円、執行猶予5年の判決を受けた。
その他参考事項	特になし

6 アクセス事件

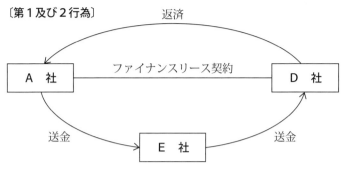

1　事案の概略

　A社の代表取締役社長であるXが、図利加害目的でA社の資金をD社へ提供してA社に財産上の損害を与えたとして、特別背任罪で有罪とされた。

　さらに、Xは他の取締役等と共謀して、平成16年4月1日から平成17年3月31日までの事業年度について、当期に計上できない売上げを計上するなどの方法で、重要な事項について虚偽の記載のある有価証券報告書を提出したとして、有価証券報告書虚偽記載罪で有罪とされた。

各論〔裁判例の分析・解説〕

2 時系列

年　月　日	本件に関する事情
H6.7.20～H18.8.18 までの間	Xは、大阪市に本店を置く、コンピュータソフトウエアの開発及び販売等を目的とするA社の代表取締役を勤めた。
H13.3.31ころ	A社の業績回復のため、A社はD社（Xが議決権を全て所有）に対して、消費金融システムを総額約17億円でリースする契約を締結。
H13.8～H14.6	Xは、上記リース料金支払のためD社に33億8000万ウォン（3億3800万円相当）を貸し付けた。
H14.7ころ	XはD社への貸付けを中止したことから、D社からリース料金が支払われる見込がなくなった。
H14.7.26～H18.5.16までの間	Xは、A社の従前の外注先であったE社にD社への資金提供の手段として外注費名目で送金し、資金はE社からD社に送金された（合計17億7975万円が送金された）。
H15.4ころ	A社は、ホストコンピュータの移行やコスト削減を図る「ホストマイグレーション」と称する業務の受注を目指し、A1社及びZ社との間で交渉を開始した（以下「A1案件」という）。
H16.3ころ	A社はH1社を通じ、I1銀行に消費者金融システム導入のための交渉を開始した（以下「I1銀行」案件という）。
H16年秋ころ	A社はU1株式会社との間で、A社が開発した消費者金融システムのソフトウェア導入の交渉を開始した（以下「U1案件」という）。
H16.10ころ	A社は、R1社にT1社にA社商品「O1」を導入しようとする交渉に加わった（以下「T1案件」という）。
	A社は、Y1社がX1社から受注することを前提に、Y1社に

－114－

H17.1.以降	対してポータルサイト開発について一部先行作業を開始した(以下「X₁案件」という)。
H17.2.10ころ	A社は、L₁社(代表取締役N₁、担当取締役P₁)と、A社製商品「O₁」導入に向けた営業活動開始した(以下「L₁案件」という)。
H17.3.18	A社はL₁社との間で、使用許諾契約書及び覚書等を締結した。その後、A社は、L₁案件について、売上げとして2億0300万円と計上した(この時点で、納品は完了していない)。
H17.3.30	A社は、I₁銀行案件について、注文書及び検査結果通知書を受領し、これをもとに1億円を売上げとして計上した(この時点で、これに対応する成果物等は納品されていないが、同年4月25日に契約を締結し、同年5月4日に納品した)。
H17.3月期	A社は、A₁案件について、同年3月31日付検査結果通知書に基づき、合計1億5000万円を、Z社に対する売上げとして計上した(この時点で、契約の締結及び納品のみ)。
H17.3月期	A社は、T₁案件について、同年2月10日付注文書並びに同年3月30日付け各領収書に基づき、R₁社に対する売上げとして5250万円を計上した(この時点で、T₁社がO₁導入施行段階に過ぎず、各注文書に対応する本格導入はない)。
H17.3月期	A社はE社に対し、外注費名目で合計2億8000万円(消費税込2億9400万円)送金した。
H17.3月期	A社は、U₁案件について、同年3月31日付注文書及び受領書に基づき、売上げとして3億6000万円を計上した(この時点は、契約の締結及び納品もない。平成17年12月に契約が締結され、平成18年3月に納品)。
H17.3月期	A社は、X₁案件について、同年3月31日付注文書や検査結果通知書等をもとに同年3月期における売上げ5000万円を計上した(この時点で、またその後も受注なし)。

各論〔裁判例の分析・解説〕

H17.6.30	Xは、B及びCらと共謀して、平成16年4月1日から平成17年3月31日までの事業年度について、M財務局長に、虚偽の損益計算書を掲載する有価証券報告書を提出した。
H18.6末	D社のA社に対するリース料の支払が完了。
H18.10.25〜H19.3.22	D社からA社に対するリース料の支払終了後も、A社からE社を介してD社に合計1億9950億円が資金提供された。

3　裁判所の認定と判断

(1)　罪となるべき事実・罰条

①　第1行為・特別背任罪（会社法960条1項3号）－17億7975万円の損害を与えた行為について

平成13年3月31日頃、A社の業績回復のため、A社はXが議決権を全て有するD社に対して、消費金融システムを総額約17億円でリースする契約を締結した。当初は、Xが、上記リース料金支払のためD社に貸付けをしていたものの、平成14年7月頃、XはD社への貸付けを中止したことから、D社からリース料金が支払われる見込がなくなった。そこで、平成14年7月26日から平成18年5月16日までの間、Xは、A社の従前の外注先であったE社にD社への資金提供の手段として外注費名目で送金し、資金はE社からD社に合計17億7975万円が送金された。

②　第2行為・特別背任罪（会社法960条1項3号）－1億9950万円の損害を与えた行為について

平成18年10月25日から同19年3月22日、D社からA社に対するリース料の支払終了後も、A社からE社を介してD社に合計1億9950億円が資金提供された。

③　第3行為・有価証券報告書虚偽記載罪（金融商品取引法197条1項）

Xは、A社の有価証券報告書を提出するにあたり、A社の取締役であっ

－116－

6 アクセス事件

たB及びCらと共謀して、平成16年4月1日から平成17年3月31日まで
の事業年度について、当期に計上できない売上げを計上するなどの方法
で、重要な事項について虚偽の記載のある有価証券報告書を、M財務局に
おいて同財務局長に提出した。

(2) 裁判所の判断

まず、第1及び2行為についてであるが、B供述の信用性につき弁護人
が認められないとするのに対し、裁判所が同信用性を認め、「時系列」に記
した事実の経過を認めた。そのうえで、図利加害目的につき、弁護人がX
につき経営上の責任を追及回避などの保身目的を持つはずはないとするの
に対し、Xの経営上の責任を免れる目的及びXの貸付金の返済を行う目的
を肯定した。

次に、第3行為についてであるが、弁護人は、売上げは架空取引ではな
くまたXにもその認識がなかったこと等を主張した。しかし、裁判所は、
Z、H₁、K₁、R₁、U₁、X₁及びEへの送金につき、いずれも、虚偽性を
肯定するとともに、被告人の認識についても認めた。

4. 事案の分析

(1) 不正の発生原因

【第1行為について】

① 動 機

D社からのリース料がA社に対して支払われないことで特別損失を出す
ことになり、株主から追及さるなどの経営上の責任に発展する可能性があ
ったため、リース料金の支払が継続されていることを装う必要があった。
また、XのD社に対する貸付金の返済にも充当させる動機があった。

② 機 会

D社は、Xが議決権の全てを自己の計算において所有し支配している会
社であること、また、E社は外注先でありE社の社長からもE社を通じた
D社への送金をすることについて了解を得ていた。

各論〔裁判例の分析・解説〕

【第2行為について】

③ 動　機

XのD社に対する貸付金の返済がまだ終了していなかったことから、その貸付金の回収を動機があった。

④ 機　会

X社の議決権をXが有すること、E社に取引関係があったことは、【第1行為】と同様であるが、さらに、【第1行為】を行った経緯があったことから、さらに同じ行為を継続することには容易であった。

【第3行為について】

① 動　機

A社は、平成17年3月期に思うように売上げを確保できず、4期連続の赤字決算を避けたいという動機があった。

② 機　会

赤字決算を避けたいという点について、Bをはじめ他の主要な取締役と意思を通じあうことが可能であったこと、上記動機とともに、Xから各担当取締役に対して、売上げの確保をするようにとの指示があった。

(2)　有罪認定で重視された事情

本判決は、第1及び2行為については、Bの供述の信用性を肯定したうえで事実認定を行い、X等の動機等に言及したうえで、さらに図利加害等を認定した。第3行為のいずれの行為についても虚偽性とXの認識を認定し、有罪とした。

第1及び2行為について、裁判所が事実認定で重視したのは、Bの供述である。裁判所は、Bの供述は、証拠上争いなく認められる事実と符合していて、自然で十分納得できるとともに、他の証人の供述と符合しているとして、その信用性を認めている。第3行為の中で何らかの形で一定の先行作業等があり全くの架空とはいい難いものもあるが、裁判所は、これらの先行作業は、そもそも納品には該当しない、あるいはたとえ一定の納品といえるとしてもAのリスクで行われているものと認定している。

－118－

(3) 量刑判断で重視された事情

① 第1及び第2行為について

【加重要素】

目先の自己の利益を優先した身勝手な犯行で、その結果も大きい。しかも、Xが代表取締役を辞任した後は、貸付金の回収を図るためだけに送金を続けるようにBに指示しており、図利目的は強固であった。

【軽減要素】

他方で、XとA社との間は裁判上の和解が成立し、A社がXを宥恕する意思を表明している。また、A社の代表取締役会長も当公判廷で被告人に処罰を求める気持ちは全くないと述べている。

② 第3行為について

【加重要素】

会社ぐるみの組織的犯行であり、一般投資家の判断を誤らせ上場株式の公正な取引秩序を害する犯行であった。

【軽減要素】

他方で、6件の不正な売上計上のうち4件は、その後に納品され現実の売上げとなっており、全くの架空の売上げを計上したような事案に比べると悪質性は低い。

また、その余の2件のうち、①X_1の案件は、A社のリスクにおいて先行作業は実施していたこと、②L_1との間のO_1の使用許諾契約は、O_1のサーバー機能とクライアント機能が入ったCDは当期内に納品されており、試用期間経過後は本格導入について交渉していたことから、全くの架空の売上げを計上した事案とは、事案を異にする。

そのため、売上げの不正会計上は、金額こそ多額ではあるものの、その態様の悪質性が高いとまではいえない。

③ 執行猶予が付された理由

第1及び2行為については、和解が結ばれるとともに被害者感情も和らいでいること、第3行為については、必ずしも態様が悪質とはいえないことが、執行猶予の付された理由であると考えられる。

各論〔裁判例の分析・解説〕

5 不正の防止策・注意点

⑴ 代表取締役に対する監視態勢を強化する

本件では、取締役等よりはむしろ、代表取締役が自ら不正を認識し、積極的に関与している。

そのため、まずは他の取締役や監査役を通じた監視態勢の強化が必要となるであろう。

⑵ 取締役に対する監視態勢を強化する

もっとも、特に第3行為について見ると、取締役等は実際の取引行為に関与しており、このような場合には、取締役等を通じた監視態勢は期待できない。

そのため、社内では監査役への期待が高まるとともに、より独立性の高い社外取締役や社外監査役の選任することは有効であろう。さらには、内部通報制度を用いるなどにより、第三者からの監視体制の強化も重要であろう。

（齋藤　実）

収益認識基準

　会計上、売上高へ計上するものは商品等の販売又は役務の給付によって実現したものに限るとされています（企業会計原則第二 3 B）。そこで、どの時点で商品等の販売又は役務の給付が実現したと判断するのかが問題となり、その判断基準が収益認識基準です。現行の会計基準では、業態に応じてさまざまな収益認識基準が認められており、代表的なものを以下のとおり解説します。

●引渡基準
　引渡基準とは、商品が取引先に引き渡された時点で売上げを計上する基準をいいます。上述のとおり、売上高は商品等の引渡しによって計上されるため、商品等の引渡しがいつの時点であるかについては、商品等の種類及び性質、その販売に係る契約の内容等に応じ、その引渡しの日として合理的であると認められる日とされています（法人税基本通達 2 － 1 － 2）。
　引渡基準は、本来的な収益認識基準ですが、全ての取引の引渡し時点を証憑等で確認するのは通常困難であり、実務上は販売形態に応じて引渡し時点の捉え方が異なります。そのため、それぞれの販売形態に応じて、出荷基準、検収基準、工事進行基準等の収益認識基準が定められています。

●出荷基準
　出荷基準とは、商品等を自社から出荷した時点で売上げを計上する基準をいいます。通常、商品等を出荷したのみであれば引き渡したことにはなりませんが、商品等の出荷ごとに全ての引渡し時点を確認するのは煩雑な場合があります。
　そのため、出荷時点と引渡し時点とが時間的に近似する場合

には、出荷時点をもって売上げが実現していると考えることができます。
　出荷基準は、主に大量の生産や仕入による物品の販売業において採用される基準です。

● **検収基準**
　検収基準とは、取引先が商品等を受領し発注数量や品質等を確認（検収）した時点、又は役務の提供が完了したことの合意等をもって売上げを計上する基準をいいます。取引先に商品等が到着したのみでは、取引先の発注どおりの品種、数量かどうかが確認されておらず、また品質に不具合があった場合は返品される可能性があります。
　検収基準は、主に委託により製品の製作販売をする場合、コンサルティングや調査探求等の業務を受託する場合等において採用される基準です。
　上記、3つの収益認識基準は、商品等の動き（役務の提供）に照らすと、下記のようなイメージになります。

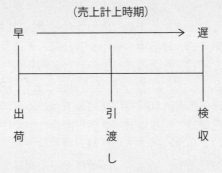

　同様の取引であっても、どの収益認識基準を採用するかで、売上げの計上時期が異なりますが、上述のとおりいずれも認められた基準であり、企業は取引の客観性や実務への適合性を考慮したうえで採用する基準を決定します。
　特に、出荷基準は自社の証憑に基づいて売上げを計上するため、出荷証憑の偽造による早期計上や架空計上に留意する必要があります。

COLUMN

●工事進行基準

工事進行基準とは、工事契約に関して、工事収益総額、工事原価総額及び決算日における工事進捗度を合理的に見積り、これに応じて当期の工事収益及び工事原価を計上する基準をいいます（企業会計原則注解7）。通常、収益の認識は商品等の販売やサービスの提供を実現した時点をもって行われます。

しかし、長期間にわたる工事においては、工事の完成、引渡しをもって収益の認識とすると、長期間にわたり費用のみが認識され、費用に対応する収益は認識されません。その結果、適正な期間損益が計算されず、企業の実態を正しく表すことができないおそれがあります。

そのため、そのような不合理を是正するため、工事の進行率を見積って売上げを算定し、これを会計に反映させる方法が工事進行基準です。

工事進捗率は、工事原価の発生額に基づいて見積られるため、原価の架空計上等により進捗率を操作し、売上高を過大計上する例も報告されています。

（高橋和則）

各論〔裁判例の分析・解説〕

■架空循環取引■

7　架空循環取引—アイ・エックス・アイ事件（大阪地判
平成21・1・29判例秘書ID06450042）

【事案一覧表】

事件のポイント	「架空循環取引」の手法を用いて売上げの過大計上及び損失の過少計上をした行為についての有価証券報告書虚偽記載罪及び有価証券届出書虚偽記載罪の成立
関係現行法令	金融商品取引法197条1項1号・5条・24条
起訴された者	アイ・エックス・アイ社（以下「A社」という）取締役営業・開発本部コンサルティング事業部事業部長X
結　　論	Xが、有価証券報告書虚偽記載罪及び有価証券届出書虚偽記載罪で有罪、懲役2年6月、執行猶予4年、罰金500万円（求刑懲役3年、罰金500万円）。確定。
その他参考事項	本判決とは分離された事件の判決は以下のとおり。 ・代表取締役社長a：大阪地裁平成17年11月26日判決が、懲役3年、執行猶予5年、罰金800万円の判決をし、確定（判例集未登載）。 ・常務取締役営業・開発本部本部長b：大阪地裁平成20年2月9日判決が懲役3年、執行猶予4年、罰金500万円の判決をし、確定（判例集未登載）。 ・A社が主導する一連の架空循環取引の一部分に参加した売主の会社のうちの1社が、買主の会社に対して売買代金請求訴訟を提起したところ、判決は、買主の会社の錯誤無効の主張を認め、請求を棄却した（東京地判平成20・12・19判例タイムズ1319号138頁）。

－ 124 －

7 アイ・エックス・アイ事件

【当事者関係図】

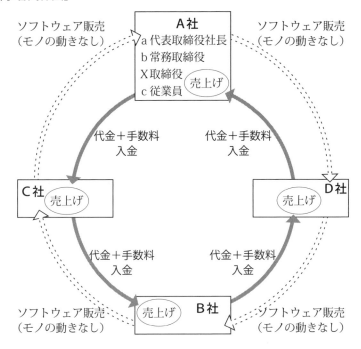

1 事案の概略

(1) システム開発会社A社の取締役Xは、a社長・b常務の指示を受け、架空循環取引の手法による売上高の架空計上を開始した。

(2) Xは、a・b・従業員cと共謀のうえ、売上高の架空計上、損失の過少計上がされた損益計算書が記載された有価証券報告書を財務局長に提出した。

(3) Xは、A社の株式募集に際し、(2)の損益計算書が記載された有価証券届出書を財務局長に提出した。

各論〔裁判例の分析・解説〕

2　時系列

年　月　日	本件に関する事情
H元	A社、設立。
H12.3月期	A社代表取締役a、親会社から強く求められていた売上高等の達成が困難な見通しとなったため、親会社から無能な経営者と評価されることを避けたいなどの思いから、b取締役に指示して架空循環取引の手法による売上高の架空計上を指示。
H14.2ころ	aはXに、「A社が上場を目指しているから売上げと利益が必要」と述べ、bの指示を受けながら架空循環取引における商流の立案、実施に協力するよう求める→Xは応じる→以後、Xは、A社が破綻するまで、架空循環取引を継続。
H14.3.19	A社、大証ナスダック・ジャパン（後の大証ヘラクレス、現ジャスダック）に上場。
H14.5〜7	A社、メディア・リンクス社（本書9事件参照）主導の架空循環取引に関与（平成20年5月30日付日経新聞記事）。
H15.6.27	X、a・b・A社従業員cらと共謀のうえ、虚偽の有価証券報告書を提出【第1行為】。
H16.2.24	X、a・b・A社従業員cらと共謀のうえ、A社の株式募集に際し、虚偽の有価証券届出書を提出【第2行為】。
H16.3	A社、東証2部に上場。決算で売上高約113億円計上。
H16.11	メディア・リンクス社の社長が架空循環取引による有価証券報告書虚偽記載罪などで逮捕。
H17ころ	X、監査法人に在庫商品が実在するように見せかけるため、見本とする現物を作成するようになる。
H17.3	A社、決算で売上高約175億円計上。

H17.8	I社、A社の親会社となる。
H18.3	A社、決算で売上高約401億円計上。
H18.11	S監査法人、「存在が確認できない巨額の在庫がある」と指摘。調査求める。
H18.12	S監査法人、約103億円の簿外債務を指摘、監査証明に適正意見を付けるのを拒否。
H19.1.5	A社は半期報告書を提出できず、東証がA社を監理ポストに割当て。
H19.1.19	A社、複数の取締役・社員による不正な取引が行われている可能性があること、X取締役・b取締役の解任などを発表。
H19.1.21	A社、民事再生手続開始の申立。負債総額109億円。
H19.2.22	東証、A社を上場廃止。
H19.2.28	大阪地検特捜部と証券取引等監視委員会、A社・取引先IT企業数社を強制捜査。
H19.8.31	A社の管財人、S監査法人に対し監査報酬など約1億2800万円の損害賠償請求訴訟を提起。
H20.5.29	大阪地検特捜部、有価証券報告書虚偽記載容疑で、a元社長・X・b・元執行役員の4名を逮捕。
H20.6.18	大阪地検、X・a・bを起訴。A社・元執行役員2名は起訴猶予。

3 裁判所の認定と判断

Xは起訴事実を争わず、裁判所は以下のとおり認定、判断した。

【第1行為】　Xは、a社長・b常務・従業員cらと共謀のうえ、近畿財務局長に虚偽記載ある有価証券報告書を提出した。同書面には、A社の平成15年3月期の売上高が37.7億円、税金等調整前当期純損失が6.7億円だったにもかかわらず、売上高を55.2億円、税金等調整前当期純利益を6.1

各論〔裁判例の分析・解説〕

億円と記載した損益計算書が記載されていた。

Xは、有価証券報告書虚偽記載罪につき有罪とされた（刑法60条、金融商品取引法197条1項1号・24条）。

【第2行為】　Xは、a社長・b常務・従業員cらと共謀のうえ、A社の株式募集に際し、近畿財務局長に虚偽記載ある有価証券届出書を提出した。同書面には、第1行為と同じ損益計算書が記載されていた。

Xは、有価証券届出書虚偽記載罪につき有罪とされた（刑法60条、金融商品取引法197条1項1号・5条）。

4　事案の分析

(1)　架空循環取引とは

架空循環取引（資金循環取引）とは、会社（A）が仕入取引等の名目で支出した自らの資金等を利用して、当該資金を協力会社等の取引先を経由させ、自社に還流させることにより（A→B→C→A）、当該資金の自社への入金を売掛金の回収取引として装う仮装取引を利用した不正会計の手口と定義される（宇澤亜弓『不正会計　早期発見の視点と実務対応』207頁参照）。

架空循環取引では、多くの場合、協力会社間で資金が循環する商流があるのみで、仕入れ・売却の対象物であるモノの物流がない。

A→B→Cとの資金の商流、A→Cとのモノの物流がある商社取引、スルー取引、帳合取引では、Bが物流に入っていないものの、モノの動きが存在するという点で架空循環取引とは異なる。

架空循環取引それ自体が直ちに違法となるわけではないが、それに基づいて粉飾した計算書類を開示すれば、有価証券報告書虚偽記載罪に当たる。

また、取引先、債権者、株主など第三者が損害を受けた場合は、会社、粉飾を主導した役職員などが賠償責任を負うこともあり得る。

(2) 協力会社

　A社主導の取引に協力した会社が、架空循環取引であることを知らないということもあり得る。商品が仕入元からエンドユーザーへ納品される物流は通常よくあるため、協力会社が商品の実物を見ないことも不自然ではないためである。

　協力会社が、架空循環取引であることを認識していた場合、有価証券報告書虚偽記載罪などの共犯になり得る。

　協力会社は、①中間手数料を得ることができる、②売上げも計上できる、などのメリットがあり、協力する。

　A社が主導する循環取引に関与した企業は約120社に上ったと報じられている（平成20年6月19日付日本経済新聞記事）。

(3) 本件の粉飾手法

　本判決は、架空循環取引の手法を以下のように認定した。

①　Xらが協力会社を探し出す。

②　架空循環取引であることを秘して、スルー取引を装って参加を持ちかける。

③　架空循環取引の発覚を免れるために、通常の取引と同様の見積書、注文書、納品書等の伝票類を作成。

④　協力会社に依頼して仕入時と販売時で商品名を変更させる（別の取引に見せる）。

⑤　取引案件を分けて1件当たりの取引金額を抑える（手数料が上乗せされていくので商品の価値に比して過大な価格になっていることを隠すため）。

⑥　案件名、協力会社名、売上金額、仕入金額、協力会社に得させる粗利等を記載した架空循環取引の商流に関する一覧表を順次作成して、aなど共犯者間で認識共通にする。

(4) 不正の発生原因

① 動　機

本判決の認定からは、X・a・bらの売上高粉飾の動機は、売上目標に

各論〔裁判例の分析・解説〕

ついての親会社のプレッシャーや、Ａ社の上場のための売上高基準を達成
の希望などにあったと見て取れる。

② **機 会**

架空循環取引への参加に応じる協力企業がいたこと、Ａ社に架空循環取
引を中止させるチェック体制・牽制体制がなかったことが、Ａ社に不正の
機会を与えたと考えられる。

③ **正当化要素**

Ｘにとっては、「ａ社長の指示だから断れない」という点が不正の正当化
要素となったと考えられる。また、高い売上高を達成して親会社の支持を
得ること、上場することが、「会社のためである」という発想になり、正当
化要素になったとも考えられる。

(5) **量刑上重視された事情**

本判決は、Ｘが、①架空循環取引への協力会社をかつて勤務していた会
社の取引企業等から探したこと、②協力会社との伝票のやりとりなどの事
務処理を担当したこと、③Ａ社内の決裁文書の作成をしたこと、などから
Ｘの役割が重要であったとして、量刑上の加重要素とした。

また、④粉飾額の大きさ、⑤多数の投資家に被害を与えたこと、⑥同じ
ＩＴ業界の粉飾事件が問題となったメディア・リンクス事件（本書９事件）
の発覚後も架空循環取引を止めなかったことなども加重要素とした。

5　不正の防止策・注意点

(1) 架空循環取引に関する注意点

架空循環取引の実行・参加には、以下のようなリスクがあり、自社が巻
き込まれないよう注意が必要である。

循環取引を主導した会社、役職員は、本件のように、有価証券報告書虚
偽記載罪に問われることがある。株主、債権者、取引先などが損害を受け
れば、損害賠償責任を負うこともあり得る。

循環取引に協力した会社は、不正取引していることを認識していれば共

－130－

犯になり得る。また、不正な循環取引と認識していない会社でも、循環取引の一部として商品を売った売先に対する売掛金債権が錯誤無効となり、回収できなくなることもある（東京地判平成20・12・19判例タイムズ1319号138頁）。

(2)　ＩＴ業界における架空循環取引に関する特有の注意点

ソフトウェア、システムの開発では、下請けが２次、３次と行われることが多い。それ自体は不正な取引ではなく、実際に開発に携わっていない会社があっても不自然ではないため、不正を意図しない再委託なのか、循環取引なのかが見分けにくい。

(3)　防止策

以下のような、循環取引による売上高粉飾の機会を減少させる方策が防止策として有用である。

①　証憑類が実態と合致しているかのチェック

具体的には、別の売買の請求書であるにもかかわらず、同一商品名、同一ロットナンバー（ソフトウェアならシリアル番号、アクセスキーなど）、同一単価、同一数量の商品が繰り返し登場する、といったことが起こってないかをチェックすることが必要である。

請求書に、取引内容が具体的にわかる明細が添付されていない場合は、不正がないか注意が必要である。

②　商品単価の不自然な高騰がないかをチェック、与信枠上限の設定

循環取引では、協力会社が、売買代金請求の際に手数料を載せていくため、循環していくうちに商品の単価が増大していく。

そこで、商品の単価が相場に比して極めて高額になっていないかをチェックすべきである。

社内規程で売掛金として与信できる限度額を明確に定めておけば、上限に達した段階で、チェック担当者にアラートがされ、疑わしい取引かどうか調査するきっかけにもなる。

③　チェック担当者は現物にあたってチェックする

不正な循環取引に当たらないかのチェックする決裁権者、決裁機関、内

各論〔裁判例の分析・解説〕

部監査部門、会計監査人などは、取引担当者からの概括的な報告を受けてよしとするのではなく、場合により抜き打ち的に実際の取引書類にあたってチェックする必要がある。

また、チェック担当者は、在庫品実物を実際に確認してのチェックを行うことが必要である。不正行為者が、チェック担当者に対して、「現物は外部倉庫に保管してある」として外部倉庫会社からの保管証明を見せるのみとすることがある。この場合、不正行為者と外部倉庫業者が共謀していた場合、不正が見抜けない。場合により現物を確認することが重要である。

正常な取引であれば商品を最終的に保持する「エンドユーザー」がいるはずである。チェック担当者は、場合により、エンドユーザーにインタビューすることも必要である。

④ **専門家を活用してのチェック**

専門的な内容のソフトウェア、システムの場合、専門家でないチェック担当者には、その価値が定かでない場合がある。その場合、ソフトウェア、システムなどの価値を判断するために、外部のIT専門家などの助力を受けるべきである。

また、実際に、開発責任者に開発の際に行った作業の詳細、検収の状況などをインタビューして信憑性を確かめることも重要である。

⑤ **不正情報収集の仕組み整備**

不正に関する情報を収集しやすくするために、社内、社外の内部通報制度を利用しやすいものとして整備することも重要である。

会計用語等チェック

■架空循環取引

☞コラム「架空循環取引と架空原価の棚卸資産への付替え」・150

☞公認会計士の視点「アイ・エックス・アイ事件（架空循環取引）」・133

（澁谷展由）

公認会計士の視点

> 公認会計士の　視　点

アイ・エックス・アイ事件（架空循環取引）

　循環取引は石油産業や商社・卸業界などで粉飾決算に利用されてきた歴史があるが、近年では情報サービス産業において、循環取引の手法を用いて売上高等を水増しする事件が起こった（アイ・エックス・アイ事件、ニイウスコー事件、メディア・リンクス事件など）。

　循環取引は商社的取引の一形態といわれる。一般的な商社的取引は商品を仕入れ、他社へ転売するが、在庫リスクを抱えて行われる取引である。また、会社と会社の間に入ることで情報調査機能、市場開拓機能、事業開発機能、さらには金融機能などを発揮し、付加価値を高めることでビジネスが成り立っている。しかし、商社的取引の中には、付加価値の増加を伴わない単なる仲介取引も存在する。例えば、手数料を得ることを目的として販売先や仕入先を紹介する取引、販売先に取引口座がない会社に対する口座貸しや与信補完のための取次ぎなどがある。これらの取引も従来からそれぞれの業界の慣例として行われている。

　近年、特に情報サービス産業において、この仲介取引を本来の目的以外で行い、不正取引に利用されるケースが生じている。その不正取引に利用される商社的取引は、表1のとおりである。

【表1】異常な商社的取引（「情報サービス産業における監査上の諸問題について（日本公認会計士協会）」に基づき作成。一部加筆）

名　称	定　義	特　徴	取引の流れ
スルー取引	複数の企業間で売上金額の増額を目的として行われる仲介取引	物理的・機能的に付加価値の増加を伴わず、会社の帳簿上通過するだけの取引	B→(A)→C

－133－

各論〔裁判例の分析・解説〕

Uターン取引 （循環取引）	自社が起点及び終点となりその間に商社的取引が行われ、最終的に自社が販売した商品等が複数の企業を経由して自社にUターンして戻り、在庫又は償却性資産（固定資産）として保有される取引	・商品等に開発作業が加えられて戻ってくるケースある。 ・開発行為そのものがUターンするケースもある ・商品等の棚卸資産が増加する。 ・手数料が上乗せされ、資金繰りを悪化させる	A→B→C→A
クロス取引	複数の企業が互いに商品等をクロスして一旦販売し合い、その後在庫を保有し合う取引	在庫を保有しないとしても、外部に販売するに当たり、互いを介在させるケースもある（クロス取引＋スルー取引）	A→B＋B→A

　これらの取引も直ちに不正取引であるとは一概にいえない部分があるため、その内容を吟味する必要がある。ただし、Uターン取引は売上計上が妥当ではない場合がほとんどだと思われる。これらの取引は注文書、納品書、検収書、請求書等の証憑類は形式的に整合している場合が多く、さらに、複数の企業を経由しているため、取引実態が判別しにくい場合が多く、注意が必要である。また、実態がある取引と判断されても、会計処理として、売上高を総額で計上すべきか、手数料のみを純額で計上すべきかの検討、金融取引ではないかの検討、営業取引なのか営業外取引なのかの検討、収益の認識時点が妥当であるかの検討などが必要と思われる。

　循環取引は（Uターン取引）は、実態のない架空売上げや利益の過大計上を目的とした不正取引に使用される場合が多い。不正な循環取引では、協力会社に支払う手数料を取引価額に上乗せするため、帳簿における商品

－134－

公認会計士の視点

価額が増加するとともに、資金繰りが悪化する。

　例えば、循環取引として、A社が90で購入した商品をB社へ100で販売し、B社は手数料10を上乗せしてC社へ110で販売し、C社は手数料11を上乗せしてA社へ121で販売したとする。全体を通して見ると、循環取引を図ったA社は100の代金を受け取るが、121｛＝100＋手数料(11+10)｝を支払うため、手数料21（＝10＋11）はA社が負担することになる。これにより、A社の資金繰りは悪化する。また、そもそもの商品は90であったが、循環取引が一回転すると121と増加する。

　循環取引の特徴は、取引先は実在することが多く、資金の決済は実際に行われることが多い。商品等の取引の対象物は実際に移動する場合もあれば、対象物の移動がない場合もある（これを架空循環取引ということがある）。戻ってくる商品等の名称を変更するといった証憑の偽造又は在庫等の保有資産の偽装は徹底して行われることが多い。比較的重要性が乏しい事業や新規事業で行われたり、子会社を利用する場合も多い。手数料を上乗せして販売するだけであるため、通常の販売取引に比べて粗利率（＝売上総利益／売上高）が低い傾向にある。また、循環取引は入金と出金のタイミングのずれを利用した金融目的（融資目的、資金支援目的）で行われる場合もある。

　循環取引は発見されない限り、繰り返し行われる可能性が高いが、そもそも実態のない架空の取引であり、手数料を負担するため資金繰りが悪化し、いつかは破綻することと思われる。

　　　　　　　　　　　　　　　　　　　　　　　　　　（西田明煕）

各論〔裁判例の分析・解説〕

■架空循環取引■

8 ソフトウェアの循環取引等による架空売上げの計上
──ニイウスコー事件（横浜地判平成23・9・20公刊物未登載）

【事案一覧表】

事　　案	ニイウスコー株式会社（以下「Ａ社」という）の代表取締役らが、循環取引等の手法を用いて売上げを過大計上した行為につき、X₁（代表取締役会長）及びX₂（取締役副会長）が、有価証券報告書虚偽記載罪で有罪とされた事例
事件のポイント	ソフトウェアの取引について、「循環取引」等の手法を用いて売上げを過大に計上し、損失を過少に計上した行為
現行関係法令	金融商品取引法197条1項1号（有価証券報告書虚偽記載）
起訴された者	代表取締役会長X₁、取締役副会長X₂
結　　論	X₁は、有価証券報告書虚偽記載罪で有罪とされ、懲役3年（実刑）、罰金800万円の1審判決を受けた（控訴棄却、上告後取下げ）。 X₂は、有価証券報告書虚偽記載罪で有罪とされ、懲役2年（執行猶予4年）、罰金300万円の1審判決を受けた（控訴棄却、上告棄却）。
	・X₁の控訴は棄却され（東京高判平成24・12・13判例誌未登載）、上告はX₁により取り下げられた。 ・X₂の控訴は棄却され（東京高判平成25・1・17公刊物未登載）、上告も棄却された（最決平成25・6・4公刊物未登載）。

－136－

8　ニイウスコー事件

その他参考事項	・A社は、X₁とX₂を相手に損害賠償請求訴訟を提起し、後に和解した。 ・A社は、粉飾発覚後に民事再生手続に入ったが、再生手続内で、粉飾決算による株価の下落について損害賠償請求権を有するA社株主が、賠償額の査定を争った（東京高決平成23・4・13金融・商事判例1374号30頁ほか）。 ・A社株主は、X₁ら役員に対して、金融商品取引法21条1項に基づく損害賠償訴訟を東京地裁に提起した。取締役の責任を認める判決（東京地判平成25・7・9・T&Aマスター516号40頁参照）と非常勤監査役の責任を認めなかった判決（東京地判平成25・10・15T&Aマスター529号40頁）がある。 ・報道によると、A社株主は、A社の監査法人に対する損害賠償請求訴訟を提起しているようである。

【当事者関係図】

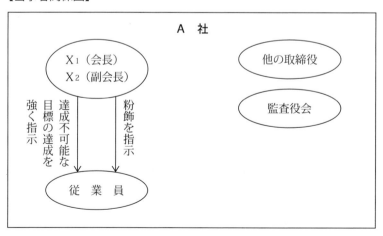

-137-

各論〔裁判例の分析・解説〕

〔循環取引の態様(1)〕

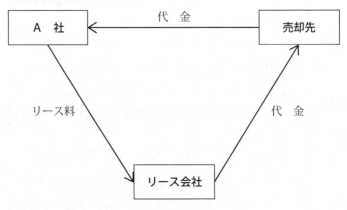

〔循環取引の態様(2)〕

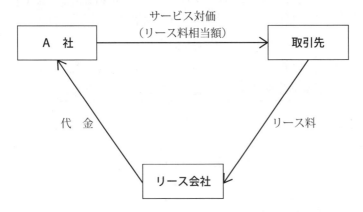

1　事案の概略

　本件は、コンピュータに関する各種ソフトウェアの開発を営む会社等の株式又は持分を保有するA社の代表取締役会長X1及び取締役副会長X2が、共謀のうえ過大な業績目標を達成するために、セール＆リースバック取引、リース会社を利用した循環取引、売上げの先行計上と失注処理・買戻しによる循環取引、不適切なバーター取引等の不正取引を役員・従業員に指示して売上げを水増しし、売上高及び経常利益を過大に計上した有価

証券報告書を提出した事例につき、X$_1$は懲役（実刑）及び罰金、X$_2$は懲役（執行猶予）及び罰金の刑に処せられた事例である。

2 時系列

年 月 日	本件に関する事情
H4.7	A社設立。
H11ころ	A社監査法人、セール＆リースバック取引において売却時に全額を売上計上することが問題だと指摘。
H15.6	A社、東証1部に上場。
H16.6～	A社、複数の会社(医療システム等)を買収。
H17.9	買収した会社(医療システム関係)に隠れたコストが発覚し、これを損失計上するとかなりの利益が失われることが判明。
H17.9.21	売上高及び経常利益について虚偽記載のあるH17.6月期の有価証券報告書を関東財務局長に提出【第1行為】。
H18.2.23	A社監査法人、ソフトウェア商品の在庫管理のあり方について、在庫の入手庫管理記録の整備の必要性や、営業担当者個人が在庫を管理することの危険性を指摘。
H18.3.6	株式の募集及び売出しに際し、H17.6月期有価証券報告書を参照すべき旨記載した有価証券届出書を関東財務局長に提出【第2行為】。
H18.9.21	売上高及び経常利益について虚偽記載のあるH18.6月期の有価証券報告書を、関東財務局長に対して提出【第3行為】。
H19.8.29	株式の募集及び売出しに際し、H18.6月期有価証券報告書を参照すべき旨記載した有価証券届出書を関東財務局長に提出【第4行為】。
H19.8.29	A社、第三者割当増資により、自己資本が約160億円となり、再生に向けた財政基盤が整うことになると公表。

－139－

各論〔裁判例の分析・解説〕

H19.11	A社に対し、200億円が出資され、経営陣の入替えが行われる。
H20.2.14	A社、内部告発をきっかけとして、不適切な取引があった疑いがあると発表。
H20.4.30	A社、調査報告書を発表。
H20.5.2	A社、東京地裁に民事再生手続開始申立。
H20.5.22	A社、訂正有価証券報告書及び訂正半期報告書を提出。
H20.6.1	A社、東証2部から上場廃止。
H20.9.24	東京地裁、A社の再生計画認可決定。
H20.11.3	A社、旧経営陣8名に対して約25億6000万円の損害賠償を求める訴訟を東京地裁に提起。
H22.2.11	横浜地検特捜部、X_1とX_2を、H18.6月期の有価証券報告書虚偽記載について、証券取引法違反で逮捕。同日、横浜地検と証券取引等監視委員会が合同でX_1及びX_2の自宅など関係先を捜索。
H22.3.4	横浜地検、H18.6月期の有価証券報告書虚偽記載等について、X_1とX_2を起訴。
H22.3.23	横浜地検、H17.6月期の有価証券報告書虚偽記載等について、X_1とX_2を追起訴。
H22.9.24	A社、株主総会で解散決議。
H23.9.15	横浜地裁、X_2に対する判決。
H23.9.20	横浜地裁、X_1に対する判決（本件判決）。
H23.10.27	A社の民事再生手続が終結。
H24.12.13	東京高裁、X_1に対する控訴審判決。
H25.1.17	東京高裁、X_2に対する控訴審判決。
H25.6.4	最高裁、X_2の上告棄却決定。

3　裁判所の認定と判断

(1)　罪となるべき事実・罰条

①　第1行為・有価証券報告書虚偽記載（現・金融商品取引法197条1項1号）

平成17年9月21日、循環取引等を利用した架空売上げを計上するなどの方法により、売上高及び経常利益について虚偽の記載（売上高を145億1309万4000円、経常利益を53億5564万8000円多く記載した連結損益計算書等を掲載）のある平成17年6月期における有価証券報告書を、関東財務局長に対して提出した。

②　第2行為・有価証券届出書虚偽記載（同条同項同号）

平成18年3月6日、株券の募集及び売出しに際して、第1行為の有価証券報告書を参照すべき旨を記載した有価証券届出書を、関東財務局長に対し提出した。

③　第3行為・有価証券報告書虚偽記載（同条同項同号）

平成18年9月21日、循環取引等を利用した架空売上げを計上するなどの方法により、売上高及び経常利益について虚偽の記載（売上高を129億0069万3000円、経常利益を61億5294万1000円大きく記載した連結損益計算書等を掲載。なお、実際には経常損失が出ていた）のある平成18年6月期における有価証券報告書を、関東財務局長に対して提出した。

④　第4行為・有価証券届出書虚偽記載（同条同項同号）

平成19年8月29日、株券の募集及び売出しに際して、第3行為の有価証券報告書を参照すべき旨を記載した有価証券届出書を、関東財務局長に対し提出した。

(2)　裁判所の判断

X₁、X₂とも第1ないし第4の行為を行ったことについては、争わなかった。

X₁は、第1行為から第4行為について、全ての不正取引を認識、認容

各論〔裁判例の分析・解説〕

していたわけではないとし、刑事責任を軽くすべきと主張したが、裁判所は、X₁がいくつかの案件について循環取引等の不正取引を行うよう具体的に指示していたこと、その他の案件についても業績目標を達成するよう強く指示し、目標達成のためには不正な手段をとることもいとわない態度を示していたこと、不正行為をとがめたり、不正行為者を処分しなかったことを挙げ、X₁は「概括的にせよ、これらの不正取引を全て認識、認容していたとみることができる」と1審は認定した。

4 事案の分析

(1) 不正の発生原因

① 犯行当時のA社及びXらの状況

X₁、X₂らのA社経営陣は、A社設立当初から売上げと利益成長を経営の第1目標に掲げ、東証1部上場を目標とし、営業部門に対して、達成不可能とも思われる高い社内予算を課す代わりに、その達成率（売上げ、粗利実績に対する）に応じて高額な給与またはボーナスの支給を保証した。その結果、営業担当者らは、不適切な取引によるか否かは別として、目標達成と高額なインセンティブの取得へと邁進した。

売上至上主義から、A社経営陣は、不正な取引を指示し、利益増加の観点から、初期開発費用やソフトウェアの開発費用などについて、費用計上することを認めなかった。費用計上が認められなかった費用は、その一部が循環取引の売上原価として処理され、その他のコストはソフトウェア等の資産として処理されていた。このような企業風土が、本件における不適切な会計処理の背景となった。

また、X₁は、外部から出資を仰ぐために高い成長性を有する企業であることを示し、これを達成することが必須であると考えており、早期に売上高1000億円の大企業の会長になりたいとの思いも持っていた。

② 動 機

上記の事情の下、X₁らは、本件会社が高い成長性を有する優良企業であ

－ 142 －

ると装って、投資を募る必要があったこともあり、本件会社の業績が伸び悩んでいたにもかかわらず、あたかも業績が拡大傾向にあるかのように見せかけるため、本件各犯行に及んだ。

③　原因1－監督機能の不備

犯罪が行われた当時のA社の取締役会は実態として会長による独断専行を許容する体制であり、案件審査並びに決算承認等において、十分な監視監督機能を果たしていなかった。監査役会も、平成19年6月期は2回開催されているのみであった。

④　原因2－業務プロセス管理体制の不備

業務規定では、受注及び売上計上は営業部門、発注は営業部門の依頼に基づいて行われ、経理が回収・支払業務を行うというフローだったため、営業部門が形式の整った発注書、契約書等を回付してくる限り、不適切取引の発見は困難な体制となっていた。

ソフトウェアの在庫管理も、営業担当者により行われていた。

⑤　原因3－社員のコンプライアンス意識の欠如

A社社員の一部は、売上げ及び利益増加を重視するあまり、先行発注や、仕入先に対する営業協力という形で立替払いをすることが、会社に損害を与えるリスクを伴った取引であるという意識が欠如していた。

(2)　量刑判断で重視された事情

X_1は懲役刑（実刑）と罰金刑の併科、X_2は懲役刑（執行猶予付き）と罰金刑の併科となった。

本件で量刑上重視された主な点は以下のとおりである。

【加重要素】

過大な業績目標を達成するために不正取引を繰り返す、組織的かつ計画的な犯行であり、手口も巧妙であったこと、これらを指示したことという犯行に関連する事情に加え、200億円の出資を受けるためにX_1とX_2が連名で不適切取引の存在を否定する書面を送るなど、犯行後の事情も刑を加重する要素となった。

各論〔裁判例の分析・解説〕

【軽減要素】

会社との民事訴訟において和解し、個人株主との訴訟でも被害弁償を行ったことが刑を軽減する要素となった。

(3) 粉飾の手法

① 本件で問題となった「セール＆リースバック取引」とは

イ　売上げを過大に計上するため、

ロ　かねてから調達した資産をリース会社に売却したうえで、同じリース会社からリースバックを受け、

ハ　その際、本来であればリース会社に対して売却したときに固定資産の売却処理をしたうえで売却益をリース料に応じて繰り延べ計上すべきところ、

ニ　リース会社への売却時にそれをＡ社の売上げとして一括計上し、売却益も一括計上する取引。

② 本件で問題となった「リース会社を利用した循環取引」とは

以下の２つの態様で行われた。１つめの態様は次のとおり（後記図１（145頁）参照）。

イ　売上げを過大に計上し、または損失計上を回避するため、

ロ　Ａ社の在留在庫、他のプロジェクトで計上していないＳＥ作業コスト、Ａ社における設備投資物件に関する製品等を売上原価としていったん売上計上し、

ハ　売却先又は転売先経由でＡ社がリース会社からリース資産又は買取資産として計上する取引。

２つめの態様は次のとおり（後記図２（146頁）参照）。

イ　売上げを過大に計上するため、

ロ　Ａ社の在留在庫、他のプロジェクトで計上していないＳＥ作業コスト、Ａ社における設備投資物件に関する製品等を売上原価としていったんリース会社に対する売上げとして計上し、

ハ　取引先がリース会社とリース契約を締結してリース料を支払い、

ニ　Ａ社は、取引先との間で別途サービス契約を締結してリース料に見

－144－

合うサービス料を支払う取引。

③　**本件で問題となった「売上げの先行計上と失注処理・買戻しによる循環取引」とは**

イ　売上げを過大に計上するため、

ロ　実際は販売先が預かっているだけであるのに、先行して売上計上し、

ハ　販売が成約に至らなかった場合に売上取消しを回避するために転売先を見つけ、

ニ　最終的には製品名称を変更するなどして転売先を経由させたのち、

ホ　最終的に会社が買い戻す取引。

④　**本件で問題となった「不適切なバーター取引」とは**

イ　売上げを過大に計上するため、

ロ　Ａ社保有のライセンス商品等を市場水準から嵩上げした価格で売却し、

ハ　実需のない別の商品を、売却相手又は転売先から購入する際に上記嵩上げ分を購入価格に上乗せする取引（後記図３（149頁）参照）。

⑤　**架空の循環取引等は実態がないためいつかは破綻する**

本件で行われた循環取引等は、実態の伴わないものである。そのため、１度偽った数字を隠すために、さらに大きな粉飾が必要となる。

本件でも、架空取引の対象とされたＡ社におけるソフトウェア等の滞留在庫は、平成17年６月末期に100万円程度だったものが、平成17年12月の中間期監査の際には11億7000万円、平成18年６月末期に67億8400万円となったという事情が認定されている。

このような粉飾手法が、いつかは発覚し、破綻することは明らかである。

5　不正の防止策・注意点

本事案の分析からは、以下の防止策・注意点が導かれる。

各論〔裁判例の分析・解説〕

(1) 独立性の高い社外取締役・社外監査役などの選任

本件のように、会社のトップが不正に関与する場合、これを止められる者による監督機能を持つ体制がなければ、不正を防げない。

財務会計について専門的知識を有し、かつ、会社の経営陣から独立性を有する社外役員を選任することが不正防止の方策として考えられる。

(2) 通報制度の設置

会社のトップによる不正を防ぐ方法として、社外のヘルプラインなど、会社の経営陣とは別の組織に対して不正を通報できる制度も有用である。

(3) 業務プロセスを管理する体制の構築

不正防止のためには、独立した審査部門を設けるなど、業務の過程で不正取引を発見できる体制を構築することも、重要である。

本件のようなソフトウェアは、無形財産であり、その内容や実在性の確認が困難であるため、不正の発見自体が困難であるとの指摘があることを考えると、業務プロセス管理体制は、業態に応じて構築されることが必要である。

(4) 従業員教育

不正取引が行われる場合に、具体的な不正取引に直接触れるのは、個々の従業員である。したがって、従業員に対して、コンプライアンス教育を施すことは、上記(2)の通報制度や(3)の業務プロセス管理体制を機能させるための必要条件であるといえる。

会計用語等チェック

■架空循環取引

☞コラム「架空循環取引と架空原価の棚卸資産への付替え」・150

☞コラム「セール＆リースバック取引」・160

☞公認会計士の視点「アイ・エックス・アイ事件（架空循環取引）」・133

（加藤伸樹）

8 ニイウスコー事件

【図1】リース会社を利用した循環取引①

単純化した例を示すと以下のような決算書が作成されていたものと推察される。

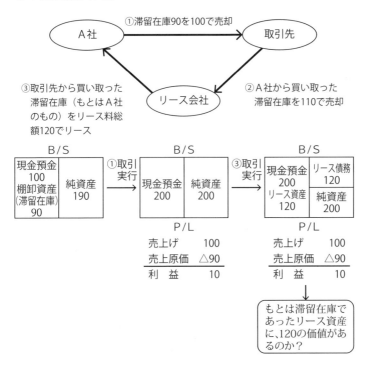

各論〔裁判例の分析・解説〕

【図２】リース会社を利用した循環取引②

単純化した例を示すと以下のような決算書が作成されていたものと推察される。

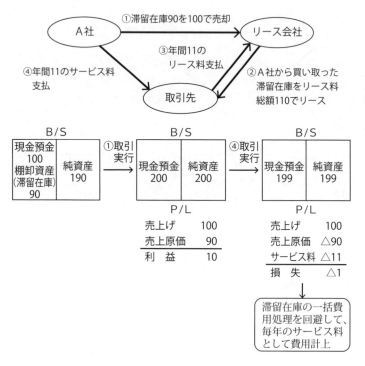

【図3】不適切なバーター取引

　単純化した例を示すと以下のような決算書が作成されていたものと推察される。

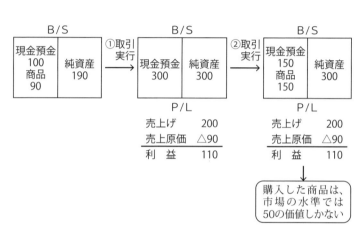

各論〔裁判例の分析・解説〕

COLUMN

架空循環取引と架空原価の棚卸資産への付替え

　何としても売上目標を達成したい、Ａ社とＢ社があったとします。売上目標を達成するためだけに、Ａ社はＢ社に棚卸資産を100で売り上げて、Ｂ社から同一の棚卸資産を110で購入する契約を締結し、対象物の移動なく即日決済した場合、次ページのような財務諸表が作成されます。

　Ａ社・Ｂ社ともに売上げと利益が計上されています。このように、複数の企業間で循環させる実態のない取引のことを架空循環取引といいます。粉飾を目的とした架空循環取引では、注文書、検収書、請求書などの証憑書類は適切に整備されていることに加え、販売対象物は無形物（ソフトウェアなど）になることが多く、発見は非常に困難です。今回の例では、イメージしやすいように２社間での取引としましたが、取引の輪に加わることによって売買の差額を利益計上できるため、実際には数十社の企業で循環させることもあります。

　次ページの財務諸表で注目していただきたいのが、Ａ社の棚卸資産です。架空循環取引を行うことで、棚卸資産が100から110に増えています。棚卸資産の価値は、取引前と後では同じはずなのに、棚卸資産の帳簿価額は循環取引を繰り返すことにより雪だるま式に増加していきます。「棚卸資産の評価に関する会計基準」では、原則として帳簿価額が正味売却価額を上回っているときには、正味売却価額まで帳簿価額を切り下げなければなりません。つまり消費者に販売できる価格以上で貸借対照表に計上することはできず、監査人に指摘されることになります。

　出口のない架空循環取引は、財務諸表を歪め、そのスキームが露見したときに破綻することになるのです。

－150－

COLUMN

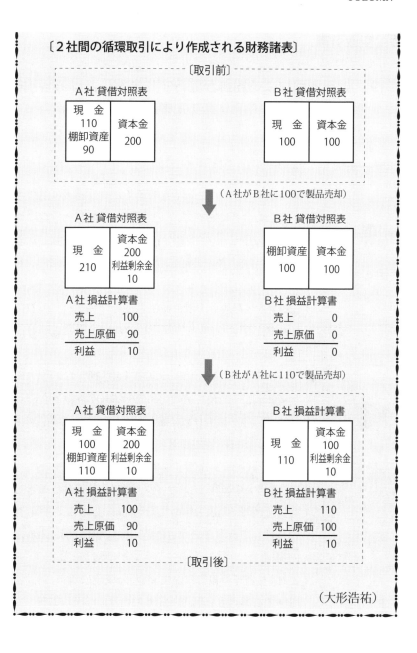

各論〔裁判例の分析・解説〕

■架空取引■

9 架空取引による粉飾が先行する事案における各種経済犯罪—メディア・リンクス事件（大阪地判平成17・5・2最高裁ＨＰ）

【事案一覧表】

事件のポイント	架空取引により売上高等を粉飾した財務諸表に基づき上場した会社において、その後粉飾が露見し、破綻に至るまでに生じた、①会社の預金の着服（業務上横領）、②重要事実公表前における会社株式の売り抜け（インサイダー取引）、③売上高等の水増しによる粉飾（有価証券報告書虚偽記載）、④預金通帳の写しの偽造・行使（有印私文書偽造・同行使）及び⑤会社の株価を騰貴させる目的をもってした風説の流布・偽計利用の成立
関係現行法令	刑法253条（業務上横領）、159条１項・161条１項（有印私文書偽造・同行使）、金融商品取引法197条の２第13号（インサイダー取引）・197条１項１号（有価証券報告書虚偽記載）・158条（風説の流布・偽計利用）
起訴された者	代表取締役Ｘ、Ｙ社（メディア・リンクス）
結　　論	Ｘ：業務上横領罪、インサイダー取引、有価証券報告書虚偽記載罪、風説の流布・偽計利用罪、有印私文書偽造・同行使罪で有罪とされ、懲役３年６月及び罰金200万円実刑。 Ｙ社：有価証券報告書虚偽記載罪、風説の流布、偽計利用罪で有罪とされ（両罰規定）、罰金500万円の実刑。
裁判の経過	控訴審：大阪高裁平成17年10月14日判決（D1-Law ID28135391） Ｘ・Ｙ社ともに控訴したが、いずれも控訴棄却

－ 152 －

9 メディア・リンクス事件

その他参考事項	・Y社は平成16年5月1日に上場廃止。 ・本件事件を受けて、日本公認会計士協会から平成17年3月11日付で「情報サービス産業における監査上の諸問題について」が、企業会計基準委員会から平成18年3月30日付で「ソフトウェア取引の収益の会計処理に関する実務上の取扱い」が公表された。

【当事者関係図】

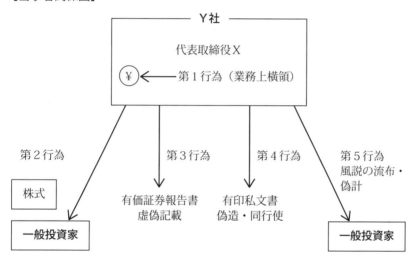

1　事案の概略

　本件では、コンピュータ及びその周辺機器の販売等を目的とし、その発行する株式を大阪証券取引所のヘラクレス市場に上場していた㈱メディア・リンクス(以下「Y社」という)の代表取締役であるXが、以下の5つの行為について有罪とされた。

(1)　Y社の資金約2億4000万円を着服した業務上横領
(2)　親族名義で購入していたY社株式を、重要事実の公表前に、損失回避目的で売り抜けたインサイダー取引

各論〔裁判例の分析・解説〕

(3) Ｙ社の売上高・売上原価等を水増しした有価証券報告書を提出した、有価証券報告書虚偽記載

(4) Ｙ社名義の預金通帳の金額欄を改ざんし、公証人に提出して行使した有印私文書偽造・同行使

(5) Ｙ社の株価を騰貴させて相場の変動を図る目的をもってした、転換社債型新株予約権付社債（本件社債）の払込及び株式への転換に関する、風説の流布・偽計

Ｙ社については、(3)(5)につき、両罰規定により有罪とされた。

2 時 系 列

年 月 日	本件に関する事情
H14.10	Ｙ社、ナスダック・ジャパン市場（現ヘラクレス市場）に上場。
H15.2.14	Ｙ社、H15.3期決算に係る純利益予想値を、1億9000万円と公表。
H15.3.11	Ｙ社、H15.3期決算に係る配当予想値を、1000円と公表。
H15.3.11～4.7	【第1行為・業務上横領】
H15.5.26ころ	Ｙ社、H15.3決算に係る純利益及び配当予想値を新たに算出→純損失9億3900万円、配当金0円。
H15.5.27～5.28	【第2行為・インサイダー取引】
H15.6.2	Ｙ社、H15.3期決算において、連結最終損益が9億8300万円の赤字となり、2億200万円の債務超過となった旨公表。
H15.6.9	Ｙ社、棚卸資産の評価を巡り対立した新日本監査法人との契約を解除し、公認会計士みのり共同事務所に会計監査人を交代した旨公表。
H15.6.16	Ｙ社、6.2に公表したH15.3期の連結最終損益を9億8300万円の赤字から6600万円の黒字に訂正し、債務超過が解消されることになった旨公表。

－ 154 －

H15.6.30	【第3行為・有価証券報告書虚偽記載】
H15.6.30ころ	Ｙ社のメインバンクであるＡ銀行、Ｙ社名義の口座を凍結→Ｙ社の資金繰り急速に悪化。以後、高金利の金融業者から融資を受けるようになる。
H15.8上旬ころ	Ｘ、8.25を払込期日として本件社債を発行する旨公表。
H15.8.23	本件社債の出資者を募ることにつき相談していた金融ブローカーが、突如手を引く→本件社債の払込の見込が立たなくなる。
H15.8.26ころ	【第4行為・有印私文書偽造・同行使】
H15.8.26	【第5行為・風説の流布・偽計】
H15.9.12ころ	【第5行為・風説の流布・偽計】
H15.12.17	大阪証券取引所、Ｙ社株を監理ポストに割当て。
H15.12.18	Ｙ社が2度目の不渡りを出して事実上の銀行取引停止。
H16.5.1	Ｙ社、上場廃止。

3 裁判所の認定と判断

(1) 罪となるべき事実・罰条

① 第1行為・業務上横領（刑法253条）

Ｘが、平成15年3月11日〜4月7日、Ｙ社のために業務上預かり保管中のＹ社の資金のうち、2億4727万30円を着服して横領。

② 第2行為・インサイダー取引（現・金融商品取引法197条の2第13号・166条1項1号・2項3号）

Ｙ社は、平成15年3月期決算の純利益及び配当について、平成15年2月14日に純利益予想値1億9000万円、3月11日に年間配当金予想値1000円と公表していた。

しかし、平成15年5月26日ころ、新たに算出した同期の予想値は、純損失9億3900万円、年間配当金0円となった（重要事実）。

－155－

各論〔裁判例の分析・解説〕

Xは、上記重要事実の公表前である平成15年5月27日及び5月28日、親族名義で購入していたY社株式456株を代金1815万900円で売り付けた。

③ **第3行為・有価証券報告書虚偽記載（同法197条1項1号。Y社は同207条1項1号）**

Xが、平成15年6月30日、平成14年4月1日〜平成15年3月31日決算につき、売上高を143億9274万4000円、売上原価を134億5911万8000円水増ししたPL、期末棚卸資産を42億5933万4000円水増ししたBSを掲載するなどした虚偽の有報を、近畿財務局長に提出。

④ **第4行為・有印私文書偽造・同行使（刑法159条1項・161条1項）**

Xが、関係者2名と共謀のうえ、Y社が発行することとした転換社債型新株予約権付社債（本件社債）につき、発行総額である10億円の払込（払込期日平成15年8月25日）を仮装するために、同額の振込入金額が記載された銀行預金通帳の写しを作成しようと企て、平成15年8月26日ころ、金額欄に「1,000,000」と記載されたY社の預金通帳の写しの金額欄の数字を「1,000,000,000」と改ざんし、コピー機でその写しを作成のうえ（偽造）、公証人に確定日付印を押捺させるため、同写しを公証人に提出して行使した。

⑤ **第5行為・風説の流布・偽計（現・金融商品取引法158条。Y社は同207条1項1号）**

Xが、Y社の株価を騰貴させて相場変動を図る目的をもって、本件社債につき、10億円の払込がないにもかかわらずこれがなされ、株式転換により資本金が充実されたかのように装い、平成15年8月26日、大阪証券取引所において、本件社債払込完了の公表文書（10億円の払込が完了した旨の虚偽事実）を公表したうえ、平成15年9月12日ころ、Y社ウェブサイト上において、本件社債一部転換完了の公表文書（上記10億円のうち7億円分について株式転換が完了した旨の虚偽事実）を公表。

(2) 裁判所の判断

Xは、上記⑤について、各公表文書の公表の際、Y社の株価を騰貴させ

－156－

て相場の変動を図る目的がなかった旨主張したが、本判決は、当時のY社の資金繰りの状況等の事実経過を踏まえ、いずれの文書の公表時点においても、Xには株価騰貴の目的があったと認定した。

4 事案の分析

(1) 不正の発生原因

Y社は、もともと株式を上場できるような企業でなく、Xが、架空取引を用いてY社の売上高等を水増しして上場し、X自身もY社の経営者兼筆頭株主として虚構の社会的地位を築いていたに過ぎなかった（控訴審判決）。

本件各不正は、企業のトップであるXに、法令遵守の意識が欠如していたことに決定的要因があったと考えられる。

(2) 動 機

① 第1行為・業務上横領

Xが、自己が株式の信用取引を行っていた証券会社に支払うべき追加保証金の支払に窮したため、Y社に支払われるべき資金を流用したという、利欲的動機。

② 第2行為・インサイダー取引

Xが、Y社の決算内容が大幅に下方修正されることを知り、かかる下方修正の事実を公表すれば、Y社の株式の株価は大幅に下落することが容易に想像できたことから、妻の実母名義を借用して保有していたY社の株式を、下方修正の事実の公表前に売却して株価下落による損失を回避したという、利欲的動機。

③ 第3行為・有価証券報告書虚偽記載

Xが、Y社の財務状況を実態より好調に見せかけることで、一般投資家の判断を誤らせてY社の株式の購入をさせて株価を上昇させようとしたものであり、一般投資家の犠牲の下に、自己の経営する会社の利益、ひいては自己の利益を図ったという、利欲的動機。

−157−

各論〔裁判例の分析・解説〕

④　第4行為・有印私文書偽造・同行使

　Xらは、社債発行に際して引受人が見つからなかったことから、あたかも引受人から10億円の払込がなされたかのように仮装して、社債発行手続を進めようと考えて本件犯行に及んだ。

⑤　第5行為・風説の流布・偽計利用

　一般投資家の判断を攪乱して、その利益を脅かしたうえで、Xの経営する会社の利益、ひいては自己の利益を図ったという、利欲的動機。

(3)　量刑判断で重視された事情

① 第1行為・業務上横領

【加重要素】

- ・自己の株式取引の信用取引保証金等に充てる目的であったこと
- ・被害金額が多額であること
- ・犯行発覚を免れるための偽装工作をしていること、など

【軽減要素】

- ・Xが私財をY社に投入しており、実質的な被害回復が図られていると評価し得ること、など

② 第2行為・インサイダー取引

【加重要素】

- ・Y社の代表者という立場を利用したこと
- ・他人名義でインサイダー取引をし、その確認後に重要事実を公表したこと、など

③ 第3行為・有価証券報告書虚偽記載

【加重要素】

- ・有報に記載された売上高の約87％が水増額という、全く実態を反映していない内容を記載したこと
- ・いったんは公認会計士に架空取引を見破られて債務超過の事実を公表しながら、監査法人と公認会計士が交代したのに乗じて、内容虚偽の有価証券報告書を提出し、債務超過が解消したかのように装ったこと、など

【軽減要素】

- ＩＴ業界では架空取引が多くなされる状況にあり、Ｘが架空取引を繰り返して犯行に至った経緯には一定の事情が存していること

④　第4行為・有印私文書偽造・同行使

【加重要素】

- 偽造に係る預金通帳の写しは、公証人が偽造を見抜けなかったほどに精巧であったこと
- 偽造された預金通帳写しの残高が10億円と極めて高額であることなど

【軽減要素】

- Ｘは文書偽造行為自体には直接関与していないこと、など

⑤　第5行為・風説の流布・偽計利用

【加重要素】

- 本件社債発行総額10億円の払込を仮装し、発行した社債を株式に転換して、Ｙ社の資本が充実したと見せかけて株価を高値に誘導する等しており、巧妙かつ悪質であること、など

5　不正の防止策・注意点

本事案の分析からは、以下の防止策・注意点が導かれる。

(1)　経営トップによる法令遵守の徹底

内部統制において最も重要なことは、経営者に経営理念・倫理観・誠実性が備わっているかどうかである。経営者自身が法令を遵守せず、内部統制を無効化するような行為を繰り返すようでは、その企業に未来はないというほかない。

(2)　独立性の高い社外取締役、社外監査役などを選任する。

トップが不正に関与した場合、経営陣に牽制力を発揮できる者がいないとガバナンスを発揮するのは困難である。会計士など財務会計について知見を有し、独立性を有する社外役員を選任しておくことが有用である。

(中野　剛)

各論〔裁判例の分析・解説〕

COLUMN

セール＆リースバック取引

リース取引とは、特定の物件の所有者たる貸手が、当該物件の借手に対し、合意された期間（リース期間）にわたりこれを使用する権利を与え、借手は合意された使用料を貸手に支払う取引をいいます（リース取引に関する会計基準第4項）。一般的に、リース取引には以下のようなメリットがあると考えられています。

・機械設備等の多額の資産を導入する際に、初期投資の支出を抑えられる
・銀行借入が不要となるため、金利変動リスクを低減できる
・金融機関に対する借入枠を他の用途に使用できる
・固定資産税や廃棄費用といった、追加費用を抑えられる

リース取引は、実務上ではコピー機や社用車といった資産の取引について多く利用されています。

また、セール＆リースバック取引とは、借手が所有する物件を貸手に売却し、貸手から当該物件のリースを受ける取引をいいます（リース取引に関する会計基準の適用指針第48項）。

一般的にセール＆リースバック取引には、以下のようなメリットがあると考えられています。

・現在使用している物件等をいったんリース会社に売却するため、一時的な余裕資金を作ることができる
・通常、物件等の売却契約とリース契約が同時に締結されるため、継続使用が可能となる
・固定資産税や廃棄費用といった、追加費用を抑えられる

セール＆リースバック取引は、実務上では土地やオフィスビルといった不動産、機械装置や航空機のような高額の売却代金

－ 160 －

COLUMN

を得られる取引について多く利用されています。

〔セール＆リース〕

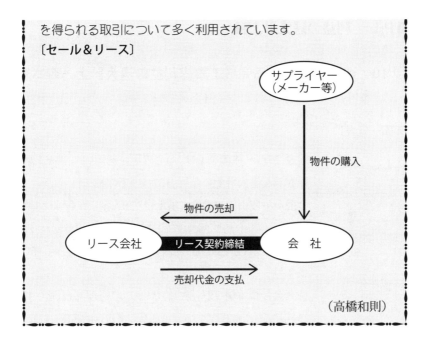

（高橋和則）

各論〔裁判例の分析・解説〕

■PL・利益の過大計上■

10 建設会社による完成工事総利益の過大計上—森本組
事件（大阪地判平成17・5・13公刊物未登載）

【事案一覧表】

事件のポイント	建設会社が「原価キャリー」等の手法を用いて完成工事総利益を過大計上した行為についての違法性
現行関係法令	金融商品取引法197条1項1号・207条1項1号・24条（有価証券報告書虚偽記載）、会社法960条1項3号・963条5項2号（違法配当）、建設業法27条の24第2項・50条4号
起訴された者	株式会社森本組(以下「A社」という)の経理部長（後に経営企画部長、取締役管理本部副部長兼経営企画部長）X₁
結　論	X₁は、有価証券報告書虚偽記載罪、旧商法違反（違法配当）、建設業法違反で有罪。 X₁：懲役2年執行猶予4年（求刑：懲役2年）
裁判の経過	X₁は、代表取締役社長X₂、代表取締役副社長X₃及び代表取締役副社長X₄とともに起訴された。その後、4名に関する手続は分離された。
その他参考事項	・X₂は、有価証券報告書虚偽記載、旧商法違反（違法配当）、建設業法違反に加え、金融機関系ノンバンクに対する詐欺罪でも起訴され、平成18年4月18日付で、懲役6年（実刑）の判決を受けた。 ・X₃は、平成17年7月12日付で、懲役2年6か月（執行猶予5年）の判決を受けた。 ・X₄は、平成17年5月21日付で、懲役2年（執行猶予5年）の判決を受けた。 ・X₂は、控訴・上告したが、平成22年6月4日付で、最

－162－

10 森本組事件

| | 高裁が上告を棄却したことにより、懲役6年(実刑)が確定した。
・事件発覚後、A社は、民事再生手続に入り、事業及び商号を、別の中堅ゼネコンの子会社に譲渡した。その後、A社は清算した。|

【当事者関係図】

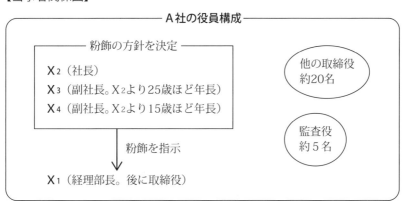

1　事案の概略

　本件では、総合建設業などを目的とし、国土交通大臣から土木工事業、建築工事業などの許可を受けていたA社の経理部長(後に取締役)であったX1が、A社代表取締役社長X2、A社代表取締役副社長X3及びX4とともに、赤字決算を回避するために、売上げ及び費用を計上するタイミングを操作するなどして、完成工事総利益を過大に計上した有価証券報告書を提出した事例につき、懲役2年(執行猶予4年)の刑に処せられた。

各論〔裁判例の分析・解説〕

2　時系列

年　月　日	本件に関する事情
S19.7.13	A社設立。
S45前後	A社、利益を過大に見せかける粉飾決算を開始。
H6.3.1	X1、経理部長になる。
H9.6.27	X2、代表取締役社長に就任。なお、X2は、就任時に、X3から粉飾について報告を受けたが、「官公庁の業者格付けを下げる訳にはいかない」「銀行との関係もある」等として粉飾を容認したようである。
H11.6.29	完成工事総利益及び未処理損失について虚偽記載のあるH11.3月期の有価証券報告書を近畿財務局長に提出【第1行為】。
H11.6.30	完成工事総利益及び未処理損失について虚偽記載のあるH11.3月期の有価証券報告書を近畿財務局長に提出【第2行為】。
H12.6.30	完成工事総利益及び未処理損失について虚偽記載のあるH12.3月期の有価証券報告書を近畿財務局長に提出【第3行為】。
H13.3.1	X1経営企画部長になる。
H13.6.27	X1取締役管理本部副本部長兼経営企画部長になる。
H13.6.28	X3代表取締役副社長を退任。
H13.6.29	完成工事総利益及び未処理損失について虚偽記載のあるH13.3月期の有価証券報告書を近畿財務局長に提出【第4行為】。
H14.4.15	X1取締役管理本部長兼経営企画部長。
H14.6.28	完成工事総利益及び未処理損失について虚偽記載のあるH14.3月期の有価証券報告書を近畿財務局長に提出【第5

	行為】。
H15.10.1	A社、大阪地裁に民事再生手続開始申立。
H15.10.9	大阪地裁、A社に関する民事再生手続開始。
H15.11.24	大阪地裁、管理命令。弁護士2名(うち1名は従前の監督委員)をA社の管財人に選任。
H16.3月	A社、中堅ゼネコンの子会社に対し、商号も含めて営業譲渡。
H16.3.31	X_2、代表取締役社長を退任。
H16.5.13	X_1～X_4、証券取引法違反及び商法違反の疑いで逮捕される。
H16.6.2	X_1～X_4起訴される。同日、X_1～X_4、他の年度の粉飾について再逮捕される。
H16.6.22	証券等監視委員会、X_1～X_4及びA社を大阪地検特捜部に告発。
H16.6.23	大阪地検、X_1～X_4を追起訴。なお、A社については起訴猶予。
H16.9.7	X_1～X_4、第1回公判。
H16.10.10	A社、株主総会で解散決議。
H17.5.13	X_1につき、第1審判決(懲役2年(執行猶予4年)・本判決)
H17.5.21	X_4につき、第1審判決(懲役2年(執行猶予5年))
H17.7.12	X_3につき、第1審判決(懲役2年6月(執行猶予5年))
H18.4.18	X_2につき、第1審判決(懲役6年(実刑))
H20.6.30	A社、清算結了。
H22.6.5	最高裁、X_2の上告を棄却し、X_2について懲役6年(実刑)が確定。

各論〔裁判例の分析・解説〕

| 3 | 裁判所の認定と判断 |

X₁は、起訴事実を争わなかった。裁判所は、罪となるべき事実を以下のとおり認定した。

(1) 第1行為・違法配当（適用法令：商法489条3号）

平成11年6月29日、X₁は、X₂及びX₃と共謀のうえで、平成11年3月期において、配当すべき剰余金が皆無であったのに、A社定時株主総会に1株6円の割合による総額1億4400万円の利益配当を行う旨の利益処分案を提出して可決承認させ、そのころ、A社株主に対し、配当金合計1億4295万6483円を支払い、法令に違反して利益の配当をした。

(2) 第2行為・有価証券報告書虚偽記載（適用法令：証券取引法207条1項1号・197条1項1号・24条1項1号金融商品取引法197条1項1号）

平成11年6月30日、X₁は、X₂及びX₃と共謀のうえで、完成工事総利益及び未処理損失の額について虚偽の記載（完成工事総利益を21億2750万9000円分水増しした損益計算書と、未処理損失を51億9139万1000円分過少に記載した貸借対照表を掲載）のある平成11年3月期における有価証券報告書を、近畿財務局長に対して提出した。

(3) 第3行為・有価証券報告書虚偽記載（適用法令：同上）

平成12年6月30日、X₁は、X₂〜X₄と共謀のうえで、完成工事総利益及び未処理損失の額について虚偽の記載（完成工事総利益を26億1800万円分水増しした損益計算書と、未処理損失を81億3000万円分過少に記載した貸借対照表を掲載）のある平成12年3月期における有価証券報告書を、近畿財務局長に対して提出した。

(4) 第4行為・有価証券報告書虚偽記載（適用法令：同上）

平成13年6月29日、X₁は、X₂〜X₄と共謀のうえで、完成工事総利益及び未処理損失の額について虚偽の記載（完成工事総利益を43億3200万円分水増しした損益計算書と、未処理損失を117億8800万円分過少に記載した貸

借対照表を掲載）のある平成13年3月期における有価証券報告書を、近畿
財務局長に対して提出した。

(5) 第5行為・有価証券届出書虚偽記載（適用法令：同上）

平成14年6月28日、X_1は、X_2及びX_4と共謀のうえで、完成工事総利
益及び未処理損失の額について虚偽の記載（完成工事総利益を79億9000万
円分水増しした損益計算書と、未処理損失を204億7300万円分過少に記載した
貸借対照表を掲載）のある平成13年3月期における有価証券報告書を、近
畿財務局長に対して提出した。

(6) 建設業法違反（適用法令：建設業法48条・46条1項4号・27条の26第2項・23条5項）

平成13年7月25日と同14年7月29日の2度、X_1は、X_2～X_4と共謀
のうえで、国土交通大臣の経営事項審査にあたり、経営状況分析申請書を
提出する際に、完成工事総利益及び未処理損失の額について虚偽の記載の
ある損益計算書及び貸借対照表を添付した。

4 事案の分析

(1) 不正の発生原因

① 動　機

A社は、1970年代前後ころから、利益を過大に見せる粉飾を行ってい
た。その動機は、赤字決算を公表すれば公共工事等の受注に大きな支障が
生じるうえ、銀行融資が受けられなくなり、たちどころに経営破綻に陥る
のを回避し、官公庁が発注する公共工事の指名競争入札に参加するための
格付け（会社の経営規模等を考慮して決定される）を維持するとともに銀行
からの融資を確保するため、というものである。格付けが一度落ちると、
元に戻すことは非常に難しく、会社の体制や営業方針など全ての変更を余
儀なくされるほど影響が大きかったようであり、当然、銀行との関係でも
大きな影響が想定されていた。

バブル崩壊により公共工事が大きく減少した後、A社はかろうじて格付

各論〔裁判例の分析・解説〕

けを維持しているという状況だったようである。

平成９年６月に、X2が代表取締役社長に就任した際、X2より年長のX3から粉飾について伝えられたが、格付けの維持及び銀行との関係から止むを得ないとして、粉飾を容認したようである。

このような状況の下、X1らは、上記の動機から、本件各犯行に及んだ。

② 原因１－監督機能の機能不全

A社の粉飾は、不正を防止すべきX2ら取締役の主導によるものである。しかし、X3及びX4はX2より年長の立場にありながら、X2を止めるどころか粉飾に積極的に関与していたようである。また、A社には、Xらとは別に約20名の取締役（うち１名は代表取締役）と５名の監査役がいたが、長期にわたる粉飾を放置し続けている。このように、A社役員による監視は機能していなかった。報道等を見る限り、役員は、創業家出身の社長X2と先代社長からの番頭格であるX3及びX4による粉飾の方針に従っていたものと思われる。

また、外部専門家に関しても、本件では、公認会計士が決算内容に対する適正意見を書いている。報道によれば、この会計士は当初から粉飾の事情を知っていたようである。

このように、本件では、監督機能を発揮すべき役職・立場にある者が粉飾に積極的に関与しており、監督機能は機能不全に陥っていたといえる。

③ 原因２－公共工事入札資格のためという正当化

A社は、一定額以上の公共工事の入札に参加できるために必要な格付けを維持するために、粉飾を繰り返してきた。実際に、A社がこの格付けを失えば、それを回復することは容易ではなく、経営が破綻するおそれもあったようである。

このような状況の下、A社は、粉飾をやめることができず、かえって会社のために必要だと正当化して、本件各犯行に及んだものと考えられる。

(2) 量刑判断で重視された事情

X1は懲役刑（執行猶予付き）となった。

本件で量刑上重視された主な点は、以下のとおり。

－168－

10　森本組事件

【加重要素】

　本支店の経理担当者を一堂に集め、粉飾に合わせた振替伝票を起案させ
るなどし、さらに、粉飾決算の内実を熟知していた公認会計士による、決
算内容に対する適正意見を付してこれを公表するなど、会社ぐるみで周到
かつ巧妙に粉飾が行われた点が刑を重くする方向の事情とされた。また、
X₁については、経理部長、あるいは、取締役という要職にありながら、
粉飾に積極的な役割を果たしたことが刑を重くする方向の事情とされた。

【軽減要素】

　X₁が取締役として粉飾決算を行う直接の意思決定を行うに至ったのが
平成13年6月以降であること、一定の社会的制裁を受けていること（X₁
は、平成15年6月にＡ社を退職し、別会社に再就職したが、本件が新聞等によ
り大きく報道され、辞職せざるを得なくなった）が挙げられている。

(3)　粉飾の手法

①「原価キャリー」とは

　本件で問題となった粉飾手法「原価キャリー」は、以下の態様で行われ
た。

　　イ　原価を計上せずに利益を水増しするため、

　　ロ　既に発生した原価の一部を完成工事原価に計上しないことにより、

　　ハ　完成工事総利益を水増しする。

②「益率修正」とは

　本件で問題となった粉飾手法「益率修正」は、以下の態様で行われた。

　　イ　完成工事高を水増しして利益を水増しするため、

　　ロ　工事の進捗率を偽り、

　　ハ　本来であれば当期に計上できない翌期以降の完成工事高を当期に計
　　　上して、

　　ニ　完成工事総利益を水増しする。

③「繰上工事」とは

　本件で問題となった粉飾手法「繰上工事」は、以下の態様で行われた。

　　イ　当期の利益を水増しするため、

－169－

各論〔裁判例の分析・解説〕

　ロ　完成、引渡しの時期を偽り、

　ハ　本来であれば当期に計上できない完成工事高及び完成工事原価を当

　　　期に計上し、

　ニ　完成工事総利益を水増しする。

④「赤字工事の未完成工事への繰延べ」とは

　本件で問題となった粉飾手法「赤字工事の未完成工事への繰延べ」は、

以下の態様で行われた。

　イ　赤字工事の計上により利益が減少するのを避けるため、

　ロ　完成、引渡しの時期を偽り、

　ハ　本来であれば当期に計上しなければならない完成工事高及び完成工

　　　事原価を翌期に繰り延べ、

　ニ　完成工事総利益が減少するのを避ける。

⑤　売上げ・利益の先行計上と費用・損失の繰延計上はいつか破綻する

　本件で用いられた粉飾手法は、端的にいえば、次期以降に計上すべき売

上げ・利益を当期に計上し、当期に計上すべき費用・損失を当期に計上せ

ず、次期以降に計上するというものである。その際、建設業で用いられて

いる収益認識基準が悪用されたとの指摘がある。

　本件で用いられた手法は、次期以降の売上げ・利益を減らし、他方で、

費用・損失を増加させるものであるから、公共工事が増え続けるなどの特

殊な事情がない限り、このような手法を継続するほど、次期の費用・損失

が雪だるま式に増加していく。そして、増加した次期の費用・損失を隠す

ために、さらに大きな粉飾が必要となる。

　現に、本件における第2行為から第5行為を見ると、年々、粉飾する規

模が大きくなっている。

　このような手法はいつか破綻するものであり、いわば一時凌ぎの粉飾手

法といわざるを得ない。

5　不正の防止策・注意点

　本件の分析から、以下の防止策・注意点が導かれる。

⑴　独立性の高い社外取締役、社外監査役などを選任する

　本件のように、経営陣が一丸となって不正に関与している場合、経営陣による自浄作用は期待できない。特に、本件のＡ社には、社名と社長の姓が同じであり、また同じ姓の監査役がいるなど、特定の一族に権限が集中していたことがうかがえる。

　このような状況の下で不正を防ぐためには、経営陣から独立性を保ちながら監督できる立場にあり、公認会計士など財務会計について知見を有する者を社外役員として選任することが有用である。

　外部専門家（公認会計士等）の起用にあたっても、独立性を保てるかどうかを意識して選ぶことが重要である。本件のように、公認会計士が不正に深く関与するといった事態が生じる懸念があるようでは、外部専門家を起用する意味はない。

⑵　通報制度の設置

　経営陣、とりわけ、会社のトップによる不正を防ぐ方法として、社外のヘルプラインなど、会社の経営陣とは別の組織に対して不正を通報できる制度も有用である。

⑶　事業を継続するためであっても、粉飾は許されない

　本件では、官公庁におけるＡ社の格付けを維持し、これにより、事業を継続するとともに銀行との関係を円満に保つことを目的として、粉飾が行われた。

　おそらく、犯行当時、Ｘらには、粉飾を行わなければＡ社は事業を継続できず破綻してしまうから、粉飾は止むを得ないとの考えがあったと思われる。

　しかし、いかなる事情があっても、法令違反行為である粉飾が正当化され許されることはない。

各論〔裁判例の分析・解説〕

　また、結果的にも、粉飾発覚後半年の間に、Ａ社は事業の譲渡を余儀なくされ、その後、倒産している。このように、粉飾を行って事業を維持することは、結局は一時凌ぎの手法に過ぎない。

　むしろ、粉飾は長期的に見て会社に大きな不利益を及ぼすことを肝に銘じておくべきである。

会計用語等チェック

■**収益認識基準**
　☞コラム「収益認識基準」・121

■**有価証券報告書**
　☞コラム「有価証券報告書」・250

■**監査報告書**
　☞コラム「監査報告書」・216

（加藤伸樹）

不正な会計処理

　不正な取引により利益を過大に計上する虚偽記載を粉飾（粉飾決算）といい、利益を過少に計上する虚偽記載を逆粉飾という。

(1) 会計処理

　粉飾を行う手法には様々なものがあり、会計処理としては、収益（売上）を過大計上するか、費用を過少計上するかによって、利益の過大計上を図る。また、それに伴い、貸借対照表には資産の過大計上または負債の過少計上が伴う。したがって、損益計算書と貸借対照表に与える影響としては、以下の4つのケースが考えられる。

【表1】損益計算書と貸借対照表に与える影響

	損益計算書	貸借対照表
ケース①	売上の過大計上	資産の過大計上
ケース②	売上の過大計上	負債の過少計上
ケース③	費用の過少計上	資産の過大計上
ケース④	費用の過少計上	負債の過少計上

＜ケース①＞

　粉飾を行う目的は利益の過大計上であるが、売上を実態より過大に計上したいとの思惑もあることが多いため、粉飾の不正な会計処理としてはこのケースが一番多いと思われる。具体的な不正な方法の例としては以下のものがある。

・架空売上

　いわゆる「売上の水増し」であり、売上の過大計上と売掛金の過大計上を伴う。架空売上は取引の実態がなく、単に売上の水増しを通じて、利益

各論〔裁判例の分析・解説〕

の過大計上を図る手法である。なお、循環取引は会社外部の協力会社を利用した架空売上の一形態である。また、単に売上の過大計上として処理しただけでは粗利（売上総利益 ＝ 売上高 － 売上原価）が異常値になるため、適切な粗利にするために、架空仕入を組み合わせたり、実際には保有する在庫を売れたことにして売上原価に振り替えたりすることもある。

〔本書における該当事件：エフオーアイ事件、ライブドア事件、プロデュース事件、アイ・エックス・アイ事件、ニイウスコー事件、メディア・リンクス事件、フットワークエクスプレス事件〕

・**失注を利用した架空売上**

売上の戻りや販売契約の失注が生じたが、以前に計上した売上の減額処理を行わないことである。この結果、本来取り消すべき売上が計上されたままとなるため、売上の過大計上と売掛金の過大計上となる。結局、取引実態のない架空の売上が計上され、実質的には架空売上と同様である。

〔本書における該当事件：ニイウスコー事件〕

・**売上の先行計上**

次期以降に計上すべき売上を当期に前倒して計上する手法である。これにより、売上の過大計上と売掛金の過大計上を伴う。これは取引の実態はあるが、売上の計上時期を不正に早める会計処理を行うことである。「前倒計上」や「繰上計上」ともいわれる。

〔本書における該当事件：アクセス事件、森本組事件（繰上工事）〕

・**進捗率の偽り**

工事進行基準を採用している場合において、進捗率を本来より高く偽り、本来より多額の売上を計上する手法である。これにより、売上の過大計上と売掛金の過大計上を伴う。なお、工事進行基準は建設業やソフトウェアの受注制作など長期の請負工事や請負制作等における収益を認識する基準であり、工事や制作の進捗に応じて売上を計上する基準である。

〔本書における該当事件：森本組事件（益率修正）〕

・**赤字工事の先送り**

　建設業等の長期請負工事等で赤字が生じている案件を当期に計上せずに、その計上を次期以降に繰り延べる手法である。その結果、売上の過少計上・資産の過少計上、費用の過少計上・負債の過少計上が生じるが、赤字案件なので、結果として当期においては利益の過大計上が生じる。売上の先行計上の反対の手法である。

〔本書における該当事件：森本組事件〕

＜ケース②＞

・**売上の先行計上**

　＜ケース①＞の「売上の先行計上」と同じであるが、あらかじめ売上代金を受け取っている場合には、それを前受金として負債に計上しているため、前受金の減少という処理を行えば、売上の過大計上と前受金（負債）の過少計上を伴う。

＜ケース③＞

　費用を過少に計上して利益を過大計上する場合、このケースが多いと思われる。

・**原価への付替え**

　本来、売上原価等の費用であるのに、資産である棚卸資産（商品、製品、仕掛品等）に振り替えて、売上原価である費用を過少計上し、資産が過大計上される。これはいわゆる「資産の水増し」である。

〔本書における該当事件：プロデュース事件、森本組事件（原価キャリー）、フットワークエクスプレス事件〕

・**固定資産への付替え**

　本来、費用である取引を固定資産に振り替えることで、費用の過少計上と資産の過大計上が伴う。費用を資産に振り替えるという意味では「原価

各論〔裁判例の分析・解説〕

の付替え」と同じ手法といえる。

〔本書における該当事件：プロデュース事件〕

・評価損の未計上

　時価が下落して含み損を抱えている資産（棚卸資産や有価証券等）に本来、評価損（費用）を計上すべきであるのに、評価損を計上しない手法である。これにより、費用の過少計上と資産の過大計上が伴う。「飛ばし」はこの評価損の計上を回避するための一手法である。

〔本書における該当事件：山一證券事件、オリンパス事件〕

・貸倒引当金の未計上

　回収可能性が乏しい債権（売掛金、貸付金等）に本来設定すべき貸倒引当金を計上しない。これにより、費用の過少計上と資産（貸倒引当金控除後の債権）の過大計上が伴う。

〔本書における該当事件：プロデュース事件〕

＜ケース④＞

・費用の未計上

　実際には費用として処理すべき取引について何ら会計処理を行わないことで費用を過少に計上し、負債を過少に計上する。この場合、本来計上すべき負債が帳簿や財務諸表に計上されないが、これを「簿外負債」という。

・引当金の過少計上

　本来計上すべき引当金（負債）を過少計上した場合には、費用の過少計上が伴う。

　このように不正取引の会計処理は多岐にわたり、巧妙に練られたスキームの場合、帳簿や財務諸表から発見することが困難な場合もある。しかし、売上の過大計上の場合には資産の過大計上、または、負債の過少計上が伴うため、それが発見の糸口になる。逆に、簿外負債は帳簿や財務諸表

に計上されないため、その発見が困難な場合が多い。

(2) 協力会社の存在

　不正な会計処理は帳簿上の処理だけでなく、契約書、注文書、納品書、検収書、請求書等といった書類も整合的に偽造する必要がある。会社が単独で不正な会計処理を行う場合、その会社が書類の偽造を精密に行わなければならないうえ、書類の発送も偽装する必要があるため、その実施は困難な事が多く、発見の可能性は高いといえる（ただし、エフ－オーアイ事件やプロデュース事件のように巧妙に偽造等が行われると発見できない場合もある）。しかし、外部の協力会社が存在する場合には、書類の形式的な整合性がとれやすく発見の可能性は低くなる。協力会社が存在する不正取引の代表例が循環取引である。また、売上の先行計上は実際の取引における売上時期をずらすだけで行うことができるため、取引先の協力が得られれば比較的容易に行うことができる。

(3) その他

　近年の不正な会計処理の特徴は以下の点が挙げられる。

・デリバティブ等の高度な金融商品を利用する。

〔本書における該当事件：ヤクルト事件〕

・子会社等の関係会社を利用し、その会社を連結の範囲から外す。

〔本書における該当事件：ライブドア事件、山一證券事件、オリンパス事件〕

・企業結合を利用する。

〔本書における該当事件：ライブドア事件、オリンパス事件〕

　これらにより、不正な会計処理は金額が巨額になることもあり、また、会計処理が複雑化しており、高度に仕組まれた場合にはその発見が難しくなっている。

（西田明熙）

各論〔裁判例の分析・解説〕

■飛ばし■

11 「飛ばし」による損失の過少計上－山一證券事件

（東京地判平成12・3・28判例タイムズ1037号82頁）

【事案一覧表】

事件のポイント	「飛ばし」の手法を用いて損失を過少計上した行為についての有価証券報告書虚偽記載罪、違法配当罪の成否
関係現行法令	金融商品取引法197条1項1号(有価証券報告書虚偽記載)・198条の3(損失補てん)・会社法963条5項2号(違法配当)、会社法970条1項(利益供与)
起訴された者	代表取締役会長X₁、代表取締役社長X₂
結論	X₁:有価証券報告書虚偽記載罪、違法配当罪で有罪とされ、懲役2年6月、執行猶予5年(確定)。 X₂:有価証券報告書虚偽記載罪、違法配当罪、損失補てん罪、利益供与罪で有罪とされ、懲役2年6月実刑判決(控訴)。
裁判の経過	控訴審:東京高裁平成13年10月25日判決(公刊物未登載) X₂:懲役3年、執行猶予5年確定(同日付朝日新聞夕刊記事)
その他参考事項	・平成9年10月20日　株主がX₁ら役員3人を相手に7900万円の賠償を求める代表訴訟を提起(平成9年10月20日付朝日新聞朝刊)→その後、和解成立(資料版商事法務268号129頁) ・平成10年10月5日　株主が、役員7名に対し、約59億円の賠償を求める代表訴訟を提起→平成13年5月に和解成立(資料版商事法務268号130頁) ・平成10年4月21日　株主、C監査法人に対し、A社に

－178－

11 山一證券事件

監査証明を出したことを理由として、3億2000万円の損害賠償請求（資料版商事法務268号136頁）→平成18年3月20日に大阪地裁が請求棄却（最判平成20・9・16で確定）

【当事者関係図】

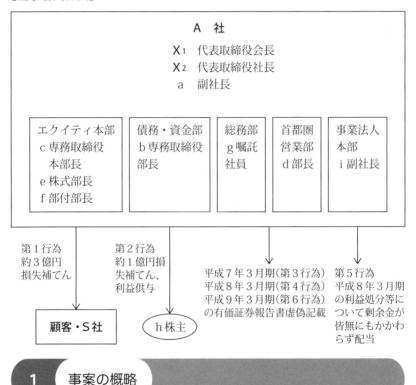

1　事案の概略

本件では、「4大證券会社」のうちの1社であった山一證券（以下「A社」という）のX2社長が、顧客や株主に対する損失補てん（第1、2行為）、株主に対する利益供与（第2行為）により有罪とされた。

さらに、X2社長及びX1会長が、平成7年3月期以降3期にわたる未処理損失について有価証券報告書に虚偽記載をした行為（第3、4、6行

-179-

各論〔裁判例の分析・解説〕

為）、平成8年3月期の利益処分案について剰余金が皆無であるのに配当
を行う違法配当（第5行為）によっても有罪とされた。

2　時系列

年　月　日	本件に関する事情
S50年代終わりころ	A社は、有価証券の売買手数料収入を上げるために、事業法人に対して、利回り保証を伴う「営業特金」、一任勘定での運用を積極的に行う営業を展開。
S62.9	債券市場暴落
S62.10	ブラックマンデー、株式市場暴落→A社の各ファンドは多額の含み損を抱えるようになる→A社は顧客の「飛ばし行為」の仲介を積極的に行うようになる。
S63.9	X1が社長に就任し、i副社長に法人顧客向けファンドの損失の洗い出しを指示。
H3.2〜H9.2まで	X1、X2、了承の下34回にわたり、海外仕組債を用いた損失隠ぺいが行われる。国内外の簿外損失は、i・aの指示で、Jが管理、X1、X2も折に触れ把握していた。
H3.夏	証券各社の損失保証、損失補てん発覚。
H3.7.29	A社は、4大証券の中でも最も多い約456億円の損失補てんを公表。X1は、参院で証人喚問を受ける→損失補てんを罰則付きで禁止する証券取引法改正へ→A社は、多額の含み損を抱える法人顧客ファンドについて、損失補てんに代わる対策が必要になる。
H3.11.24	X1、X2、iらが会議。A社のダミーのペーパーカンパニーが、含み損を抱えた有価証券を、各ファンドから購入し、A社の簿外債務とする案を議論。i副社長は「これ以外の案はない。損を法人顧客に負わせて、トラブルにしたらA社は潰れてしまう」。X1は了承、簿外債務とすることが決定。

－ 180 －

H3.12〜 H4.3にか けて	A社は、飛ばしの受け皿となっている最終飛ばし先7社から株式等を合計約1711億6453万円(取引時の含み損1161億円以上)で引き取り。
H4.1.1	損失補てんを禁じる改正証券取引法が施行。
H4.1.31	A社は、T百貨店から有価証券を引き取っていたが、損失全体についての引取りは拒否→T百貨店側は、催告書を送付するなど引き取ることを強く要求、交渉難航→大蔵省M証券局長が、X2を呼びつけ、海外に飛ばすように「強く示唆」→A社は、引き取った。
H4.10	A社は、最終飛ばし先の1社から約123億922万円(含み損約78億円)をペーパーカンパニー5社等の名義で引取り。
H5.2〜 H5.10	証券取引等監視委員会と大蔵省大臣官房金融検査部がA社を定例検査し、H5.9末までの経営改善計画策定を指示→a副社長はX2に簿外損失について一括償却すべきとの意見が出ていることを報告、大蔵省に報告することを提案→X2は、大蔵省が迷惑してしまうとして取り上げず。
H5.12.3	A社は大蔵省に「経営改善計画」提出。簿外損失には全く触れられていない。
H6.11.22〜 H7.3.28	【第1行為・損失補てん】
H6.12.16〜 H7.1.31	【第2行為・利益供与及び損失補てん】
H7.6.30	【第3行為・有報虚偽記載】
H7.7	企画室が中心となって、簿外損失の処理を含めた再建計画を徹底的に議論するための役員合宿を企画→X2は、簿外損失が外に漏れるリスクが大き過ぎるといって、合宿の中止を指示。
H7.7	副社長aがX1に対し、国内に約1600億円、海外に約600億円の簿外損失があると報告。
H8.6.28	【第4行為・有報虚偽記載】

各論〔裁判例の分析・解説〕

H8.暮れ〜 H9初め	副社長 a が X1 に対し海外の損失が約1000億円に拡大したと報告。
H9.6.27	【第5行為・違法配当】
H9.6.30	【第6行為・有報虚偽記載】
H9.7下旬	A 社が、総会屋に対する利益供与等事件で強制捜査を受ける
H9.8.11	X1、X2 を中心とする旧経営陣が退陣し、代表取締役社長 ns を中心とする新執行部に交替→X1、X2 らは、後任者 ns への引継ぎに際し、簿外債務が存在することを告げなかった。ns らは、k、l らから就任後初めて簿外損失の概要につき説明を受けた。
H9.9.24	東京地検、X1 を利益供与、損失補てん容疑で逮捕（平成9年9月25日付読売新聞朝刊）。
H9.10.15	東京地検、X1 を利益供与、損失補てん容疑で起訴（平成9年10月1日付読売新聞朝刊）。
H9.10.23	証券取引等監視委員会、X1 ら取締役7人を損失補てん容疑で告発（平成9年10月23日付朝日新聞夕刊）。
H9.11.24	A 社、自主廃業に向けての営業休止を大蔵大臣に届出。
H11.6.2	東京地裁が A 社に破産宣告（読売新聞平成11年6月2日付夕刊）。
H12.3.28	東京地裁、本件判決。

3 裁判所の認定と判断

⑴ 罪となるべき事実・罰条

① 第1行為・損失補てん（現・金融商品取引法198条の3）

平成6年11月22日〜平成7年3月28日、X2 が、副社長 a 、専務取締役債券・資金部長 b 、専務取締役エクイティ本部長 c 、本店首都圏営業部

長 d 、エクイティ本部株式部長 e 、同部付部長 f と共謀のうえ、顧客・S
社に対し、A社の計算による取引を帰属させ、3億1691万8776円の財産
上の利益を提供して損失補てん。

② **第2行為・利益供与（現・会社法970条1項）及び損失補てん**
   （現・金融商品取引法198条の3）

平成6年12月16日～平成7年1月31日、X₂が、a、c、d、e、f、
総務部配属嘱託社員 g と共謀のうえ、株主 h の権利行使に関し、平成7年
6月29日定時総会で議事が円滑に終了するよう協力を得ることの謝礼の
趣旨で、株主 h が K 社名義で行った有価証券取引の損失を補てんするた
め、A社の計算による取引を K 社に帰属させ、1億700万6538円の財産
上の利益を提供して損失補てん。

③ **第3行為・有価証券報告書虚偽記載（同法197条1項1号）**

平成7年6月30日、X₁、X₂、副社長 a が共謀のうえ、虚偽の有価証
券報告書を大蔵大臣に提出。平成6年4月1日～平成7年3月31日決算
には2776億3500万円の当期未処理損失があったのに、含み損を抱えた有
価証券の簿外処理等により、445億3100万円の当期未処理損失に圧縮し
て計上したBS、PLなどを記載。

④ **第4行為・有価証券報告書虚偽記載（同条同項同号）**

平成8年6月28日、X₁、X₂、副社長 a が共謀のうえ、虚偽の有報を
大蔵大臣に提出。平成7年4月1日～平成8年3月31日決算には2220億
7800万円の当期未処理損失があったのに、含み損を抱えた有価証券の簿
外処理等により、159億800万円の当期未処分利益を計上したBS、PL
などを記載。

⑤ **第5行為・違法配当（現・会社法963条5項2号）**

平成9年6月27日、X₁、X₂、副社長 A が共謀のうえ、「第4行為」の
とおりであり、剰余金が皆無であるのに、任意積立金の取り崩しにより、
1株5円の利益配当を行う利益処分案を提出して可決させ、合計59億
9607万340円を違法配当。

⑥ **第6行為・有価証券報告書虚偽記載（現・金融商品取引法197条1**

- 183 -

各論〔裁判例の分析・解説〕

項1号）

平成9年6月30日、X₁、X₂、副社長aが共謀のうえ、虚偽の有報を大蔵大臣に提出。平成8年4月1日〜平成9年3月31日決算には4280億2800万円の当期未処理損失があったのに、含み損を抱えた有価証券の簿外処理等により、1561億8800万円の当期未処理損失に圧縮して計上したBS、PLなどを記載。

(2) 裁判所の判断

X₁、X₂は、第5行為について、「配当可能利益がないとの認識」の有無、度合いについて争ったが、本判決は簿外損失について報告を受けていた事実を重視し、認識があったと認定した。

4 事案の分析

(1) 不正の発生原因

① 動 機

A社には、損失を受けた法人顧客に対し、損失補てん、含み損を抱えた有価証券の引取りなどを行うことで法人顧客との取引維持を図りたいという動機があった。

② 機 会

A社は、引き取った含み損を抱えた有価証券をダミーのペーパーカンパニー名義で各ファンドから購入して引き取り、A社の簿外債務とするスキームを考案する者がおり、X₁、X₂ら経営幹部が、それを了承していた。

③ 正当化要素

イ 信用不安発生の回避

X₁やX₂は簿外損失を開示すると信用不安が起こり、A社が倒産に追い込まれるため、隠ぺいも止むを得なかったと供述している。

ロ 法人顧客離れの回避

X₁は、顧客からの含み損を抱えた有価証券の引取りを断われば、今後の取引は期待できず、営業面で大きな痛手を被る。ほかに解決手段はなか

－184－

ったと供述している。

　ハ　業績回復すれば問題が解消するとの想定

　X₁やX₂は、将来的に相場が回復し、本業での利益の増加が生じれば、損失は償却できると考えていたと供述している。

(2)　有罪認定で重視された事情

　本判決は、X₁につき、①損失の簿外処理へ当初から関与、②簿外損失の存在を認識、③剰余金を認識、といった点を重視して、「配当可能利益がないこと」の認識を認め、有罪認定した。

(3)　量刑判断で重視された事情

　東証1部上場企業、4大証券会社の社長（X₂）であっても、粉飾への非難の度合いによっては実刑判決を受けることがあり得ることが示された（高裁では執行猶予付きとされた）。

　これ以後、本書4の事件など実刑判決となる事例が出ている。

　本件で量刑上重視された主な点は、以下のとおりである。

【加重要素】

　粉飾についての関与・決定、認識しながら制止しなかった、有力幹部の粉飾中止の献策の無視、簿外損失の巨額さ、粉飾を累行した常習性、粉飾により被害を受けた株主や影響を受けたAグループの従業員が多数に上ることなど。

【軽減要素】

　顧客の側の損失補てん要求が執拗であったこと、当初、損失補てん要求を拒んでおり、引き受けたのが証券大手4社の中で最後であったこと。

(4)「飛ばし」による粉飾の特徴

①　「飛ばし」とは

　本件で問題となった粉飾手法「飛ばし」とは、通常、以下のように行う。

　イ　企業が期末決算において有価証券の含み損を隠ぺいするため、

　ロ　決算期末に含み損を抱えた有価証券を、証券会社の媒介により、市場外で、決算期の異なる他の企業に対し、簿価又は簿価＋資金調達コ

各論〔裁判例の分析・解説〕

ストを上乗せした価額で売却し、

ハ　翌年度の期首に金利分を上乗せした価額で買い戻す。

② **隠ぺい対象となる損失**

本判決によれば、「飛ばす」ことで隠ぺいしようとした対象は主として以下のものであった。

イ　法人顧客に対し、利回りを保証したものの、達成ができず損失補てんせざるを得なくなった有価証券

ロ　A社やその海外現地法人のディーリング損

ハ　利益計上のために仕組債を購入し、先取りした利子を金融収入に計上して利益の積み増しを行ったが、その仕組債が結局抱えることになった含み損。

③ **本件の「飛ばし」手法**

本件の「飛ばし」は、本判決によれば、以下のような「海外仕組債スキーム」が34回行われたとのことである。

イ　A社がタックスヘブンにペーパーカンパニーを設立、

ロ　ペーパーカンパニーが外国政府機関等発行の仕組債の発行を受ける、

ハ　損失・簿外債務を外国政府機関等発行の仕組債の含み損に転化させる、

ニ　ペーパーカンパニーは、仕組債を額面近い金額で内外の金融機関に売り、現先に出すなどしてその損失を隠ぺい。

④ **「飛ばし」た損失は結局帰ってくる**

上述のように損失をタックスヘブンのペーパーカンパニーなどに「飛ばし」たとしても、「飛ばし」たままにしておけるわけではなく、結局、形を変えて帰ってくる。

本判決によると、A社は、飛ばしの受け皿となっている最終飛ばし先7社から株式等を合計約1711億6453万円（取引時の含み損1161億円以上）で引き取らざるを得なくなっている。

また、最終飛ばし先の1社から株式等を約123億922万円（引取時の含

み損は約78億円）を引き取らざるを得なくなっている。

このように「飛ばし」は一時凌ぎの粉飾手法に過ぎない。

5　不正の防止策・注意点

本事案の分析からは、以下の防止策・注意点が導かれる。

(1)　顧客の違法・不当な要求を受け入れない

金融機関の顧客は、損失を被ると怒り、損失補てん、含み損を抱えた有価証券の引取りなどを要求することがある。

しかし、ひとたびこれ受け入れると、それを隠ぺいするために、粉飾など不正を重ねざるを得なくなってしまう。

(2)　独立性の高い社外取締役・社外監査役などを選任する

トップが不正に認識、関与した場合、経営陣に牽制力を発揮できる者がいないとガバナンスを発揮するのは困難である。

公認会計士など財務会計について知見を有し、独立性を有する社外役員を選任しておくことが有用である。

(3)　行政の「強い示唆」が不当な場合、受け入れてはならない

行政の「強い示唆」が不当な場合に、それに従っても免責されない。時系列のH4.1.31の箇所参照。

会計用語等チェック

■含み損
　☞コラム「簿価・時価・取得原価・含み損など」・204

■簿外債務
　☞コラム「簿外債務」・188

（澁谷展由）

簿外債務

　本来は、貸借対照表に計上すべき債務にもかかわらず、計上していない債務です。意図的に債務を簿外とすることにより、費用の計上を回避したり、遅らせたりすることができます。

　例えば、自社が販売した製品の不良により、多額の補償金を支払うことが確定した場合は、費用と債務を計上する必要があります。しかし、意図的に計上しない、つまり、簿外債務とすることにより、費用の計上を回避して決算数値を実態よりよく見せることができるのです。

　会計監査の観点からは、債務の網羅性は重要なポイントですが、「簿外債務がない」ということを確認するのは非常に難しいところです。財務諸表に計上されているものが実際にあるか（実在性）という観点からは、財務諸表数値を勘定ごとの明細に分解し、実査、立会、確認及び証憑の確認などの監査手続を実施することにより検証できますが、財務諸表に計上されていないものはそうはいきません。財務諸表数値以外の情報から、財務諸表に計上すべきものがないか検討する必要があるのです。

　監査時には以下のような資料を入手して、網羅性の確認をしています。

- 稟議書
- 株主総会議事録、取締役会議事録、監査役会議事録
- 重要な会議体の議事録
    →重要な契約の締結や、支払が決裁されていた場合、財務諸表への影響を検討し、反映させる必要があるため
- 顧問弁護士への確認状
    →現在係争中の事件の有無、賠償金の発生可能性について、

確認して財務諸表への影響を検討するため
- 契約書、請求書などの証憑書類
  → 詳細な契約内容を検討し、財務諸表への影響を検討するため

〔簿外債務〕

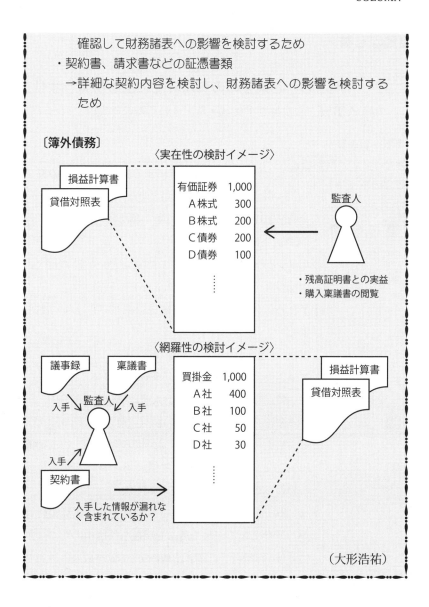

(大形浩祐)

各論〔裁判例の分析・解説〕

■飛ばし■

12 「飛ばし」と架空ののれん計上による粉飾─オリンパス事件（東京地判平成25・7・3公刊物未登載）

【事案一覧表】

事件のポイント	飛ばしと架空ののれん計上による損失解消行為の違法性（時効にかかっていない過去5期分）
関係現行法令	金商法197条1項1号・207条1項1号・24条1項1号（有価証券報告書虚偽記載）
起訴された者	オリンパス株式会社(以下「Y社」という)、Y社の元代表取締役X1、元取締役・監査役X2、元取締役X3
結　　論	Y社らは、有価証券報告書虚偽記載罪で有罪(いずれも確定) Y社：罰金7億円(求刑：罰金10億円) X1：懲役3年執行猶予5年(求刑：懲役5年) X2：懲役3年執行猶予5年(求刑：懲役4年6月) X3：懲役2年6月執行猶予4年(求刑：懲役4年)
	・Y社は、平成24年1月、X1に約36億円、X2に約30億円、X3に約28億円の損害賠償請求を始めとする現旧取締役への責任追及訴訟を提起した。 ・株主の海外機関投資家及び年金基金又は信託銀行等からY社に起こされた訴訟で現在も係属中のものは主に4件、訴額合計は約713億円である(平成26年8月7日提出の第147期四半期報告書)。 ・Y社は、eが英国で申し立てた労働審判手続において、和解金約12億4500万円で和解している。 ・Y社は、国内医療機器製造販売会社との間で、和解金60億円で和解している。

－ 190 －

12 オリンパス事件

その他参考事項	・Y社は、本件に関し、約2000万円の課徴金を納付している。 ・国内3社はいずれも清算となっている(負債総額163億円)。 ・Y社及び英国子会社は、現在、英国において、英国2006年会社法違反の嫌疑による訴追を受け、審理継続中である。 ・スキームを指南したとされるa、b、c、dも別途、有価証券報告書虚偽記載の罪で起訴されている。 ・平成26年12月8日に東京地裁にてaに判決が言い渡された(有価証券報告書虚偽記載の幇助犯)。懲役1年6月執行猶予3年、罰金700万円(求刑:懲役3年、罰金1000万円)。

【当事者関係図】

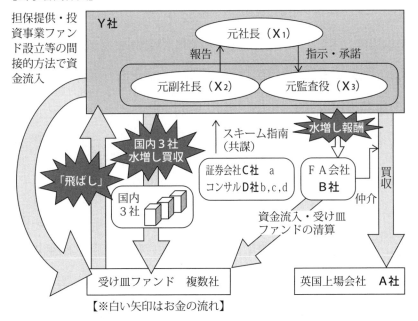

【※白い矢印はお金の流れ】

- 191 -

各論〔裁判例の分析・解説〕

1　事案の概略

　Ｙ社は、バブル経済崩壊による財テク失敗が明るみになることを防ぐため、連結決算の対象とならない複数のファンド（受け皿ファンド）に、財テク失敗による含み損を抱えた金融資産を簿価で買い取らせる（飛ばし）ことで、その損失を連結対象外に分離し、①国内３社を著しく高額な価格で買収し、または、②英国会社（Ａ社）の企業買収に係る巨額なＦＡ報酬を支払う等して、その買収資金等を受け皿ファンドに環流させ、簿外損失分は「のれん」として計上する等してのれん代償却による損失解消を図り、20年以上にわたって粉飾を続けた事案である。

2　時系列

年　月　日	本件に関する事情
S60以降	バブル経済の到来により、Ｙ社は、営業利益減少を改善するため、いわゆる財テクへと経営戦略を転換。X₂、X₃が金融資産の運用を担当。
H8以降	バブル経済は崩壊により、Ｙ社の保有する金融資産の運用損が膨れあがり、約900億円もの巨額な含み損を抱える。
H9～H10	X₂とX₃は、aらに含み損のある金融資産を簿価相当額で買い取ってくれる受け皿ファンドの創設を依頼し、受け皿ファンドが組成された。
～H12	Ｙ社は、複数のルートを使って受け皿ファンドに合計約960億円を送金し、この資金を用いて受け皿ファンドに含み損のある金融資産を簿価で買い取らせ、連結財務諸表から含み損を分離した（飛ばし）。
H12.1	Ｙ社の簿外損失が約1000億円に達する。X₁は遅くともこの時期までにX₂から「飛ばし」の詳細な報告を受けて了知

－192－

	した。
H12〜H16	X₁がY社代表取締役社長に就任。 X₂がY社取締役に就任した後、常務執行役員に就任。
H15〜H17	投資事業ファンド等は、Y社が取得価格よりも著しく高い価格で買い取るというスキームの下に、国内3社の株式購入を進めていった。
H18.6	Y社はFA会社B社とFA契約を締結し、基本報酬の一部と必要経費の仮払金として500万ドルを支払った。 X₃がY社取締役に就任。
H19	X₂、X₃は投資事業ファンドを解約し、同ファンドが保有していた国内3社株式を取得簿価で資産計上した。 Y社とB社は、M&Aの対象を英国上場会社のA社として、FA契約の成功報酬を1200万ドル、A社株式オプション及びワラント付与という内容で合意した。 X₂がY社専務執行役員に就任。
H19.6.28	虚偽の有価証券報告書提出(平成19年3月期)【第1行為】。
H19.11.26	Y社は、B社に成功報酬1200万ドルを支払った。
H20.2.14	Y社のA社買収手続が完了し、英国での上場が廃止となった(買収価格約2150億円)。
H20.3〜4	Y社は、国内3社の株式を直接投資等含め、約732億円で取得し、のれんとして資産計上した。
H20.6	e がY社の執行役員に就任。
H20.6.27	虚偽の有価証券報告書提出(平成20年3期)【第2行為】。
H20.9〜10	Y社は、A社ワラントを買い取ってA社配当優先株を発行する等して、その買取金等をのれんとして資産計上した。
H20.12	Y社は、12月に監査法人からの指摘を受け、翌年3月に、国内3社ののれんに対し557億円の減損処理をした。
H21.5	監査法人は、無限定適正意見を出した。

$-193-$

各論〔裁判例の分析・解説〕

H21.6	X2が副社長執行役員、X3が常務執行役員に就任。
H21.6.26	虚偽の有価証券報告書提出（平成21年3月期）【第3行為】。
H21.7	Y社は、監査法人を変更した。
H22.3	A社配当優先株はB社からE社に転売され、それをY社が6億2000万ドルで買い取った。
H22.6.29	虚偽の有価証券報告書提出（平成22年3月期）【第4行為】。
H23.4	X1がY社代表取締役会長に就任。 eが社長執行役員に就任（まだ取締役ではない）。 X2が副社長執行役員を退任（取締役）。 Y社は、eへの社長交代理由として「グローバル競争力のある企業体質への転化」を掲げていた。
H23.6	eが代表取締役社長、X2が常勤監査役、X3が副社長に就任。
H23.6.29	虚偽の有価証券報告書提出平成23年3月期）【第5行為】。
H23.7.20	情報誌がY社の国内3社買収を疑問視する記事を掲載した。
H23.10	eが1日付けでY社CEOに就任するも、14日付で代表取締役を解職。同日付でX1が代表取締役会長兼社長執行役員に就任。Y社は、eの異動理由として「経営の方向性・手法に大きな乖離が生じ、経営の意思決定に支障をきたす」と公表した。 17日付で、eが英国重大不正捜査局に出頭した。 26日付で、X1が代表取締役会長を退任。
H23.11.1	Y社が第三者委員会を設置。
H23.11.8	Y社がプレスリリースにて、過去の損失計上先送りの事実を認めた。
H23.11.24	取締役X1、X2及び監査役X3が辞任。 【株価】9月頃に2200円〜2400円だった株価が11月11日に424円を記録した。

－194－

| H23.12.1 | 取締役eが辞任。 |
| H23.12.6 | 第三者委員会が調査報告書を公表。 |

3 裁判所の認定と判断

(1) 罪となるべき事実

X1～X3の３名は、Y社の業務及び財産に関し、下記①～⑤の連結会計年度において、重要な事項に虚偽の記載のある有価証券報告書を関東財務長に提出した（Y社は事実関係を争わなかった）。

① 第１行為・平成19年３月期（平成18年４月１日～19年３月31日）（適用法令：証券取引法197条１項１号・207条１項１号・24条１項１号）

証券株式会社C社の取締役であったa、コンサルティング会社D社の代表取締役であるb、同社の取締役であるc及び同社の元取締役dと共謀のうえ、平成19年６月28日、連結純資産額約2325億円のところ、損失を抱えた金融商品を簿外処理するなどの方法により、「純資産合計」約3449億円とする連結貸借対照表を掲載した。

② 第２行為・平成20年３月期（平成19年４月１～20年３月31日）（適用法令：金融取引法197条１項１号・207条１項１号・24条１項１号）

a、b、c及びdと共謀のうえ、平成20年６月27日、連結純資産額約2500億円のところ、損失を抱えた金融商品を簿外処理するとともに架空ののれん代を計上するなどの方法により、「純資産合計」約3679億円とする連結貸借対照表を掲載した。

③ 第３行為・平成21年３月期（平成20年４月１日～21年３月31日）（適用法令：第２行為と同様）

aと共謀のうえ、平成21年６月26日、連結純資産額約1209億円のところ、損失を抱えた金融商品を簿外処理するとともに架空ののれん代を計上

各論〔裁判例の分析・解説〕

するなどの方法により、「純資産合計」約1688億円とする連結貸借対照表を掲載した。

④　第4行為・平成22年3月期（平成21年4月1日～22年3月31日）（適用法令：第2行為と同様）

ａと共謀のうえ、平成22年6月29日、連結純資産額約1714億円のところ、架空ののれん代を計上するなどの方法により、「純資産合計」約2169億円とする連結貸借対照表を掲載した。

⑤　第5行為・平成23年3月期（平成22年4月1日～平成23年3月31日）（適用法令：第2行為と同様）

共謀のうえ、平成23年6月29日、連結純資産額約1252億円のところ、架空ののれん代を計上するなどの方法により、「純資産合計」約1668億円とする連結貸借対照表を掲載した。

(2)　量刑に関する事情

本件は、約20年間にわたるＹ社の損失隠しの一端の粉飾であって、金額にして最大1178億円、実際の連結純資産額との対比で最大48％もの粉飾を行っている。

その手法は、国際金融取引や企業会計に関する高度の専門知識を悪用した巧妙な犯行であり、証券取引市場の公正、資本市場に対する国内外の信用へのインパクトも大きいことから、裁判所はＸ1以下に対して「実刑に処することも考えられる」と言及している。

もっとも、Ｙ社らは、損失隠し発覚後その実態の解明に努め、Ｙ社の上場は維持された。これにより利害関係者の更なる損失発生が食い止められていること、Ｘ1自身は最初の損失隠しに関与していないことやＸ2は先任社長らの指示に従った立場であったこと等の事由が重視され、結果として、Ｘ1以下は執行猶予とされている。

12 オリンパス事件

| 4 | 事案の分析 |

(1) 不正の原因分析

本件不正は、歴代の経営トップ主導による処理・隠ぺいである。X1にとっては、当初不正を知らずに負の遺産を引き継ぎ、X1が認識した時点で既に会社の存続を揺るがす高額な負債となっていた可能性もある。この大きな負の遺産を歴代の経営トップから引き継いでしまったことがX1の不正の動機・プレッシャーとなっていたと考えられる。

また、X2及びX3は、経営陣からの指示に従って本件不正を行っていたものである。その背景には、ワンマン体制というY社の企業風土も影響していたのであろう。

さらに、本件不正が非常に発覚しづらいものであった（後記(2)）ことも本件不正が継続して行われてきた要因である。

もともとの負債が財テクの失敗によるものであったため、市場が回復すれば損失は取り戻せるという思いや、弁護人が主張していたように、Y社が破綻すれば多くの従業員の地位が失われることになるので本件不正を継続せざるを得なかったといった弁解で自己の不正を正当化していたことが考えられる（当該主張は、当然のことながら、本判決において「社会的責任を果たすべき大規模な公開会社の経営者としてあるまじきこと」として排斥されている）。

(2) 不正の手法と長年にわたり不正が発覚しなかった原因

本件の手法は、前記1の「事案の概略」に記載しているとおり、「飛ばし」と企業買収を組み合わせて、簿外損失分を「のれん」として計上して償却を図るというものであった。

この巧妙な手法により、本件不正は20年近く発覚しなかったが、情報誌の告発記事を見たeがこれを問題視してX1らに問いただしたことが発覚の発端となったといわれている。

Y社の企業体質はワンマンで、重要な地位が一部の者に独占され、役員

－197－

各論〔裁判例の分析・解説〕

にはトップの意向に異を唱えることが難しい雰囲気が醸成されていた。取締役会、監査役会等のチェック機能が働いておらず、適法な内部通報制度も構築されていなかった。また、国内３社及びＡ社の買収等は東証の開示基準に該当していなかった。

　外部のファンドとＭ＆Ａを利用した高度な知識を要するスキームが執られたこともあり、非常に発覚しづらいものであった。

(3)　量刑判断で重視された事情

　上記３(2)のとおり、本件のインパクト及びその手法の巧妙さ・悪質性からは、特にＸ$_1$及びＸ$_2$について実刑もあり得た事案である。

　一方で、本件は非常に発覚しづらいものであったため、Ｙ社やＸ$_1$らの協力なくしてはその全容把握は困難であった。また、Ｙ社の、関係者への責任追及、経営体制を刷新、役員選任手続の透明化、経営執行に対する監督統制の強化、コンプライアンス体制の再構築といった経営体質の改善により、上場は維持され、結果として利害関係者の更なる損失発生も食い止められている。

　これらの事情が、Ｘ$_1$らが執行猶予となった理由であろう。

5　不正の防止策・注意点

　本件不正は、ワンマン企業における巧妙な手法に裏打ちされた歴代の経営トップ主導の長期間にわたる処理・隠ぺいである。本件事案の分析からは以下の防止策・注意点が導かれる。

(1)　役員・従業員各人の意識改革

①　役員・従業員が自らの職責の下で相互にチェックを行って不正を見逃さないという意識を醸成するための行動規範を策定・周知

②　会議において重要な情報を開示し、他の構成員との情報共有・チェックが行われる体制の構築と自由な議論のできる雰囲気の醸成

(2)　事前予防策としての体制構築

①　社内チェック機能の活性化

イ　独立性を有する社外取締役の選任

平成26年6月の株主総会の結果、東証上場企業の7割が社外取締役を選任した。社外取締役が取締役会に参加することにより、利害関係に縛られない監視・監督が図られることが期待される（平成26年の会社法改正により社外性の要件が厳格化されている）。

ロ　一定期間での人事ローテーション

重要なポストを同一人物が長期間独占することのないよう、一定の期間で人事ローテーションを行い、不正の発覚が遅れないようにする。

ハ　内部通報制度・ホットライン等の確立

内部告発は不正摘発に効果的な手法であるので、外部に窓口を有する内部通報制度・ホットラインを確立し、従業員にその存在を周知する。

② 経営の透明化

証券会社の開示基準に該当していなくても、投資家等に対して重要・有益な情報を提供する等、企業情報の積極的な開示を心がけたい。

(3)　事後対応策としてとるべき対応

① 不正行為の調査・事実関係の公表

独立した外部専門家による第三者委員会を設置して、その調査に協力すること。有価証券報告書の訂正をすること。

② ステークホルダー等の信頼回復のための不正行為者への責任追及、

人事刷新

不正行為に関わった役員等への責任追及及び人事刷新を行う。人事は、「中途半端な措置」という評価を受けないよう、事案解明等のため外部から強く慰留された場合などの例外を除いては、不正に関して責任を負う者すべてを原則として一新する。

③ 原因究明と再発防止策の策定、結果の公表

各論〔裁判例の分析・解説〕

会計用語等チェック

■簿価

☞コラム「簿価・時価・取得原価・含み損など」・204

■のれん償却

☞コラム「のれん及びのれん償却」・341

■有価証券報告書

☞コラム「有価証券報告書」・250

■飛ばし

☞公認会計士の視点「飛ばし」・201

■簿外債務

☞コラム「簿外債務」・188

（岸本寛之）

公認会計士の　視　点

飛ばし

　一般的に、飛ばしとは、①企業が決算期末において有価証券等の資産の含み損を隠ぺいするために、②決算期末に当該資産を決算期の異なる他の企業に対し、簿価または簿価＋資金調達コストを上乗せした価額で売却し、③翌年度に手数料や金利分を上乗せした価額で買い戻す行為である。

　例えば、Ａ社が簿価100の有価証券を保有しているが、時価が40であり、含み損60が生じていた。このままでは決算で有価証券の評価損60を損益計算書に計上し、貸借対照表には有価証券は時価の40として計上しなくてはならない。そこで、その評価損を顕在化することを回避するために、Ｂ社へ簿価と同額の100で売却する。そうすると、Ａ社には当該有価証券はなくなり、損益はゼロとなり、評価損60の計上を回避できる。決算が終わり、翌年度になると、Ａ社はＢ社から帳簿価額に金利分10を上乗せした価額110で当該有価証券を買い戻す。買い戻し後の状況は、時価が40で変動していないと仮定するが、支払った金利分が上乗せされ、簿価が110に増加し、含み損が70と膨らむ。

　この「飛ばし」は時価が回復しないと含み損が解消しないので、時価が回復しないと決算のたびに繰り返し行われ、手数料や金利分だけ簿価が大きくなり、含み損が増加する。

　なお、当該取引は、有価証券を担保とした買戻条件付き売買であり、現在では有価証券の売却処理は認められず、金融取引として処理される。つまり、Ａ社が有価証券を担保にＢ社から100の借入を行い、後日、支払利息10と借入金100を返済したという取引として処理する。そして、有価証券はＡ社に帰属したままとなるため、評価損を計上するなど必要な会計処理が行われる。したがって、現在ではこのような単純な「飛ばし」を行

各論〔裁判例の分析・解説〕

【図1】資産の飛ばし・買戻し

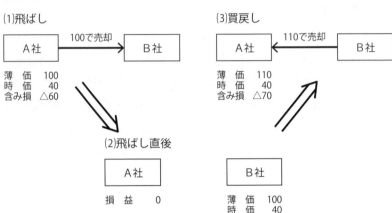

う動機は少ないと思われる。

　山一證券事件では当初は顧客の「飛ばし」を仲介するだけであったが、顧客が保有する含み損を抱えた有価証券を損失補填目的で山一證券が購入して引き取ったことで巨額な含み損を負担することになった。買い取った有価証券等を「飛ばし」の手法で損失を隠匿するためには、自社の帳簿から切り離さないといけないため、その有価証券を買い取るペーパーカンパニー（ダミー会社）等を使い、このペーパーカンパニー等が山一證券の子会社等に該当しないように、つまり、連結の範囲に含めないように偽装した。オリンパス事件では「飛ばし」先としてファンドを利用したが、内容としては同様である。

　また、買い取る資金も山一證券が捻出する必要があるため、山一證券からペーパーカンパニー等への資金の提供を偽装した。さらに、ペーパーカンパニー等が外部から調達した資金は、本来、山一證券に帰属する負債であり、これが山一證券の財務諸表に計上されていないため、簿外負債（簿外債務）として認定された。

公認会計士の視点

　さて、財務諸表に計上させないために、「飛ばし」を行ってもそれは本質的には会社に帰属するため、何らかの方法で解消を図らなくてはならない。山一證券事件では結局、解消できずに破綻した。オリンパス事件では、Ｍ＆Ａといわれる企業結合を利用してその解消を図ろうとした。

　オリンパスがベンチャー企業を買収する際に、本来より著しく高い価額で買収し、その差額を飛ばした損失の解消に充てた。また、買収にからんでファンドに高額な手数料を支払い、その粗金を環流させて損失の解消に充てた。本来の買収価額と実際支払った金額との差額は連結財務諸表上、のれんとして計上していた。

　「飛ばし」に関してまとめると、①「飛ばし」そのものの行為をする際には、「飛ばし」先が必要であり、連結の範囲に含まれない事業体が必要となる。この際に損失を含んだ資産を切り離す会計処理自体、不正な会計処理となることが多い。②資金は会社が用意しなくてはいけないため、一旦会社から資金を出金する際に会計処理を偽装する必要がある。③最終的に損失の解消を図る必要があるが、時価等が回復しない場合には、会社が追加で資金を用意しなくてはならず、ここでも資金提供に関し偽装が行われる。資金が用意できない場合には破綻する。

　これら一連の不正な会計処理は協力会社があることが多く、また、高度な金融取引や海外取引、企業結合を利用することでその偽装を複雑化し、発見を隠匿するケースが増加している。

（西田明熙）

各論〔裁判例の分析・解説〕

COLUMN

簿価・時価・取得原価・含み損益など

　「簿価」とは「帳簿価額」の略称であり、適切な会計処理を経て帳簿に記載される価額をいいます。

　わが国の会計基準では、資産等を取得したときの価額を簿価とする「取得原価主義会計」が採用されてきましたが、中には例外もあります。例えば、企業が売買を目的として株式等の有価証券を保有する場合は、決算ごとに時価評価し、評価損益を損益計算書に計上しなければなりません。

　つまり、日本の会計制度は「取得原価主義会計」を基本としつつも、資産等の種類によってその評価方法が異なり、「簿価」の性質も異なるということになります。

　また、取得価額が簿価となっている資産等であっても、実質的にその価値が上昇、もしくは下落している場合、その実質的な価値と簿価との差額を「含み損益」といいます（実質的な価値が簿価を上回れば「含み益」、下回れば「含み損」）。

　企業が保有する土地は、基本的には取得価額で計上されますが、市場価値は常に変動します。

　しかし、現行の会計基準では、土地の時価が下落しても、減損会計（著しく価値が下落した場合に帳簿価額を切り下げる処理）を適用しない限りは取得価額で計上され、会計上、評価損益が反映されません。この場合は、土地に含み損がある状態といえます。

　これらの含み損益（主に含み損）のある資産等を利用して、粉飾決算が行われることがあります。例えば、親会社が含み損のある土地を保有している場合に、その土地を帳簿価額で子会社等に売却し、子会社等で減損会計を適用して損失を計上する

COLUMN

という方法が考えられます。

　この場合は、本来、親会社で計上すべき損失を子会社で計上することにより、親会社の業績を実際よりもよく見せることができます。このような手法は、一般的に「損失の飛ばし」「損失の付替え」といわれ、認められた会計処理ではありません。

（高橋和則）

各論〔裁判例の分析・解説〕

■PL・損失の過少計上■

13　損失の過少計上その他の行為—ヤクルト事件（東京高判平成15・8・11公刊物未登載）

【事案一覧表】

事件のポイント	以下の各行為の違法性 ・株価指数デリバティブ取引により取得したプレミアム（オプション料）を横領した行為 ・プリンストン債を購入した謝礼金（いわゆるキックバック）を受けた行為 ・虚偽記載のある半期報告書を提出した行為 ・営業の範囲外において、投機取引である株価指数フォワード取引及び株価指数店頭オプション取引を行い、株式に質権を設定して株券を交付し、譲渡性預金に質権を設定して譲渡性預金証書を交付し、もって投機取引のために会社財産を処分した行為 ・所得税確定申告書を提出しないことや虚偽の所得税確定申告書を提出することにより、所得税額の差額を免れた行為
関係現行法令	刑法253条、会社法960条1項3号・963条5項3号、金融商品取引法207条1項2号・197条の2第6号、所得税法238条1項・2項
起訴された者	取締役副社長兼管理本部長兼香港子会社の取締役会長X、Y社
結　　論	X：業務上横領罪、特別背任罪、虚偽記載半期報告書提出罪、会社財産を危うくする罪及び所得税法違反の罪で有罪とされ、懲役7年及び罰金6000万円実刑（求刑：懲役8年及び罰金7000万円）。

－206－

	Y社：虚偽記載半期報告書提出罪で有罪とされ、罰金1000万円 実刑（求刑：罰金1000万円）。
裁判の経過	1審：東京地裁平成14年9月12日判決 　X：懲役7年及び罰金6000万円実刑 　Y社：罰金1000万円実刑
その他参考事項	関連する民事裁判例として株主代表訴訟が提起され、XのY社に対する67億542万9453円の損害賠償義務が認められた（東京地判平成16・12・16、東京高判平成20・5・21、最判平成22・12・3）。

【当事者関係図】

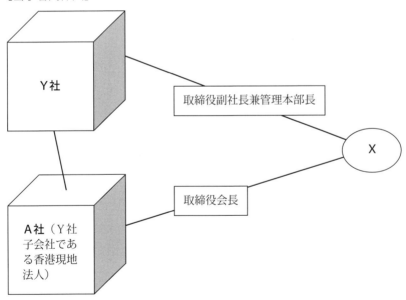

各論〔裁判例の分析・解説〕

1 事案の概略

(1)　Ｘは、平成元年６月から平成10年３月までの間、Ｙ社の取締役副社長兼管理本部長としてＹ社の財務・経理等の業務全般を掌理していた者である。

(2)　また、Ｘは、平成３年４月から平成10年３月までの間、Ａ社（Ｙ社子会社である香港現地法人）の取締役会長として、その業務全般を掌理し、Ａ社の資金運用管理等の業務に従事していた者である。

(3)　Ｘは、平成５年12月２日から平成６年６月17日までの間、前後５回にわたり、Ａ社が株価指数デリバティブ取引により取得したプレミアム（オプション料）を横領した【第１行為】。

(4)　Ｘは、平成７年７月５日から平成９年６月20日までの間、前後７回にわたり、Ｙ社がプリンストン債を購入した謝礼金（いわゆるキックバック）として合計５億3034万3128円を受けた【第２行為】。

(5)　Ｘは、平成９年12月12日、虚偽記載のあるＹ社の平成10年３月期事業年度の半期報告書を提出した【第３行為】。

(6)　Ｘは、Ｙ社の営業の範囲外において、投機取引である株価指数フォワード取引及び株価指数店頭オプション取引を行い、平成９年１月16日ころから平成10年１月28日ころまでの間、Ｙ社の財産である株式に質権を設定して株券を交付し、また、平成10年２月２日ころから同月６日ころまでの間、同じくＹ社の財産である譲渡性預金に質権を設定して譲渡性預金証書を交付し、もって投機取引のために会社財産を処分した【第４行為】。

(7)　Ｘは、平成８年３月15日までに所得税確定申告書を提出しないことにより平成７年分の所得税を免れた。平成９年３月17日までに所得税確定申告書を提出しないことにより平成８年分の所得税を免れた。平成10年３月16日、虚偽の所得税確定申告書を提出することにより、所得税額の差額を免れた【第５行為】。

－208－

13 ヤクルト事件

2 時系列

年　月　日	本件に関する事情
H1.6.29	ＸがＹ社の取締役副社長兼管理本部長に就任。
H3.4. 1	ＸがＡ社の取締役会長に就任。
H5.12.2～H6.6.17	業務上横領行為を実行【第1行為】。
H7.7.5～H9.6.20	特別背任行為を実行【第2行為】。
H8.3.15	所得税確定申告書を提出しないことにより平成7年分の所得税を免れた【第5行為】。
H9.1.16～H10.2.6	会社財産を危うくする行為を実行【第4行為】。
H9.3.17	所得税確定申告書を提出しないことにより平成8年分の所得税を免れた【第5行為】。
H9.12.12	虚偽記載の半期報告書を提出【第3行為】。
H10.3.16	虚偽の所得税確定申告書を提出することにより、所得税額の差額8391万7400円を免れた【第5行為】。
H10.3.31	ＸがＹ社の取締役副社長兼管理本部長及びＡ社の取締役会長を退任（Ｙ社が1057億円の巨額損失を計上したことに対する引責辞任）。
H10.8.6	株主代表訴訟提訴。
H11.10.14	東京国税局が所得税法違反（脱税）容疑でＸを強制調査（査察）。
H11.11.29	東京地検特捜部がＸを逮捕。
H11.12.29	起訴。
H12.5.18	初公判。
H14.9.12	1審判決（東京地裁）。
H15.8.11	控訴審判決（東京高裁）。

各論〔裁判例の分析・解説〕

3　裁判所の認定と判断

(1)　罪となるべき事実

①　業務上横領罪【第1行為】

　B社が証券会社との間で行った株価指数デリバティブ取引により取得したプレミアム（オプション料）を、A社名義の普通預金口座に預け入れてA社のために業務上保管中、A社従業員と共謀の上、平成5年12月2日から平成6年6月17日までの間、前後5回にわたり、ほしいままに、自己の用途に費消する目的で、合計7億0125万円を上記預金口座からA社従業員名義の普通預金口座、Xの仮名口座である普通預金口座及びXの債券先物取引相手方の当座預金口座にそれぞれ送金して横領した。

②　特別背任罪【第2行為】

　Y社が、証券会社からプリンストン債を購入することにより、実質上、その購入代金からY社がプリンストン社に支払う運用手数料を控除した残額を元本にして投資運用を委託するにあたり、Y社の財務担当者であるXとしては、Y社のために、プリンストン債購入に係る投資利益を最大にすべく証券会社担当者ら関係者と取引条件を折衝すべきであった。

　ところが、平成6年8月ころ、証券会社担当者から、Y社のプリンストン債購入に関し、プリンストン債の企画又は販売をする側から謝礼金を支払う用意がある旨の申し出があった。かつ、上記謝礼金支払については、上記運用手数料から上記謝礼金相当額を割り引かせ、又は上記謝礼金をY社に対して支払わせることができた。

　したがって、上記プリンストン債の購入担当者として、上記謝礼金相当額を上記運用手数料から割り引かせることによりY社の無用の支出を避けるとともに投資運用元本を増加させ、又は上記謝礼金をY社に対して支払わせてY社に利益を得させるべき任務を有していた。

　それにもかかわらず、証券会社担当者と共謀のうえ、Xの利益を図る目的をもって、Xの上記任務に背き、平成7年7月5日から平成9年6月

－210－

20日までの間、前後7回にわたり、プリンストン社側からXに対する上記謝礼金として合計5億3034万3128円を、Xの仮名取引口座に支払わせるなどして、これをY社に利益として得させず、もってY社に同額の財産上の損害を加えた。

③ **虚偽記載半期報告書提出罪【第3行為】**

証券会社担当者と共謀のうえ、Y社の業務に関し、平成9年12月12日、大蔵省証券局において、大蔵大臣に対し、Y社の平成9年9月期中間決算において、真実は23億7000万円の税引前中間純損失があったのに、特別損失金額の過少計上等により、税引前中間純利益を86億9200万円過大の63億2200万円として計上した中間損益計算書等を掲載した平成10年3月期事業年度の半期報告書を提出し、もって重要な事項につき虚偽の記載のある半期報告書を提出した。

④ **会社財産を危うくする罪【第4行為】**

Y社の財務担当取締役として、Y社の営業の範囲外において、平成9年1月8日から同年9月18日までの間、5銀行との間で、投機取引である株価指数フォワード取引及び株価指数店頭オプション取引を行い、その担保として、（イ）同年1月16日ころから平成10年1月28日ころまでの間、前後27回にわたり、3銀行に対し、Y社の財産である株式（時価合計108億8572万2520円相当）に3銀行を権利者として質権を設定して株券を交付するとともに、（ロ）同年2月2日ころから同月6日ころまでの間、前後6回にわたり、2銀行に対し、2銀行の支店に預け入れたY社の財産である譲渡性預金（金額合計100億円）に2銀行を権利者として質権を設定して譲渡性預金証書を交付し、もって各々、Y社の営業の範囲外において投機取引のために会社財産を処分した。

⑤ **所得税法違反の罪【第5行為】**

自己の所得税を免れようと企て、ファー・イーストを通じて得た謝礼金をXの仮名口座である名義口座に振り込ませるなどの方法により所得を秘匿したうえ、平成7年分及び平成8年分の実際総所得金額があったにもかかわらず、所得税の納期限までに目黒税務署長に対し、所得税確定申告書

各論〔裁判例の分析・解説〕

を提出しないで上記期限を徒過させ、もって不正の行為により、所得税を免れた。

　平成9年分の実際総所得金額があったにもかかわらず、平成10年3月16日、東村山税務署において、東村山税務署長に対し、虚偽の所得税確定申告書を提出し、そのまま法定納期限を徒過させ、もって不正の行為により、平成9年分の正規の所得税額と申告税額との差額を免れた。

　(2)　罰　条

（X）

　①　業務上横領罪

　包括して平成7年法律91号による改正前の刑法60条・253条

　②　特別背任罪

　行為時は包括して刑法60条、平成9年法律107号による改正前の商法486条1項に、裁判時は包括して刑法60条、上記改正後の商法486条1項に該当するが、刑法6条・10条により軽い行為時法の刑による

　③　虚偽記載半期報告書提出罪

　刑法60条、平成9年法律117号による改正前の証券取引法207条1項2号・198条4号

　④　会社財産を危うくする罪

　包括して商法489条4号

　⑤　所得税法違反

　平成10年法律24号による改正前の所得税法238条1項・2項

（Y社）

　虚偽記載半期報告書提出罪

　平成9年法律117号による改正前の証券取引法207条1項2号・198条4号

　(3)　第3行為についての裁判所の判断

【論点①】　Y社の平成9年9月期の中間決算時において、債券は解約、償還されておらず、したがって、半期報告書への虚偽記載の事実はないのではないかについて

－212－

取引当事者が、半期報告書や財務諸表の作成も念頭におきながら、取引の内実を隠そうとして外観や形式を作出したような場合には、形式的な経済取引の形態・外観や当事者の主観的な意思だけに依拠するのではなく、取引の実体、当事者の取引行為全体などを総合考慮して判断すべきである。

　本件において、取引の一方当事者がその取引の実体を隠そうとし、他方当事者がこれに呼応してとった外形的な行為をそのまま取引の実体であると認めることは相当ではなく、本件債券の内容、現金化の経緯やその実体なども含めた事実関係を総合考慮すれば、平成10年3月以降の手続は、既に現金化がなされてY社に送金された本件債券について、それまでとられていなかった手続を形式的に整えたと評価されるべきものであって、この段階の手続で本件債券が取引の実体として解約、償還されたと認めることはできない。

　諸事情を考慮すると、結局、C－F債（本件債券の1つ）は、平成9年1月14日に現金化が完了し、翌15日Xの要請によりその大半が他に移った時期に、また、X債（本件債券の1つ）は、同年4月24日3500万ドルが他に移り、続いてX自身が残資金の送金先を指定して同年6月17日その残資金3761万ドル余りが他に移った時期に、両債共に全て解約、償還されたものと認めるのが相当である。

【論点②】　Xに解約、償還という認識はなく、その虚偽記載の故意もないので、Xは無罪なのではないかについて

　（イ）Y社の内部でも資金運用に関する決裁規程を見直すなどというXへの風当たりが厳しくなっていたという背景事情の下で、Xは、既に平成8年秋ころから本件債券の資産をデリバティブ取引の担保に充てる必要性があって、そのために実際に本件中間決算期内に本件債券を現金化していること、（ロ）Xが本件債券の現金化を要請するにあたって、わざわざ従前どおり月間運用成果報告書をY社に送付することを求めていることなどに照らすと、Xの本件処分行為により本件債券が解約、償還されて私募債としての実体を失うことを十分に認識していたことが推認できる。

各論〔裁判例の分析・解説〕

4 事案の分析

　本件は、単純化のため要約すれば、バブル期に財テクで大きな利益を上げた会社が、バブル崩壊により大損害を被っていく中で、財務担当役員が損失をなんとか取り戻そうと悪戦苦闘し続けたことが動機と考えられる。その結果、利益が大きなものとなる可能性が高い反面、大きな損失を被る可能性も高くなるデリバティブ取引を行い、さらなる泥沼にはまっていくこととなった。投資や行動経済学の世界においては、膿を早めに摘出するいわゆる"損切り"を行うことの重要性と困難性が説かれることがあるが、本件はまさに"損切り"できないがゆえの悪循環を端的に示す事例である。

　背景として以下の事情が指摘できる。すなわち、Xは、資産運用の専門知識が豊富であり、他の取締役らの知識を圧倒していたこと、バブル期には大きな利益を上げ、顕著な実績を上げていたこと、ワンマン経営者に寵愛されていたことが指摘できる。また、そのようなXに対し、他の取締役らが異議を唱えることは困難であったこと、資産運用がいわば聖域扱いとされXが独断専行することとされていたこと、それゆえ、Xに対するチェック機能は殆ど欠如していたことが指摘できる。

5 不正の防止策・注意点

　企業経営者（特にパブリック・カンパニーたる上場会社の経営者）としては、損害が発生した場合には、決して隠れて取り戻そうとするのではなく、速やかに開示して説明責任を果たし、善後策（発覚情報の適時適切な開示、第三者委員会を設置しての原因分析や責任分析、速やかな社内処分や損害賠償責任追及など）を図るべきである。企業の一従業員としてそのような損失隠しの疑念を抱く場合には、内部通報制度の利用や会計監査人、監査役、社外役員などへの連携を図るべきである。

－214－

13　ヤクルト事件

　また、本件では長期間にわたり特定の財務担当役員が全ての情報を握り取り仕切っていたために損失の全体像を他の取締役らが把握するのが遅れた。担当者のローテーションや内部監査部門などのチェック体制の強化が不可欠である。

会計用語等チェック

■半期報告書
　☞コラム「有価証券報告書」・250

（鳥越雅文）

監査報告書

　公認会計士が実施する財務諸表監査の目的は、経営者の作成した財務諸表が、一般に公正妥当と認められる企業会計の基準に準拠して、企業の財政状態、経営成績及びキャッシュ・フローの状況を全ての重要な点において適正に表示しているかどうかについて、監査人が自ら入手した監査証拠に基づいて判断した結果を意見として表明することにあります（監査基準第一前段）。その意見表明に関する結論を記載するのが監査報告書です。

　公認会計士が得る結論としては、大きく分けて以下の3通りが考えられます。
　① 監査を実施した結果、財務諸表は適正と認める
　② 監査を実施した結果、財務諸表に虚偽表示がある
　③ 監査を実施した（実施できなかった）結果、虚偽表示の有無を判断できない

　多くの場合、①の適正意見が表明されますが、稀に②及び③の状況に直面する場合があります。②の状況は、公認会計士が財務諸表に誤りを発見し修正が行われない場合、③の状況は、何らかの理由により会計記録が滅失している場合等が想定されます。

　ただし、②及び③の状況にあったとしても、①の適正意見を表明できる余地があります。上述の財務諸表監査の目的で述べたとおり、公認会計士は財務諸表に関する「全ての点」ではなく、「全ての重要な点」に対して意見表明を行います。

　すなわち、発見した虚偽表示や滅失した会計記録等による影響が「重要でない」場合、公認会計士は財務諸表に対して適正

COLUMN

意見を表明します。

　また、影響が「重要である」が「広範でない」場合は、限定付適正意見を表明します。

　限定付適正意見とは、監査報告書で重要な影響を及ぼしている事象の説明をしたうえで、その影響を除けば財務諸表は適正である旨の意見表明です。

　したがって、②及び③の状況の場合、公認会計士が表明する意見には以下のパターンが考えられます。

起きている事象	影響の程度		
	重要でない	重要だが広範でない	重要かつ広範である
虚偽表示がある	適正意見	限定付適正意見	不適正意見
虚偽表示の有無が不明	適正意見	限定付適正意見	意見不表明

（高橋和則）

各論〔裁判例の分析・解説〕

■ＰＬ・損失の過少計上■

14　架空収益の計上、原価の架空資産への振替計上─フットワークエクスプレス事件（大阪地判平成14・10・8公刊物未登載）

【事案一覧表】

事件のポイント	経常損失及び当期未処理損失があったのに、架空収益の計上により営業収益を水増し計上するとともに、原価の架空資産への振替計上により原価を圧縮し、経常利益及び当期未処分利益を計上するなどした貸借対照表、損益計算書等を掲載した有価証券報告書を提出した行為の違法性。
関係現行法令	金融商品取引法197条１項１号・24条１項３号・４条１項
起訴された者	代表取締役社長Ｘ₁、取締役副社長（経理部門統括）→監査役Ｘ₂、常務取締役経理部長→専務取締役（経理部門統括）Ｘ₃（以下、Ｘ₁、Ｘ₂及びＸ₃を併せて「被告人ら」という）
結　論	いずれの被告人らも、虚偽記載有価証券報告書提出罪で有罪とされ、 Ｘ₁：懲役２年、執行猶予３年（求刑：懲役２年） Ｘ₂：懲役１年、執行猶予３年（求刑：懲役１年） Ｘ₃：懲役10月、執行猶予３年（求刑：懲役10月）

－218－

14　フットワークエクスプレス事件

【当事者関係図】

1　事案の概略

(1)　X₁は、フットワークエクスプレス社（以下「A社」という）の代表取締役社長として、A社の業務全般を統括、掌理していた者である。

(2)　X₂は、平成2年3月29日から平成10年3月26日までの間、A社副社長として、X₁を補佐するとともに、A社の経理部門を統括し、その後、平成13年3月30日までの間、A社監査役として、A社の監査業務等を担当していた者である。

(3)　X₃は、平成5年3月25日から平成10年3月26日までの間、A社常務取締役経理部長として、その後、平成13年3月30日までの間、A社専務取締役として、A社の経理部門を統括していた者である。

(4)　X₁、X₂及びX₃は、a、b及びcら（B監査法人の社員たる公認会計士で、A社の貸借対照表、損益計算書その他の財務諸表に関する書類を監査

各論〔裁判例の分析・解説〕

し、有価証券報告書に綴じ込まれる監査報告書を作成して監査証明を行う業務
を執行していた者）と共謀のうえ、Ａ社の業務に関し、３度にわたり、重
要な事項につき虚偽の記載をした有価証券報告書を提出した。

2 時系列

年　月　日	本件に関する事情
H5	平成４年１月１日から同年12月31日までのＡ社の第91期事業年度の有価証券報告書を提出したころから、露骨な粉飾決算をするようになった。
H10.3.27	重要な事項につき虚偽の記載をした平成９年１月１日から同年12月31日までのＡ社の第96期事業年度の有価証券報告書を近畿財務局長に提出。
H11.3.31	重要な事項につき虚偽の記載をした平成10年１月１日から同年12月31日までのＡ社の第97期事業年度の有価証券報告書を近畿財務局長に提出。
H12.3.31	重要な事項につき虚偽の記載をした平成11年１月１日から同年12月31日までのＡ社の第98期事業年度の有価証券報告書を近畿財務局長に提出。
H13.3.4	大阪地裁に対し民事再生手続開始の申立。
H13.3.30	株主総会においてＸ₁が粉飾決算を謝罪。
H13.4.30	大阪地裁がＡ社の民事再生手続開始決定。
H13.6.29	実際にはない売上伝票を作成したり、費用を架空計上するなどして決算を粉飾していた旨の新聞報道。
H13.7.30	監督委員（弁護士）が粉飾決算に関する報告書を大阪地裁に提出。
H13.12.20	証券取引等監視委員会が、証券取引法違反（虚偽有価証券報告書提出）容疑で法人及び旧経営陣ら６名を告発。

－220－

H14.5.21	大阪地検特捜部がB監査法人の事務所を家宅捜索し、公認会計士b及びcを逮捕。
H14.6.7	証券取引等監視委員会がB監査法人所属の公認会計士a、b及びcを大阪地検特捜部に告発。
H14.6.10	大阪地検特捜部はX₁、X₂及びX₃と公認会計士aを在宅起訴。なお、逮捕した公認会計士b及びcは略式起訴となり、罰金50万円の略式命令を受けた。
H14.6.30	大阪地裁がA社の会社更生手続開始決定。
H14.8.6	初公判。
H14.10.8	判決。
H14.10.15	金融庁はB監査法人に対し1年間の業務停止処分。

3　裁判所の認定と判断

(1)　罪となるべき事実

　被告人X₁らは、B監査法人の社員たる公認会計士らと共謀のうえ、A社の業務に関し、近畿財務局長に対し、A社の決算には、経常損失及び当期未処理損失があったのに、架空収益の計上により営業収益を水増し計上するとともに、原価の架空資産への振替計上により原価を圧縮し、経常利益及び当期未処分利益を貸借対照表、損益計算書等を掲載した有価証券報告書を提出し、もって、重要な事項につき虚偽の記載をした有価証券報告書を提出した。

(2)　罰　条

証券取引法197条1項1号・24条1項3号・4条1項

(3)　量刑の理由

①　相応の懲役刑による処断を免れない理由

・諸々の経済的要因や社内の労使問題等が原因でA社の営業収益が悪化したことが背景事情となり、取引銀行からの融資の確保などを目論ん

各論〔裁判例の分析・解説〕

で、平成4年12月決算期から露骨な粉飾決算をするようになったというもので、複数の公認会計士と通謀までして犯行を遂げており、犯情は相当に悪質である。

・3事業年度分の粉飾額も、それ自体、極めて高額に上っている。

・社会的影響の大きさをも考慮すると、被告人らの刑事責任は相当に重く、とりわけ本件粉飾の中心的役割を果たしたX1に対しては厳しい非難が妥当する。

② 被告人らのために酌むべき事情

・発覚するに至った経緯に関して、証券取引等監視委員会からの告発に先立ち、被告人X1ら自身の判断により、A社につき民事再生法の適用を申請したという事情が存する（その後会社更生手続に移行）。

・被告人X1らは事実関係を全面的に認めて、それぞれ反省の姿勢を顕著に示している。

・X1においては私財の大部分をA社のために提供し、X2においてはA社との和解契約に基づき6000万円を支払い、X3においては妻名義の分も含めて配当受領額の全額35万6176円を返還するなど、違法配当によってA社が被った損失の補てんに努めており、補填額は3億5000万円近くに達している。

・広く報道されたこと等により、被告人らがそれぞれ受けた社会的制裁にも相当厳しいものがある。

・被告人らはこれまで社会の中でそれぞれ重要な役割を果たしてきたものである。

4 事案の分析

　本件は、優良な決算を作出することによって取引銀行からの融資を確保することが動機と考えられる。平成4年12月決算期から、当該事業年度の営業損失を上回る架空収益の計上により営業収益を水増し計上したり、未処理損失に匹敵するほど多額の原価の架空資産への振替計上を行ったり

－222－

しており、その粉飾決算の態様は極めて露骨で初歩的である。このような粉飾決算が、特に会計監査人設置会社において行われることは通常考え難いが、本件でこれを可能にしたのは、公認会計士との通謀である。

本件で有罪が認定され、また懲役刑が選択されるにあたっては、犯行態様の悪質性及び粉飾額それ自体が極めて高額に上っていることという事情が重視された。他方、被告人らが一部被害弁償を行ったこと、社会的制裁を受けたこと、社会の中でそれぞれ重要な役割を果たしてきたことが、量刑判断で重視され、執行猶予判決が選択される結果となった。

本件は、経営者が公認会計士と通謀して粉飾決算を行ったという、ある意味大胆不敵な犯罪行為である。このような犯罪行為を実行できた背景としては、以下の事情が指摘できる。

第1に、平成10年代初めとまだまだ粉飾決算事件が頻発し始める初期の段階の事件であったという事情が指摘できる。

第2に、第1とも関係するが、公認会計士のプロフェッショナル意識が必ずしも今日ほど高くなかったことや、監査法人内におけるチェック機能が不十分であったことが指摘できる。

第3に、A社は非上場会社であり、株主や投資家などからの監視の度合いが比較的低かったという事情が指摘できる。

第4に、本件の動機は、取引銀行からの融資の確保にあるとされているが、露骨で初歩的な粉飾決算であったにもかかわらず、取引銀行も決算内容の異常性に長年にわたり気付くことができなかったという問題点が指摘できる。

5 不正の防止策・注意点

粉飾決算への監視の度合いが高まった今日においては、ましてや投資家や証券取引所など資本市場からの厳しい監視の目がある上場会社においては、本件のようなあからさまな粉飾決算を実行することは極めて困難であろうし、これに加担する会計監査人（公認会計士）など皆無であろう。当

各論〔裁判例の分析・解説〕

然のことながら、企業経営者としてかかる粉飾決算を実行してはならない
し、会計監査人（公認会計士）も通謀してはならない。企業の一従業員と
して粉飾決算の疑念を抱く場合には、内部通報制度の利用や会計監査人
（公認会計士）、監査役、社外役員などへの連携を図るべきである。

　本件のように、決算を糊塗し続けてもさらに状況が悪化し、最終的には
倒産に至るケースが、往々にして存在する。そしてそういうケースでは、
得てして倒産後に粉飾決算が発覚する。粉飾に頼るのではなく、早めに膿
みを出し切り、心機一転、業績のV字回復を目指すのが経営の王道であろ
う。

会計用語等チェック

■有価証券報告書
　☞コラム「有価証券報告書」・250

■監査報告書
　☞コラム「監査報告書」・216

■未処理損失
　☞コラム「当期未処理損失（貸借対照表　勘定科目名）」・225

（鳥越雅文）

当期未処理損失(貸借対照表 勘定科目名)

　赤字が続いて、純資産の部の繰越利益剰余金がマイナスとなった状態のことです。
　以前は当期未処理損失という勘定科目で貸借対照表に表示していました。
　配当金は剰余金の中から支払われるため、多くの場合、配当できなくなります。

〔当期未処理損失〕

純資産の部		
株主資本		
資本金	100	100
利益剰余金		純損失
その他利益剰余金		△50 発生
繰越利益剰余金	30	△20
利益剰余金合計	30	80
株主資本合計	130	80
純資産合計	130	80

以前は当期未処理損失と呼んでいました。

（大形浩祐）

各論〔裁判例の分析・解説〕

■適用する会計基準■

15　改正前の会計基準による有価証券報告書の提出—日本長期信用銀行事件（最判平成20・7・18刑集62巻7号2101頁）

【事案一覧表】

事件のポイント	貸出金の評価につき採用された改正前の会計基準に基づく決算処理が「公正ナル会計慣行」に当たるか否か
関係現行法令	金融商品取引法197条1項1号・207条1項1号・24条1項1号（虚偽記載有価証券報告書提出罪）、会社法963条5項2号（違法配当罪）
起訴された者	株式会社日本長期信用銀行（以下「A銀行」という）代表取締役頭取X1（平成7年4月28日～平成10年9月28日在任）、代表取締役副頭取X2（平成9年10月1日～平成10年8月21日在任）、同X3（平成9年10月1日～平成10年3月31日在任）
結　　論	X1、X2、X3とも無罪。 （求刑は、Y1につき懲役3年、Y2・Y3につき懲役2年）
裁判の経過	1審：東京地裁平成14年9月10日判決 　　X1：懲役3年、猶予4年 　　X2・X3：懲役2年、猶予3年 控訴審：東京高裁平成17年6月21日判決 　　控訴を棄却して1審の結論を支持。
	1　Y1ら当時の取締役を被告とする民事の損害賠償請求事件においても、平成10年3月期決算における配当の違法性等が争われた。同事件1審は違法性を否定して請求を棄却し、2審はその結論を支持した（東京地判平成17・5・19判例タイムズ1183号129頁、東京高判平

－226－

その他参考事項	成18・11・29判例タイムズ1275号245頁)。最高裁は、平成20年7月18日決定(判例誌未登載)にて上告棄却及び上告不受理とした。 2　A銀行と同様の長期信用銀行である日本債券信用銀行の代表取締役頭取らも、不良債権を過少に積算した内容虚偽の有価証券報告書を提出したとして虚偽記載有価証券報告書提出罪で起訴され、1審及び2審にて有罪判決が言い渡された(東京地判平成16・5・28刑集63巻11号2400頁、東京高判平成19・3・14同号2547頁)。しかし、最高裁はこれを破棄差戻しとし、差戻審は同取締役らを無罪として判決は確定した(最判平成21・12・7判例タイムズ1318号119頁、東京高判平成23・8・30判例時報2134号127頁)。

【当事者関係図】

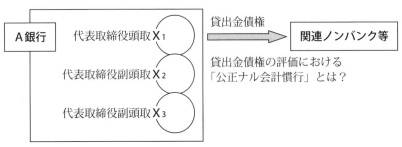

1　事案の概略

(1)　A銀行の代表取締役頭取X1、同副頭取X2及びX3(以下「Xら」という)は、平成10年3月期決算に際し、関連ノンバンク等に対する貸出金を、平成9年3月5日以降の一連の通達による改正後の決算経理基準ではなく、改正前の決算経理基準すなわち税法基準に基づいて査定した。

各論〔裁判例の分析・解説〕

(2) X₁らは、(1)の査定に基づいて作成された有価証券報告書を大蔵省関東財務局長（当時）に提出した（第1行為）。

(3) X₁らは、定時株主総会において、(1)の査定に基づいて任意積立金を取り崩し、1株3円の割合による71億円余りの利益配当を行う旨の決議を可決承認させ、配当を実施した（第2行為）。

2　時系列

年 月 日	本件に関する事情
S57.4.1	大蔵省は、銀行法施行に伴う「基本事項通達」（蔵銀第901号）を発出し、「決算経理基準」を定めた（改正前の決算経理基準）。銀行は、当該基準のもと「税法基準」に従った会計処理を行うこととなった。 ※税法基準では、関連ノンバンク等に対する貸出金は、金融支援を継続する限り償却・引当ては不要であった。
H7.12.22	金融制度調査会（大蔵大臣の諮問機関）は、平成6年以降金融機関の経営破綻が相次いだことを契機として、「金融システム安定化のための諸施策」を大蔵大臣に答申。
H8.6.21	いわゆる金融三法が成立・公布される。 これにより、銀行経営の健全性確保のための金融行政当局による監督手法として、平成10年4月1日以降「早期是正措置制度」が導入されることとなる。
H9.3.5	大蔵省大臣官房金融検査部長は、各財務局長などに宛てて「資産査定通達」（蔵検第104号）を発出した。 ※資産査定通達には、「早期是正措置制度」導入前の金融検査においても、金融機関は資産自己査定のための体制整備の進展状況等について把握するよう努められたい旨の記載があった。
	全国銀行協会連合会（全銀協）の融資業務専門委員会は、各

H9.3.12	銀行の資産自己査定の参考として「資産査定Q&A」をまとめ、全国の金融機関に送付した。
H9.4.15	日本公認会計士協会は、「資産査定通達」を踏まえて資産自己査定に係る内部統制の検証、貸倒償却及び貸倒引当金の監査に関する実務指針「4号実務指針」を作成・公表した。
H9.4.21	大蔵省大臣官房金融検査部管理課長は、金融証券検査官等に宛てて「金融機関等の関連ノンバンクに対する貸出金の査定の考え方について」と題する事務連絡「9年事務連絡」を発出した。 ※9年事務連絡は、関連ノンバンクに対する貸出金について、関連ノンバンクの体力の有無、親金融機関等の再建意思の有無、再建計画の合理性の有無等を総合的に勘案して査定することを内容としていたが、金融機関一般には公開されていなかった。
H9.7.28	全銀協の融資業務専門委員会は、いわゆる関連ノンバンク向け貸出金の資産査定につき、9年事務連絡の内容についての一般的な考え方をQ&Aにまとめ、全国の金融機関に送付した。
H9.7.31	大蔵省銀行局長は、A銀行頭取に宛てて、「基本事項通達」の内容を一部改正する通達（蔵銀第1714号）及び長期信用銀行の業務運営に関する基本事項等に関する通達（蔵銀第1729号）を発出した。 ※基本事項通達の改正においては、決算経理基準の中の「貸出金の償却」及び「貸倒引当金」の規定等が改正され、回収不能と判定される貸出金等に関する償却・引当て等が定められた。また、A銀行の業務運営については、一部の事項を除き改正後の基本事項通達によることとされた。
	A銀行は、「特定関連親密先自己査定運用細則」及び「関連ノンバンクに係る自己査定運用規則」を確定させ、平成10年

各論〔裁判例の分析・解説〕

H10. 3.30	3月期決算について、同運用細則・運用規則に従って、関連ノンバンク等に対する貸出金の資産査定した（本件決算処理）。 ※本件決算処理は、改正前決算経理基準のもとでの税法基準によれば、これを逸脱した違法なものとは直ちには認められないが、資産査定通達、4号実務指針及び9年事務連絡（「資産査定通達等」)によって補充される改正後の決算経理基準の方向性からは逸脱する内容だった。
H10.3.31	A銀行は、常務会において、自己資産査定に基づく平成10年3月期決算の基本方針を承認した。
H10.4.28	A銀行は、取締役会において、自己資産査定に基づく平成10年3月期決算案を承認した。
H10.6.25	Xらは、定時株主総会において自己資産査定に基づく平成10年3月期決算を議案として提出したところ、可決承認された。 これに基づき、A銀行株主には1株3円の割合による合計71億円余りの配当が実施された【第2行為】。
H10. 6.29	A銀行は、平成10年3月期に係る有価証券報告書を大蔵省関東財務局長に宛てて提出した【第1行為】。
H10.10.23	A銀行は、金融再生法施行と同時に、同法68条2項に基づき「その業務又は財産の状況に照らし預金等の払戻しを停止するおそれが生ずると認められる」旨を申し出。 これを受けて、内閣総理大臣は、同法36条1項に基づき特別公的管理の開始を決定し、同時に、預金保険機構がA銀行の株式を取得する旨を決定。
H10.12.11	A銀行の旧経営陣に対する責任追及に関する内部調査委員会が設置された。
H10.6. 4	A銀行新経営陣は、Xらを虚偽有価証券報告書提出罪、違法配当罪で告訴。同日、3名は逮捕された。

| H10. 6.30 | 東京地検は、Xらを起訴。 |

3　裁判所の認定と判断

(1)　起訴された事実及び罰条

【第1行為】虚偽有価証券報告書提出（刑法60条、現・金融商品取引法197条1項1号・207条1項1号・24条1項1号）

　Xらは、共謀のうえ、A銀行の業務に関し、平成10年6月29日、大蔵省関東財務局長に対し、A銀行の平成10年3月期の決算には5846億8400万円の当期未処理損失があったのに、取立不能のおそれがあって取立不能と見込まれる貸出金合計3130億6900万円の償却又は引当てをしないことにより、これを過少の2716億1500万円に圧縮して計上した貸借対照表、損益計算書及び利益処分計算書を掲載するなどした有価証券報告書を提出した。

【第2行為】違法配当（刑法60条、現・会社法963条5項2号）

　Xらは、共謀のうえ、A銀行の平成10年3月期の決算には前記のとおりの当期未処理損失があって株主に配当すべき剰余金は皆無であったのに、平成10年6月25日、A銀行本店で開催された同社の定時株主総会において、上記当期未処理損失2716億1500万円を基に、任意積立金を取り崩し、1株3円の割合による総額71億7864万7455円の利益配当を行う旨の利益処分案を提出して可決承認させ、そのころ、同社の株主に対し、配当金合計71億6660万2360円を支払った。

(2)　裁判所の判断

①　法廷意見（全員一致）

　A銀行の平成10年3月期における本件決算処理は「公正ナル会計慣行」に反する違法なものとはいえない（X₁、X₂、X₃とも無罪）。

②　古田佑紀裁判官の補足意見

企業の財務状態をできる限り客観的に表すべき企業会計の原則や企業の

各論〔裁判例の分析・解説〕

財務状態の透明性を確保することを目的とする証券取引法における企業会計の開示制度の観点から見れば、A銀行の平成10年3月期における決算処理には大きな問題があった（ただし、結論は法廷意見と同旨）。

4 事案の分析

(1) 改正前の決算経理基準が採用された背景事情（動機）

A銀行には、バブル経済の崩壊により生じた不良債権が存在しており、改正後の決算経理基準に従って貸出金の償却・引当を実施すると、当期利益の減少や自己資本比率の低下により市場の信認が失われ、経営破綻を招くおそれがあった。また、その社会的役割や規模ゆえに、A銀行が万一市場の信認を失った場合に他の金融機関（関連ノンバンク等を含む）や日本経済全体に与える影響を懸念したことも考えられる。

そのうえ、Xらにとっては、関連ノンバンク等に対する貸出金の資産査定について、準拠すべき会計基準は不明確であった。

(2) 事実認定で重視された事情

本判決は、本件決算処理が違法ではないと判断した理由として、（ⅰ）改正後の決算経理基準が、新たな基準として適用するには具体性、定量性に乏しかったこと、（ⅱ）改正前の決算経理基準の考え方による処理を排除して厳格に改正後の決算経理基準に従うべきことが必ずしも明確でなかったことを挙げる。理由の具体的内容（根拠）は、次のとおりである。

① 理由（ⅰ）の根拠

・改正後の決算経理基準の記載は、それ自体、具体的かつ定量的な基準とはなっていなかった。

・資産査定通達は、定性的かつガイドライン的であった。

・9年事務連絡は、内容が具体的かつ定量的な基準を示したものといえないものであった。

・4号実務指針は、具体的な計算の規定と計算例がないなど定量的な償却・引当ての基準として機能し得るものでなかった。

・A銀行以外の大手行17行において、総額1兆円にのぼる償却・引当て不足が指摘されていた。

② **理由（ⅱ）の根拠**

・資産査定通達は、改正前の決算経理基準を前提とするような表現が含まれているなど、その趣旨を徹底させるものか否かが不明確であった。

・9年事務連絡は、金融機関一般には公表されていなかった。

・4号実務指針は、関連ノンバンク等に対する貸出金を対象とするのであれば明確とされてしかるべき事項（将来発生が見込まれる支援損につき引当てを要するか否か）について不明確であった。

・本件決算処理がなされた当時、税効果会計は導入されていなかった。

・平成10年3月期の決算に関して、多くの銀行では少なくとも関連ノンバンク等に対する貸出金の資産査定に関して、厳格に資産査定通達等によって補充される改正後の決算経理基準によるべきものとは認識しておらず、現にA銀行以外の大手行18行のうち14行は、A銀行と同様に関連ノンバンク等に対する将来支援予定額については引当金を計上していなかった。

<h2>5　不正の防止策・注意点</h2>

(1)　会計基準の誤選択リスクの認識

　本件の会計基準改正は、バブル崩壊後の金融行政の転換期という特殊な時代背景下のものであった。また、刑事事件という性質上、「刑罰法規は国民にとって事前に明確な内容として与えられる必要がある」という罪刑法定主義や明確性の原則といった刑事司法の大原則が判決により濃く反映されたという側面もあるように思われる。

　そのため、今後の会計実務においては、本件がそのまま参照され旧基準の採用が正当化される事例は想定しにくい（新基準が唯一の「公正なる会計慣行」といえるかについては、本件よりも民事事件の1審判決に詳しい。また、

各論〔裁判例の分析・解説〕

後掲の西田会計士による解説「公認会計士の視点－長銀事件（会計基準の変更）」も参照されたい）。

　会社の経営陣は、本件判決において無罪となったという結論を過信するのではなく、会計基準の選択を誤った場合の様々なリスク—刑事責任以外にも、役員は民事責任、会社は行政上の責任を問われ得る—を改めて認識する必要があろう。Ａ銀行経営陣も、最高裁において無罪となったものの、約10年間刑事被告人の立場にあったのであり、それだけでも受けた打撃の深刻さは察するに余りある。

(2)　会計基準選択の際の検討ポイント

　本件と同様の事態が発生する例は限定的と思われるが、仮に会計基準が過渡的で新旧複数の選択肢があり（例えば、新基準の適用時期は将来日付であるが早期適用が可能とされている場合や、旧基準の適用排除が明示されていない場合など）、選択の如何により会社の経理処理結果に差異が生じる場合、会社には適切な会計基準の選択が求められる。特に、会計基準の選択により「利益」が増える、「損失」が減る、資産等の一部を「隠す」と評価され得る場合などは、当該基準が「『公正』なる会計慣行」といえるか否かを再検討する必要があろう。

　この点、本判決によれば、選択肢として新旧２つの会計基準が存在する場合、①新基準が具体性・定量性を備えた基準であり、かつ、②旧基準を排除して新基準に従うべきことが明確である場合には、旧基準に従った会計処理は違法とされている。この事実認定を参考に、基準選択における検討のポイントを整理すると、次の点が挙げられる。

　①の視点
　・新基準に具体的な計算方法の規定や計算例など定量的な記載があり、
　　実際に新基準による自社の経理処理が可能か
　・新基準には当該基準を適用する場合に当然明確でなければならない事
　　項が明示されているか
　②の視点
　・旧基準の排除と新基準の徹底（自社における適用時期）が明確化され

ているか

・新基準が他の同業他社にも等しく公表されているか

・実際に同業他社において新基準による経理処理がなされているか（監督官庁等が存在する場合には集積事例を確認することや、外部の公認会計士や弁護士の意見を聞くことが有益な場合もあろう）

・一方の基準に従うことの正当性を、債権者、株主等のステークホルダーに対して説明し得るか（社外役員、会計監査人、顧問弁護士など客観性のある第三者からの意見聴取や、第三者委員会を設置して検討する必要があることも想定される）

会計用語等チェック

■企業会計の基準

☞公認会計士の視点「日本長期信用銀行事件（会計基準の変更）」・236

（鈴木雄貴）

各論〔裁判例の分析・解説〕

日本長期信用銀行事件（会計基準の変更）

　新しい会計基準の導入や会計基準の改定が行われる場合、その基準に「適用時期」という項目で新基準を適用する時期が必ず明示される。本事件に関する『銀行等監査特別委員会報告第4号　銀行等金融機関の資産の自己査定並び貸倒償却及び貸倒引当金の監査に関する実務指針（平成9年4月15日）』では「平成9年4月1日以後開始する事業年度に係る監査から適用する。」と規定されていた。したがって、そのとおりに平成10年3月期から本実務指針を適用するのが、通常だと思われる。

　本事件当時は大蔵省の行政指導の下での経営であったことや金融機関の破綻が続きその行政指導の転換期であったこと、平成9年に改正された「連結財務諸表原則」から始まるいわゆる「会計ビッグバン」といわれる会計基準の一連の改正があった等、当時の経営状況を考慮しなければ、この事件の判決を理解することができないのかもしれないが、現在ではこの事件のような「会計基準の変更」が問題になることは通常考えられない。

　新しい会計基準が公表されると何の準備もなく即座に会社がそれを適用して、適切な財務諸表が作成できるとは限らない。会計基準の内容によっては、会社の業務そのものやシステムの変更が必要になることもあるからである。

　そこで、新しい会計基準の導入や会計基準の改定が行われる場合には、それが会社に適用すべき会計基準なのか否かの検討、適用される場合その会計基準を導入することによって会社に与える影響を分析し、業務やシステムの変更が必要か否か、必要ならいつから変更作業に取りかかるのか、内部統制をどのように構築していくかといった、様々なことを検討する。時には監査人である監査法人と相談しながら、必要であれば勉強会や研修

会を開いて新しい会計基準の理解を深めながら、改訂された会計基準が滞りなく、混乱することなく適用できるように、会社は事前に相当な準備を行う。

会計基準にはすべて網羅的に規定している訳ではないため、規定されていないところは従前の会計処理を継続しても良いのではないか？という考え方もありうる。しかし、新しい会計基準の導入や会計基準の改定が行われるというのは、ある会計事象（会計事実）について明確に定められている会計基準がなかったり、従来の会計基準より改訂後の会計基準の方が会計事象をより適切に表すことができたり、国際的な調和の観点といった理由から改訂が行われる。

したがって、明確に規定されていない会計事象についても新しい会計基準が導入される趣旨を斟酌して、適切な会計処理を検討すべきである。

(西田明熙)

各論〔裁判例の分析・解説〕

COLUMN

一般に公正妥当と認められる企業会計の基準

　同一の会計事象が生じたときに、企業によって異なる会計処理を行う場合は、どうなるでしょう。

〔販売目的の棚卸資産を購入して現金50の支払、A社は資産計上、B社は費用計上の場合〕

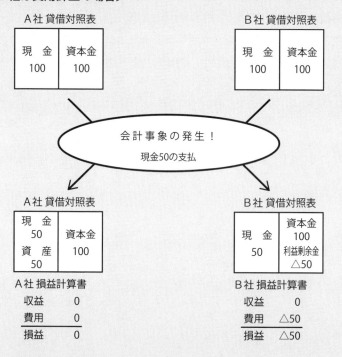

　実態は同じなのに、2社の財務諸表は全く違うものとなり、利用者は判断を誤りかねません。適切な会計処理を判断するた

COLUMN

めの基準を設けることで、企業が正しい会計処理を採用できます。そのための基準が、「一般に公正妥当と認められる企業会計の基準」なのです。

　今回のケースでは、棚卸資産として資産計上することが正しい会計処理なので、A社の処理が適切ということになります。ちなみに、販売時（売上計上時）には売上原価として費用処理する（棚卸資産を減額して、費用に振り替える）必要があります。

　日本の会計基準は、主に企業会計基準委員会で作成されており、全部でかなりのボリュームになります。しかし、企業会計の基準もすべての会計事象を想定して作成されているわけではなく、そのような基準を作るのは実務的にも不可能です。「基準に明記されていない会計事象をどのように会計処理するか」については、経済実態や類似の取引から考える必要がありますが、会社の経理部や会計士が頭を悩ませる問題の1つです。

　現在、企業活動がグローバル化し、海外で資金調達することも多くなってきたため、世界で会計基準を統一しようとする動きが活発になっています。日本の会計基準もその流れに乗って、コンバージェンス（国際財務報告基準＝ＩＦＲＳと日本基準の差異を解消する基準の改正）が盛んに行われており、毎年のように新たな会計基準が適用となっています。

　会計士も新たな会計基準を日々勉強して、監査にのぞんでいるのです。

（大形浩祐）

各論〔裁判例の分析・解説〕

■持株状況の虚偽表示■

16 虚偽の内容が記載された有価証券報告書の提出及びインサイダー取引につき代表取締役会長が証券取引法違反等で有罪とされた事例—西武鉄道事件（東京地判平成17・10・27）

【事案一覧表】

事件のポイント	東証の上場廃止基準に抵触することを避けようと虚偽の内容が記載された有価証券報告書を提出した行為、及びその事実の公表前に株式を売却したインサイダー取引につき、代表取締役会長の刑事責任。
関係現行法令	金融商品取引法197条1項1号、198条19号、166条3項、2項4号、207条1項1号・2号
起訴された者	Y2社の代表取締役会長X、Y1社（西武鉄道株式会社）、Y2社
結　論	X：懲役2年6月（執行猶予4年）及び罰金500万円（求刑：懲役3年及び罰金500万円） Y1社：罰金2億円（求刑：罰金2億円） Y2社：罰金1億5千万円（求刑：罰金1億5千万円）
裁判の経過	第1審　東京地判平成17年10月27日判決（確定）
	①民事訴訟 Y1社株式は平成16年12月17日をもって上場廃止となったため、Y1社株式を保有していた多数の投資家から、Y1社やその取締役等に対して、民法709条の不法行為等に基づく損害賠償を求める訴訟提起が相次いだ。 ②法令改正の動き 本事件の後、平成16年に旧証券取引法が改正され、現

－240－

16 西武鉄道事件

| その他参考事項 | 在の金融商品取引法21条の2（虚偽記載等のある書類の提出者の賠償責任）に相当する規定が設けられた。この法改正により、虚偽記載等のある発行開示書類又は継続開示書類の提出会社は、流通市場において当該会社が発行する有価証券を取得した善意の投資家に対して損害賠償責任を負うことが規定された（同条1項）。また、虚偽記載の公表前1年以内に有価証券を取得し、公表日において引き続きこれを保有する投資家の損害は、公表前1か月間の平均市場価額から公表後1か月間の平均市場価額を控除した額とすることができる旨の推定規定も置かれた（同条2項）。 |

【当事者関係図】

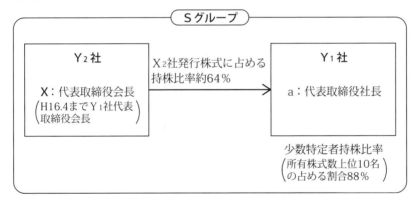

1　事案の概略

(1)　Sグループの総帥でありY₂社の代表取締役であった被告人Xが、Y₁社の代表取締役社長aらと共謀のうえ、関東財務局長に対し、Y₂社が所有するY₁社の株式の一部について他人所有であるとの虚偽の記載をした有価証券報告書を提出した。

-241-

各論〔裁判例の分析・解説〕

(2)　Xは、長期間にわたって有価証券報告書に同様の虚偽記載をして
きた事実を公表せざるを得ない状況にあることを知るや、Y₂社の従業者
らと共謀のうえ、その事実が公表される前に、合計10社に対しY₂社所有
のY₁社株式1866万株を合計216億5857万6000円で売り付けてインサイ
ダー取引をした。

2　時系列

年　月　日	本件に関する事情
S24	Y₁社株式、東京証券取引所に上場。 （昭和40年8月から平成16年12月16日まで継続して市場1部に上場されていた）
S48.11	XがY₁社の代表取締役に就任。 そのころ、Xは、Y₂社が所有しているY₁社株式について、他人名義で所有している株式（いわゆる「名義株」）を除いた数値が有価証券報告書に記載され、財務局に提出されている事実を知った。 （真実を公表すると、非上場会社であるY₂社がY₁社の親会社であることが明らかとなること等から、得策でないと考え、何らの対処もしないまま放置していた）
S57.10.1	東京証券取引所において以下の上場廃止事由が定められ、平成16年まで継続されていた（株券上場廃止基準2条1項、昭和57年10月1日改正付則3項・5項）。 　イ　少数特定者持株数（所有株式数の多い順に10名の株主が所有する株式及び役員が所有する株式等の総数をいう）が上場株式数の80％を超えている場合において、1年以内に80％以下とならないとき（以下「80％ルール」という） 　ロ　上場会社が財務諸表等又は中間財務諸表等に虚偽記

－242－

	載を行い、かつ、その影響が重大であると東京証券取引所が認めた場合 ハ　公益又は投資者保護のため、東京証券取引所が当該銘柄の上場廃止を適当と認めた場合
H2.6.22	証券取引法(当時)改正(大量保有報告書及び変更報告書の提出義務付け)。しかしY₂社は、大量保有報告書及びその変更報告書においてその所有するY₁社株の数を過少に記載し、平成16年10月13日に公表するまでの間、正確な数を記載した大量保有報告書及びその変更報告書を提出しなかった。
H16.4.14	Y₁社を巡る別件の総会屋利益供与事件により、XがY₁社の代表取締役会長を辞任。
H16.5	Y₂社の代表取締役専務bが、Xに対して、早期に名義株を売却するよう進言。 (bは、株券不発行制度が導入されると名義株がY₂社の所有であることが発覚し、東京証券取引所の上場廃止基準(80%ルール)に抵触し、Y₁社株式が上場廃止になるのみならず、Y₁社及びその代表取締役に刑事罰が科されることなどを指摘した。しかしXは、これを受け入れず、Y₁社株式の株価が上昇するまでは名義株を売却せず、名義株がY₂所有であることも公表しないとの方針を決定。bに対し、暗黙のうちに、有価証券報告書には従前どおり名義株分を除いた虚偽の数値を記載して提出するよう指示した。bは、Xの意向をY₁社の代表取締役社長aへ伝達した)
H16.6.29	XがY₁社の業務に関し、関東財務局長に対して虚偽の記載をした有価証券報告書を提出。
	Y₁社取締役会において監査役から名義株の取扱いの違法性について指摘される。 Y₁社はY₂社に対し、名義株の実態等について回答を求め

各論〔裁判例の分析・解説〕

H16.8	るとともに、その内容を関東財務局に報告する旨の質問状を交付した。 そのため、X及びY₂社の役員らは、名義株がY₂社所有であることが公けになるのは必至の状況であり、その結果、Y₁社株式が上場廃止になれば、Y₂社の重要な資産であるY₁社株式が無価値になるのではないかと危惧し、80%ルールに抵触する状態を解消しようと考えた。そこで、X及びY₂社役員らは、Y₂社所有のY₁社株式約4000万株を同年9月末までに売却することを決意し、売却にあたっては、長年にわたりY₁社の有価証券報告書に名義株分を除いた数値を記載してきた事実を告げないこと、売却先が新たに少数特定持株者となることのないよう1社当たりの売却株式数を約260万株以内とすることなどを決めた。
H16.9.9～9.28	X及びY₂社の役員らは、Sグループの取引先企業を中心に虚偽記載の事実を告げることなくY₁社株式の購入を依頼、計10社に対してY₂社所有のY₁社株式1866万株を合計216億5857万6000円で売却した。
H16.10.13	Xが関東財務局長に対し、Y₂社等の所有する他人名義株の存在が判明したとして、公衆縦覧期間中である平成12年3月期から平成16年3月期までの有価証券報告書等につき、Y₂社等の所有するY₁社株の数及び所有割合を訂正し、Y₂社の表示を「その他の関係会社」から「親会社」に訂正するなどした訂正報告書を提出し、その旨を公表した。 同日、東京証券取引所はY₁社株式を監理ポストに割当て。
H16.11.16	東京証券取引所が同年12月17日にY₁社株式を上場廃止とする旨を決定、Y₁社株式を整理ポストへ割当て。
H16.12.17	Y₁社株式、上場廃止。
H17.3.3	Xが証券取引法違反（有価証券報告書の虚偽記載とインサイダー取引）容疑で東京地検特捜部に逮捕。

16　西武鉄道事件

| 3 | 裁判所の認定と判断 |

　被告人らは起訴事実を争わず、本判決は以下のとおり認定、判断した。

(1)　有価証券報告書虚偽記載について

　Xは、Y₁社の代表取締役社長aらと共謀のうえ、Y₁社の業務に関し、平成16年6月29日ころ、関東財務局長に対し、Y₂社の所有するY₁社の株式数が実際は2億8093万1000株であり、発行済株式総数に対する所有株式数の割合が64.83％であるにもかかわらず、一部を他人所有であるように装い、株式数を1億8701万4000株、発行済株式総数に対する所有株式数の割合を43.16％との虚偽の記載をした有価証券報告書を提出した。

(2)　インサイダー取引について

　Xは、平成7年6月から平成16年10月まで、Y₂社の代表取締役会長として、その業務全般を統括掌理していた。平成16年5月25日ころ、XはY₂社の代表取締役専務bより、Y₁社が継続的にY₂社の所有するY₁社株式の一部を他人所有であるように装い、その株式数等について有価証券報告書に虚偽の記載をして提出してきたという事実の報告を受けた。

　そこでXは、Y₁社が上記事実を公表する前にY₂社所有のY₁社株式の一部を売却してその株式数等を減少させようと企て、Y₂社の従業者らと共謀のうえ、法定の除外事由がないのに、上記事実の公表前である平成16年9月9日ころから同月28日ころまでの間、A株式会社ほか9社に対して、Y₂社が所有するY₁社株式合計1866万株を、売付価額合計216億5857万6000円で売り付けた。

| 4 | 事案の分析 |

(1)　不正の発生原因

①　動　機

被告人には、真実を公表すれば上場廃止基準に抵触し、Y₁社株式が上

各論〔裁判例の分析・解説〕

場廃止になるのみならず、Y₁社及びその代表取締役に刑事罰が科されることから、これを避けようとする動機があった。

② 機 会

Xは、Y₁社の代表取締役就任後の間もない時期から有価証券報告書への虚偽記載がされている事実を認識していた。また東京証券取引所の上場廃止基準の制定、証券取引法の改正等、是正する機会はたびたびあり、社内からの是正進言があったにもかかわらず、是正を行わなかった。

③ 正当化要素

Y₁社株式が上場廃止となった場合の影響の大きさのほか、名義株の売却を行うことで違法状態を解消できるという誘惑もあったと考えられる。

(2) 量刑判断で重視された事情

① 加重要素

量刑判断では、被告人らの刑事責任が重大として、以下のような事情が指摘されている。

・Y₁社株式の上場の維持という企業の利益を最優先して行った犯行であり、その動機及び犯行に至る経緯に特段酌量すべき点は認められないこと

・企業のトップが自ら中心となり、企業の社会的責任と法を無視し、組織的に違法行為を行っていること

・Y₂社のY₁社株式保有数が投資者の投資判断を大きく変え得る重要な事実となることは明らかでありながら、XとY₁社はかかる重要な事実について虚偽の記載をした有価証券報告書を提出したのであり、その行為は投資判断に必要な事項を一般投資家に公開して証券取引の円滑化・迅速化を図った証券取引法の趣旨を没却し、証券取引市場の公正性、透明性を著しく害するばかりか、投資家に不測の損害を与えかねない悪質な行為であること

・日本有数の企業グループとその幹部らによって行われた本件各犯行が、経済界はもとより一般社会に与えた衝撃には大きいこと

このほか、被告人ごとの事情として

－246－

・Xについては、Sグループの総帥として代表取締役を務めていたY2社のみならず、Y1社の運営にも強い影響力を有する立場（前代表取締役会長）にありながら、本件各犯行において主導的役割を果たしていること

・Y1社・Y2社いずれにおいても、企業の社会的責任がわきまえられておらず、遵法精神が希薄であること。特にY1社は、平成16年3月に総会屋に対する利益供与事件で役員らが逮捕され、法令遵守を誓ったにもかかわらず、その数か月後に、再び代表取締役等の幹部が組織的に関与して本件犯行に及んでいるのであって、その遵法精神の希薄さは企業の体質に根差すといわれてもやむを得ないものがあること

といった点も指摘されている。

② 減軽要素

一方で、以下のような事情も情状として考慮されている。

イ　Xについて

・捜査・公判を通じて本件各犯行を素直に認め、反省の情を示していること

・名義株問題の責任を取ってSグループの全役職を辞任していること

・被告人Xにはこれまで前科前歴がなく、Sグループの総帥として観光事業等を展開する一方、スポーツ振興等に大きく貢献してきていること

ロ　Y1社について

・Y1社においては、監査役が取締役会で名義株の違法性を指摘したり、自発的に有価証券報告書を訂正するとともに名義株問題を公表したりするなど、遵法精神の萌芽を見出すことができること

・株式が上場廃止となるなど一定の社会的制裁を受けていること

・本件を契機として、コンプライアンス担当部署の設置・充実、業務執行体制の改善等を行い、法令遵守の徹底を図っていること

ハ　Y2社について

・Y2社は、本件起訴に係る売付先10社を含む全ての売付先との間でY2

各論〔裁判例の分析・解説〕

　　社株式の売買契約を合意解約して原状回復を行っており、各売付先の
　　損害は全て回復されていること
　・本件を契機として、コンプライアンス担当部署の設置・充実、業務執
　　行体制の改善等を行い、法令遵守の徹底を図っていること

5　不正の防止策・注意点

　本件はグループの総帥として絶大な力を誇ったＸが主導した事件であ
り、社内からの進言に耳を傾けなかったという事案である。このようなワ
ンマン経営者の独断に対しては、なかなか社内的に歯止めをかけにくいの
が実情である。

　しかし、ひとたび不正が発覚すれば、企業の存続を脅かすほどのダメー
ジを受ける例は、本件に限らずいくつも見られるところである。刑事・民
事による責任追及だけにとどまらず、マスコミ報道による風評被害、取引
先からの取引中止など、影響は広汎に及ぶ危険性がある。

　このような経営トップ自らによる不正を防ぐことは難しいが、日常から
ガバナンス体制の確立、具体的には独立性の高い社外役員の選任が求めら
れることになろう。本件でも、Ｙ₁社の取締役会において監査役が名義株
の取扱いの違法性について指摘を行ったことが、隠蔽のための名義株の売
却（インサイダー取引）を行う契機となっている。インサイダー取引とい
う別の犯罪につながってしまった点は残念であるとはいえ、有価証券報告
書の虚偽記載という不正の継続がもはや不可能であることを経営トップに
認識させた点は、内部ガバナンスの重要性を示しているものと考えられ
る。

　それだけでなく、経営トップに対する啓蒙も必要と思われる。不正が発
覚した際に会社が被るリスクはもちろんのこと、現代では不正を隠蔽し続
けることは困難であり必ず発覚するということを、経営トップ自身が自覚
する必要がある。

　すなわち、インターネットでのツイッターやフェイスブック、匿名掲示

－248－

板（２ちゃんねる等）などへの書き込みを通じて、内部告発に晒される危険性は、以前とは全く異なる環境の変化であるといえる。

　また、公益通報者保護法の制定によって、公益通報をした労働者が保護される法制も整備されている。このように現代では「不正を隠しとおすことはできない」ということを社内的に啓蒙することも、このような犯罪の防止につながるであろう。

会計用語等チェック

■有価証券報告書
　☞コラム「有価証券報告書」・250

（檜山正樹）

有価証券報告書

　有価証券報告書とは、金融商品取引法24条の規定に基づいて提出が義務付けられている開示書類で、毎事業年度終了後3月以内に提出が求められています。有価証券報告書の提出が義務付けられるのは、上場会社をはじめとした、株主や投資家といった利害関係者の多い企業になります。

　有価証券報告書には、企業の概況、事業の状況、経理の状況といった開示情報が記載され、経理の状況の記載部分は、公認会計士の監査を受けなければなりません。また、同様の開示書類には計算書類がありますが、計算書類は会社法435条の規定に基づくものであり、その法的根拠は異なるものです。

　金融商品取引法の規定に基づく開示書類は、有価証券報告書の他に半期ごとの開示が求められる半期報告書と、四半期ごとの開示が求められる四半期報告書があります。

　半期報告書は、有価証券報告書提出会社のうち、四半期報告書を提出しない会社（非上場会社）等が、その事業年度が6月を超える場合に、6月終了後3月以内の提出が義務付けられている開示書類です。有価証券報告書と同様、経理の状況の記載部分は公認会計士の監査を受けなければなりませんが、その意見表明の目的は「有用性意見表明」であり、有価証券報告書における「適正性意見表明」よりも、その保証の程度は低いものとされています。

　他方、四半期報告書は、上場会社が、その事業年度が3月を超える場合に、3月終了後45日以内の提出が義務付けられている開示書類です。四半期報告書は、有価証券報告書及び半期報告書とは異なり、連結子会社がある場合は連結情報の開示であ

COLUMN

り、記載内容も簡略化されています。

　また、経理の状況の記載部分は、公認会計士による監査ではなく、限定的な手続によるレビューを受けることとなっており、その保証の程度は、「適正性意見表明」や「有用性意見表明」よりもさらに低いものとされています。

　これらをまとめると、下記のとおりとなります。

保証の程度	報告書の種別	意見表明の形式	
高	有価証券報告書	積極的形式	適正性意見表明
↓↑	半期報告書		有用性意見表明
低	四半期報告書	消極的形式	

（高橋和則）

各 論
裁判例の分析・解説

3 資金調達

各論〔裁判例の分析・解説〕

■架空増資■

17 新株払込金の流出を秘して増資・資本増強がされた旨を社外の者が役員らを通じて公表した行為が「偽計」に当たるとされた事例—ペイントハウス事件（東京地判平成22・2・18判例タイムズ1330号275頁）

【事案一覧表】

事件のポイント	増資払込金の大半を何らの対価なく直ちに社外に流出させることを予定し、現に流出させたにもかかわらずその情を秘し、増資払込金の流出を外観上資産取得のための支払に偽装して行ったTDnetによる公表行為の違法性
関係現行法令	金融商品取引法158条・197条1項5号・198条の2、刑法18条・25条1項
起訴された者	A社の代表取締役で実質的にB組合を統括管理しているX
結　　論	Xの行為は、偽計を用いた罪に当たるとして有罪との1審判決が言い渡された。 X：懲役2年6月、罰金400万円（労役場留置1日1万円）、懲役刑につき4年間執行猶予、追徴金3億147万7028円
裁判の経過	控訴審：東京高裁平成22年1月30日判決（判例誌未登載）　控訴棄却 上告審：最高裁平成23年3月23日決定（判例誌未登載）　上告棄却（確定）
その他参考事項	株式会社ペイントハウス（以下「P社」という）は、平成22年4月16日付で破産手続開始決定を受けた。

－254－

17 ペイントハウス事件

【当事者関係図】

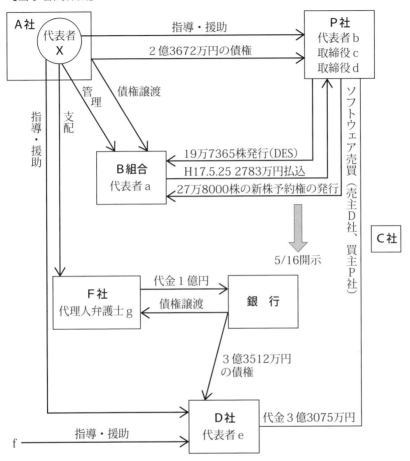

各論〔裁判例の分析・解説〕

〔資金の流れ〕

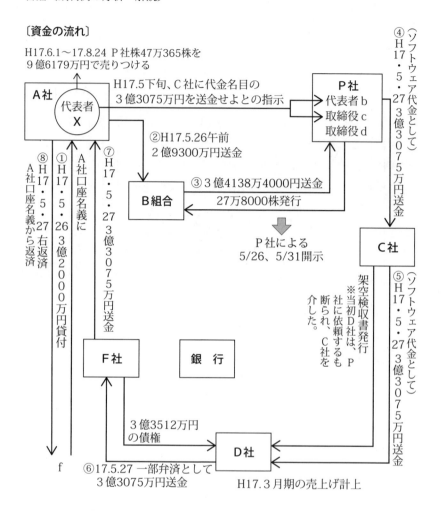

17 ペイントハウス事件

| 1 | 事案の概略 |

(1)　XはP社に対し、事業再生・継続のための援助を行っていたが、P社は、70億円の債務につき取引銀行から期限の利益喪失通知を受け、同銀行が社債管理会社となっていたP社発行の130億円の転換社債についても期限の利益の喪失通知がされ、約200億円の一括弁済を迫られる事態に陥った。

(2)　これによりP社は、上場廃止の危機に陥ったため、Xは、P社の上場廃止の回避のために、Xが管理するB組合を引受人とした第三者割当増資（本件増資）を行い、上場廃止を回避する等の計画を立て、P社役員らにこれを受け入れさせた。

(3)　Xは、本件増資において、P社の授権枠の上限となる47万365株の新株を発行することとし、Xが代表を務めるA社がP社に対して有する額面2億3622万円の債権をB組合に譲渡してこれを株式化する方法（DES）により19万2365株の増資を実行した。さらに、残りの27万8000株はB組合を引受人とする新株予約権の発行により行うこととした。

(4)　Xは、平成17年5月6日、本件増資の内容及び増資の理由（不採算店舗の撤退、経常運転資金の必要等）等をTDnetにより公表した（5月6日開示）。

(5)　Xは、経営指導をしていたD社に対し、同月末までにP社に対してシステムを納品するよう指示をする一方、P社に対し、同システムを購入するよう指示をした。このシステムは、実際は他社向けのシステムを直したもので3億円の価値はなく、P社にとっても利用価値のないシステムであった。

(6)　その後、Xは、A社として同月26日にｆから3億2000万円を借り入れ、同日午前中には、B組合に送金し、新株27万8000株の払込金として、3億4138万4000円をB組合からP社の別段預金口座に送金した。

(7)　さらに、Xは、同月27日には、P社役員をしてP社から、C社を

-257-

各論〔裁判例の分析・解説〕

介してD社に対して上記システム代金として3億3075万円を送金させた。
加えて、D社をして、D社に対する3億3512万円の債権を1億円で買い
取ったF社（Xが実質的に支配）に対し、同日、3億3075万円を一部弁済
させ、同金員を、F社からA社口座に送金させた。Xは、同日中にA社の
口座から、fに対して、前日に借り入れた3億2000万円を返済した。

　(8)　Xは、P社役員らをして、同月26日、本件増資がされたこと及び
B組合が筆頭株主となったこと等をTDnetで公表させた（5月26日開示）。

　(9)　また、同月31日には、同月26日に新株発行及び新株予約権の行使
による資本増強が行われたこと等についてTDnetで公表させた（5月31日
開示）。

2　時系列

年　月　日	本件に関する事情
H16.5	X、D社(旧商号E社)に対して指導助言を開始。 D社、平成17年3月中間決算において経常損失が2億円から3億円となる見通しとなった。
H16.8	P社、大幅な債務超過となる。
H16.10	X、P社の依頼を受け、P社の事業再生・継続のための事業援助及び資金援助を開始。
～H17.1	事案の概略(1)事実
H17.2～H17.4	事案の概略(2)(3)事実
H17.5.6	事案の概略(4)事実
H17.5	事案の概略(5)事実 25日、Xは、B組合名義で278万円を払い込み、27万8000株分のP社の新株予約権を取得した。また、Xは、fに対して、3億2000万円の借入を申し込み、「2日か3日で返せると思う」と発言した。
H17.5.26	事案の概略(6)事実、事案の概略(8)事実

－258－

H17.5.27	事案の概略(7)事実
H17.5.31	事案の概略(9)事実
H17.6.6	D社→Ｐ社　不動産検索システム及びメールアーカイブシステム納品。 Ｐ社担当者→D社　利用価値のある何らかの対価物の給付を求めた。
H17.6.1～ H17.8.24	Xは、B組合名義で取得したＰ社株合計47万365株を合計９億6178万5248円で全て売り抜けた。
その後	D社は、平成17年５月27日にＰ社から送金を受けた３億3075万円をC社による架空の領収書を利用するなどして、同年３月の売上げに計上し、同月中間決算が黒字であった旨虚偽の公表をした。

3　裁判所の認定と判断

【罪となるべき事実】（適用法令：証券取引法197条１項５号・158条・198条の２）

　Xは、Ｐ社発行の新株の払込金（以下「増資払込金」という）を、真実は、直ちに社外に流出させるものであるのにその情を秘して、Ｐ社が増資により相応の資金を確保したかのような虚偽の事実を公表して、株価を維持しようと考え、

　Xは、平成17年５月26日、B投資事業組合を通じてＰ社に新株予約権の払込金を払い込み、Ｐ社役員らをして、同払込による増資がされた旨の虚偽の事実をTDnetで公表させ（以下「５月26日開示」という）、

　Xは、Ｐ社役員らをして、同月27日、ソフトウェア購入代金名下で上記払込金のほとんどをＰ社外に流出させたうえ、同月31日、上記新株予約権行使により27万8000株の資本増強がされた旨の虚偽の事実をTDnetで公表させ（以下「５月31日開示」といい、５月26日開示と合わせ「本件開

各論〔裁判例の分析・解説〕

示」という）、

　もって、有価証券の売買のため、及び有価証券の相場の変動を図る目的
をもって、偽計を用いたものである。

【予備的訴因による認定】

　主位的訴因における「あたかも当該払込によって相応の資本充実が図ら
れたものであるかのような虚偽の事実を公表させ」た旨の公訴事実につき
払込や増資自体を無効とするに足りる証拠がないとして、１審は予備的な
訴因により上記認定をした。

【事実認定の補足説明の要点】

(1)　本件開示により公表された事実の虚偽性の認定の要点

　①本件開示と５月６日開示内容を併せ見れば増資払込金は、不採算店舗
の撤退や経常経営資金等に当てられると考えられるのが通常と思われるこ
と、②平成17年６月６日にＤ社からＰ社に対して納品されたシステムは、
Ｐ社にとって何ら利用価値のないものであったこと、③その後、Ｐ社担当
者が、Ｄ社に対して、利用価値のある何らかの対価物の給付を求め、それ
に応じてＰ社のホームページがリニューアルされ、その代金が既払いの３
億3075万円に含まれるとして処理した事実があってもおよそ代金に見合
うものではないこと、④Ｘが別の機会に何度もＰ社に資金供給し、その合
計額が流出した３億3075万円をはるかに上回ること、増資払込金流出の
背景にＰ社の債権者から増資払込金を差し押えられることを回避したいと
のＸの思惑があったとしても、上記売買に実体を備えさせるものではな
い。

　これらのことから、１審は、本件開示がＰ社が27万8000株の増資によ
り資産取得や費用支払等に使用される相応の資金の確保が図られたかのよ
うな錯誤を生じさせる事実の公表であるとし、虚偽の事実を公表して偽計
を用いたものとされた。

(2)　本件開示に対するＸの関与についての認定の要点

　１審は、Ｘについて本件開示をした訳でも本件開示の打ち合わせに参加
したものでもないとしつつ、①Ｘは本件増資に関する開示が通常の事務の

流れによって行われることを当然の前提としていたこと、②Xは、本件スキームを考案し推進した者であり、P社の唯一のスポンサーであったこと、③それゆえ、P社役員らはXに逆らうことができない立場であったことから、P社役員らの道具性を認め、（XとP社役員らとの共謀による共同正犯ではなく）Xによる間接正犯（他人の行為をいわば道具として利用して自己の犯罪を実現する正犯）であるとした。

(3) A社株売買のため及び同社株の相場の変動を図る目的の認定の要点

1審は、XについてP社の時価総額を5億円以上に回復させて上場廃止を回避するため、増資に伴う株価の大幅な下落阻止の目的（株価維持目的）があったと推認できるとしつつ、株価維持目的であっても増資払込金が直ちに流出したことを隠ぺいして、真実が明らかになった場合に想定される本来の相場の動きを変えようとするものに他ならず、公正で自由な証券市場維持の見地から看過できず、「有価証券等の相場の変動を図る目的」に当たると解するのが相当であるとした。

---

4 事案の分析

(1) 不正の発生原因の分析

① 動機及び機会

本件では、Xが援助するP社、D社ともに経営状態が悪く、Xは、両社の経営状態を実際よりもよく見せる必要があった。この点が動機となり、Xが、本件一連のスキームを考案し、P社役員らをして、本件開示をさせることとなったものと考えられる。

また、P社役員らは、P社の唯一のスポンサーであるXに逆らうことのできない状態であった。そして、Xは、P社と並行してD社の経営助言もしており、D社のシステムをP社に納入する名目で資金を還流させることが可能な環境にあった。これらの環境が、XにP社役員らをして本件開示をさせることを可能にしたと考えられる。

各論〔裁判例の分析・解説〕

② 不正が生じることになった要因

Xが、増資払込金を流出させる売買を指示した要因は、XがD社の中間決算の粉飾の必要に迫られていたためと考えられる。現に、本件後にD社の中間決算が黒字であった旨虚偽の公表をしている。また仮に、Xが、D社の経営助言をするにあたって、D社の中間決算の粉飾までの必要を感じていなければ、D社のP社へのシステム販売代金の計上を急ぐ必要はなかったといえるから、このような実体のない売買が行われなかった可能性も否定できない。

③ 不正の正当化

Xとしては、現実に払込金を支払っており、この点で見せ金による払込みや増資の無効を指摘されることはないと考えその後の増資払込金の流出をさせたと思われる。

(2) 追徴の判断

1審は、必要的没収、追徴の範囲については、本件開示により株価の暴落を免れた点を重視し、P社株47万365株の売却代金と本件開示との因果関係を肯定した。

次に、旧証券取引法198条の2第1項ただし書は、取得財産全部を没収、追徴することが犯人に過酷な結果をもたらす場合には、裁判所の裁量により、没収、追徴しないことを許容したものと解釈した。

そして、本件では、平成17年8月3日の開示により株価がおよそ2.5倍上昇したことを考慮し、同開示後のB株売却代金全額を没収、追徴するのはXに酷であるとし、同開示後のB株の売却代金の額のうち5分の3に相当する金額は、没収、追徴の額から差し引くのが相当とした。

(3) 量刑判断で重視された事情

1審は、不利な情状として、①実体のない売買により増資払込金を流出させた点、②実際に株価の下落を阻止した点、③本件犯行との間に因果関係が認められる利得は6億円を超えている点、④証券取引等監視委員会が本件を調査していると察知するや口裏合わせをした点を指摘した。

他方、有利な情状として、①積極的な虚偽の作出をしたのではなく、増

資払込金の流出を秘し、そのようなことがないかのような開示を行わせた点に虚偽があり、犯情はやや軽い、②前科前歴なく、③本件の摘発により相応の社会的制裁を受けており、実刑はいささか酷とした。

(4) 本件の特殊性

1審は、払込や増資自体を無効とする証拠がないと判断しており、仮に公正証書原本不実記載罪で起訴されていたならば無罪となった可能性もある点、見せかけの架空増資で「偽計を用い」たとして起訴された初めての事案である点が本件の特殊性といえよう。

5 不正の防止策・注意点

(1) P社役員らは、社外のXに指示されるまま、本件増資払込金を売買代金名下で社外に流出させる等している。本件では、Xに間接正犯が成立するとし、P社役員らは「偽計を用いた」罪に問われていないものの、社外の人間に会社の意思決定を支配されることは、善管注意義務及び忠実義務の観点からも許されるものではない。

(2) 仮に、P社事業再生をXに依頼するにあたり、弁護士の関与があったならば、少なくとも実体の伴わないシステムの売買により3億以上もの払込金を払込の翌日に社外に流出させることについての危険性（本罪の成立可能性や見せ金等増資が無効とされる可能性）についての指摘があったと考えられる。

(3) 1審は、特に、本件で「およそ実体のない売買」と認定された売買についても、P社の役員らは、唯一のスポンサーであるXからの依頼である以上断ることはできなかったとした。しかし、弁護士の関与があれば、XによるD社の中間決算の粉飾の意図まで見抜くことはできなかったとしても、売買目的物であるシステム価格に見合ったものでなければ、仮に破産手続を選択するに至った場合に否認（破産法160条1項1号）の対象になりかねず、場合によっては役員が詐欺破産罪（同法265条1項4号）に問われる可能性が否定できない行為であるなど、上記取引に対する注意

各論〔裁判例の分析・解説〕

喚起はできたものと考えられる。

(4) そもそも、事業再生が必要な経営状態では、無理な取引が行われ
やすい環境といえる。そうである以上、経営者は、法的整理も視野に入
れ、早期に弁護士の関与を求めるべきであり（企業内弁護士も含め）、そう
することが不正防止に役立つのではないかと考える。

（福本直也）

ペイントハウス事件でなぜ間接正犯という構成がとられたのか

　本事案では、証券取引等監視委員会（ＳＥＳＣ）から犯則被疑者として告訴され、検事から被告人として起訴されたのは、投資顧問会社Ａ社の代表取締役Ｘのみです。上場会社であるペイントハウス社（Ｐ社）は「新株予約権行使により増資がされた」などと虚偽の適時開示を行っていますが、これを実際に行ったのはＰ社役員であったにもかかわらず、Ｐ社役員は起訴されていません。

　つまり、本事案では、Ｘは、共謀共同正犯（２人以上の者で特定の犯罪を行うことを共謀したが、その犯罪の実行行為には参加しなかった者）としてではなく、間接正犯（他人の行為をいわば道具として利用して自己の犯罪を実現した者。本事案ではＸがＰ社の役員を道具として利用し犯罪を実現したというもの）として起訴され、有罪となっているのです。

　本コラムでは、なぜＸが共謀共同正犯ではなく、間接正犯として起訴され、有罪となったのかを考察します。

　まず、本事案は、ＳＥＳＣのレポート（「平成25年６月不公正ファイナンスの実態分析と証券取引等監視委員会の対応」等）によると、ＳＥＳＣが不公正ファイナンスを偽計として告発した初の事件です。ＳＥＳＣは、不公正ファイナンスの典型例として、「業績不振上場企業が、苦し紛れに会社維持等のため第三者割当増資を行うが、実際には、アレンジャーといわれる者が介在して、株価を維持上昇させたうえで割当株式を市場で売却したり、増資企業自身が架空増資を仕掛ける等して、つまり、市場及び投資家を欺き（偽計）、市場から資金をだまし取るも

各論〔裁判例の分析・解説〕

の」を挙げています。第三者割当融資の手法が使われるのは、アレンジャーが安価かつ大量の株式を一挙に手に入れて、上場会社の支配権を得やすいからだと考えられています。このアレンジャーに支配された上場企業は公開市場から資金を調達する道具としての「箱」として利用されるようになっていくので、市場の公平性を確保するため、ＳＥＳＣは不公正ファイナンスを厳しく対処していく姿勢を示しています。

　本事案は、Ｐ社が経営悪化により再建計画を提出しなければ上場廃止となる段階にまで追い込まれたところ、Ｘが、Ｐ社に対し、Ｘが実質的に統括管理していたＢ組合を引受先として第三者割当増資を行うスキームを受け入れさせ、これを実行したうえで、Ｂ組合からＰ社への払込金の大半を社外へ流出させ、他方ではＢ組合が取得した大量の新株を市場で売却して利益を得たというものであり、不公正ファイナンスの典型的な事案でした。Ｘはアレンジャーという立場にある者といえます。

　ここで、共謀共同正犯と間接正犯とでは、背後者が直接に実行行為を担当していない場面でどのようにして区別するかが問題となります。諸説がありますが、実務上は、規範的障害（行為が犯罪であると認識できること）となり得ない他人を道具として利用して自己の犯罪を実現したような場合には間接正犯の成否が検討され、他人が道具になっているとまではいえず、特定の犯罪を行うことにつき共謀の事実が存在するような場合には共謀共同正犯の成否が検討されています。

　本事案では、Ｐ社は約１年前から事業再生・継続のためにＸから指導援助及び資金援助を受けており、適示開示も事前にＸの了承を得て行ってきた経緯があったところ、経営悪化により再建計画を提出しなければ上場廃止となる段階にまで追い込まれ、そのような状況の中、Ｘが上場廃止を回避するスキームを提示し、Ｐ社役員からするとＸが唯一のスポンサーであるためＸの意向に逆らうことができませんでした。

　また、本件適時開示を行ったのはＰ社役員でしたが、Ｘからすると本件スキームを実行する過程において取引所の規則に基

COLUMN

づき、本件の適時開示が通常の事務の流れによって行われることを当然の前提としており、これをP社役員に行わせざるを得ませんでした。さらに、Xは、自らのスキームにより、払込金をP社、D社、F社、A社へと還流させて回収し、虚偽の公表によりP社の株価を維持してB組合が取得した新株を市場で売却したばかりか、自らが経営指導にあたるD社の決算を粉飾させる方法としてP社をいわば「箱」として利用したともいえました。

　他方、本件判決ではP社役員がXにB組合からの払込金を原資としてD社のソフトウェア購入費用に充てることにつき、払込金の使途とされていた費用に充てられなくなることを指摘した際に、Xからその分は別に融資すると言われた事実が認定されています。これにより、P社役員に虚偽の事実の公表を思いとどまる規範的障害が無くなってしまい、Xの道具になってしまったと判断されたのかもしれません。

　本事案において、検事が社外のXのみを起訴し、判決でP社役員を利用した間接正犯として有罪とされたのは、このような事情に鑑み、XのP社の役員に対する支配が「道具」として利用したと評価できる程度に高かったものと判断されたからではないかと考えます。

（柴崎菊恵）

各論〔裁判例の分析・解説〕

■架空増資■

18 相場操縦による株式の売付け―ユニオンホールディングス事件（大阪地判平成22・8・18公刊物未掲載）

【事案一覧表】

事件のポイント	相場操縦によって上昇させた株価に基づいて株式を売り付けた場合の没収・追徴の範囲
関係現行法令	金融商品取引法158条・159条1項1号・同条2項1号・197条1項5号・同条2項・198条の2・207条1項1号
起訴された者	Y社（ユニオンホールディングス株式会社）、代表取締役X
結　　論	信用取引による売付分については、証券取引法198条の2第1項ただし書により、売買差益の限度で没収・追徴の対象とし、他方、かねて入手してあった現物株を売り付けた分については、売付代金の全額を没収・追徴の対象とした。 Y社：罰金3000万円（求刑：罰金3000万円） X：懲役3年、猶予5年、罰金300万円、追徴2億5529万2200円（求刑：懲役3年6月、罰金300万円、追徴11億3804万1500円）
その他参考事項	・平成21年11月24日　証券取引等監視委員会は、Xを株価操縦容疑で刑事告発 ・Y社はT証券取引所二部上場企業であったが、平成22年1月18日付をもって株式を整理銘柄に割り当て、平成22年2月19日付で上場廃止となった。

18 ユニオンホールディングス事件

【当事者関係図】

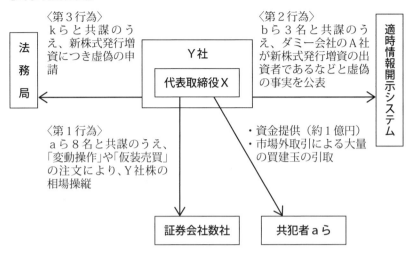

1　事案の概略

　本件は、Xが、仕手師（株価操作で短期に大きな利益を得ることを目的に大量の投機的売買を行う者）であるaらと共謀のうえ、当時のT証券取引所2部上場企業であるY社の株式について、相場よりも高値を指定して大量の売買を繰り返す「変動操作」や売付けと同時に買付けをする「仮装売買」により、Y社の株価を上昇させたうえで、Y社の株式を大量に売り付けた事案（第1行為）、Xが、投資グループであるbらと共謀のうえ、Y社の第三者割当による新株式発行増資につき、虚偽の事実を公表して「偽計」を用いた事案（第2行為）、Xが、kらと共謀のうえ、Yの増資につき虚偽の事実を登記させた事案（第3行為）である。

各論〔裁判例の分析・解説〕

2　時 系 列

年 月 日	本件に関する事情
H18.11	グループ会社の粉飾決算の発覚を契機としてY社の株価が暴落。 aとbは暴落により巨額の損失を被る。
H19.2、 H19.4	Xが2度にわたり、aらに、相場操縦のための資金として合計1億500万円を提供する。
H19.4.13～ H19.4.26	Xは、aら8名と共謀のうえ、10取引日にわたり「変動操作」や「仮装売買」を行う【第1行為】。
H19.12	Y社の株価が大暴落。
H20.2.1	Xは、bら3名と共謀のうえ、ダミー会社のA社を第三者割当てによる新株式発行増資等の出資者とする旨の虚偽の事実を公表【第2行為】。
H20.2.18	Xは、A社からの第三者割当による新株式発行増資の払込金が完了した旨の虚偽の事実を公表【第2行為】。
H20.4.16	Xは、kらと共謀のうえ、法務局でY社につき虚偽の増資を登記させた【第3行為】。
H21.11.24	証券取引等監視委員会が、Xを、大阪地検に証券取引法違反（株価操縦）の容疑で刑事告発（Y社の適時開示）。
H21.12.24	証券取引等監視委員会が、Xを、大阪地検に証券取引法違反（偽計）の容疑で刑事告発（Y社の適時開示）。
H22.1.18	Y社の株式が整理銘柄に割り当てられる（Y社の適時開示）。
H22.2.19	Y社、上場廃止（Y社の適時開示）。
H22.8.18	大阪地裁、有罪判決。

18　ユニオンホールディングス事件

| 3 | 裁判所の認定と判断 |

(1)　罪となるべき事実・罰条

【第1行為】（適用法令：証券取引法197条2項・同条1項5号・159条1項1号・同条2項1号）

　Xは、Y社の株券につき株価の高値形成を図ろうと企て、aら8名と共謀のうえ、証券会社を介し、①相場よりも高値で買い上げるなどの方法により合計946万300株を買い付ける一方、合計777万2400株を売り付け、さらに、大量の下値注文を入れるなどの方法により、合計148万株の買付けの委託を行って変動操作を行い、②合計427万8100株について、売付けと同時に買付けする方法により、仮装売買を行い、よって、Y社の株価を154円から179円に上昇させたうえ、その株価で売買した。

【第2行為】（適用法令：金融商品取引法197条1項5号・158条）

　Xは、bら3名と共謀のうえ、①A社が実体を有さず、Y社の新株式発行増資の払込金4億5981万円等を拠出する資金力もないのに、A社がその新株式発行増資の出資者として拠出するなどの虚偽の事実を公表し、②A社に割り当てられた新株式発行増資の払込金4億5981万円のうち2億481万円は架空の払込であるのに、A社が全額の払込を完了したなどの虚偽の事実を公表し、もって、有価証券の売買のため及び相場変動を図る目的で偽計を用いた。

【第3行為】（刑法157条1項・158条1項）

　Xは、kらと共謀のうえ、法務局において、Y社の資本が122億7986万6418円から125億3900万6418円に増加したなどの虚偽を記載した変更登記申請書等を提出し、商業登記簿の電磁ディスクにその旨の不実の記載をさせて備え付けさせ、もって公正証書の原本としての用に供した。

(2)　量　刑

　Y社は第1ないし第3行為について大筋では争わなかったところ、本件判決は、第1行為ないし第3行為をいずれも有罪と認定したうえで、Xの

各論〔裁判例の分析・解説〕

追徴額として、信用取引分の売買差益相当額1億1516万6200円に、現物株の売付金額1億4012万6000円を加えた2億5529万2200円を言い渡した。

また、本件判決は、Y社に対し、Xによる第2行為につき、金融商品取引法207条1項1号に基づき、Y社に罰金3000万円を言い渡した。

4 事案の分析

(1) 不正の発生原因

① 動 機

Xは、Y社の代表取締役であるところ、Y社のグループ会社の粉飾決算発覚によりY社の株価が暴落し、Y社及びグループ会社の増資による資金調達に苦しむようになっていた。そのため、Xは、Y社の株価を維持・上昇させることによって資金調達を図り、ひいては、自己の支配権をより強固なものにしようとして第1行為に及んだ。

そして、第1行為が株価大暴落により終焉を迎えたことから、そのころ予定していた第三者割当てによる新株及び新株予約権発行の一部失権手続を余儀なくされたものの、改めてこの方法により資金調達を図ろうとしたが、直ちに十分な出資者を確保することができなかったため、資金調達を図り、ひいては、自己の支配権をより強固なものにすることによって自己の利益を図るために第2行為、第3行為に及んだ。

② 方 法

Xは、Y社の資金調達が容易になるよう、Y社の株価の維持・上昇に関心を持っていたところ、Y社の株価暴落により巨額の損失を被ったa及びbが、Y社株につき相場操縦行為により損失の挽回と利得を企てたのに同調して、aらと共謀のうえ第1行為の相場操縦を行った。相場操縦は、共犯者らとともに、綿密な計画の下、多数の協力者を通じ多様な手法を駆使して行われた。

また、Xは、Y社の多数の部下に指示して多種多様の役割を分担させる

-272-

ことにより、ダミー会社A社を設立したうえで、同社を新株の引受予定者とするとともに、新株引受に係る全額の払込があったと虚偽の事実を公表し、第2行為に及んだ。増資に関して法務局で行った登記申請（第3行為）もその一連の流れである。

③　正当化要素

Xは、第1行為につき、aらが相場操縦をしていることを明確に知ったのは逮捕された後であり、市場外取引による大量の買建玉の引取り等を行ったのもaらからこれに応じないとY社株が暴落するなどとして威圧的に迫られたからである旨を供述した。

また、Xは、第2行為及び第3行為につき、Y社の株価暴落後、証券会社から巨額の追加保証金の支払を厳しく追及されるようになり、Y社に対しても破産申立を示唆され、追い詰められたと供述した。

(2)　Xに関する量刑判断で重視された事情

本件判決が量刑上重視した主な点は以下のとおりである。

【加重要素】

いずれの行為もY社の資金調達を図り、自己の支配権をより強固なものにするという自己中心な動機であること、第1行為についてはa、bに対して相場操縦のために約1億円を提供し、市場外取引により買建玉575万株を引き取っていることなど犯行遂行のうえで重要な役割を担っていたこと、第2行為及び第3行為についてはXがY社の多数の部下に指示して敢行した組織的な犯行であり、その首謀者であること。

【軽減要素】

相場操縦によりX自身には直接の個人的利得はなかったこと、第1行為の大筋を認め、第2行為及び第3行為を全て認めていること、第2行為については公表した出資額相当の払込がなされていること、前科前歴がないこと、Y社の代表取締役を解任され、取締役を辞任するなど一定の社会的制裁を受けたことなど。

(3)　Y社に関する量刑判断で重視された事情

Y社は、Xが第2行為に及んだことにつき、金融商品取引法207条1項

各論〔裁判例の分析・解説〕

1号により罰金を科せられることとなったが、その罰金額が判断されるにあたり、会社が責任を認めていること、既に上場廃止となり、また、事業活動の継続に重大な支障が生じるなどの社会的制裁を受けていること、Xと決別していること、経営陣を刷新するなどして再発防止を期していることなどが有利に斟酌すべき事情とされた。

(4) 没収・追徴の金額について

本件では没収・追徴の金額を算定するにあたり、証券取引法198条の2第1項ただし書が適用されるかが争われた。本判決は、当該ただし書は、没収・追徴が過酷な結果をもたらさないように配慮する趣旨であるとし、信用取引で相場操縦が行われた場合、株式買付け・売付けの合算額が膨大なものになりがちであり、買付株式や売付代金が証券会社の担保となっていること、犯人が実際に得られる利益は売買差益相当額に過ぎないことを考慮して、原則として、没収・追徴の範囲は売買差益相当額に限定すべきであるとした。

他方、本件判決は、信用取引ではなく、かねてから有していた現物株を売り付けたものについては、現物株の購入時の資金に相当する価格を控除の対象とせず、売付後の売却代金相当額の全額を没収・追徴すべきであると示した。

信用取引により相場操縦が行われた場合、本判決と同様、当該ただし書を適用して売買差益相当額等に限定する裁判例（東地判平成22・4・5判例タイムズ1382号372頁）も存在するが、これを適用しない裁判例（福岡高判平成23・8・26高等裁判所刑事裁判速報平成23年240頁）も存在する。本事案と同様、信用取引により膨大な数の株式買付け、同売付けが繰り返され、それらの合算額が膨大なものになった事案では、当該ただし書が適用されることもあり得る。

(5) 没収・追徴を科される「犯人」について

Xは、証券取引法198条の2第1項にいう「犯人」には、たとえ共犯者であってもおよそ利得を得ていない者は含まれないと主張した。

これに対して、本件判決は、証券取引法198条の2の趣旨は、健全な証

券市場を確保するため、相場操縦等の犯罪行為により得た財産又はその対価として得た財産等を、当該犯罪に関与した犯人全員から残らずはく奪し、いわゆる「やり得」を許すことがないように例外なく没収・追徴する趣旨であると述べたうえで、没収の対象となる「犯罪行為により得た財産」は、共同正犯者を含む犯人全体が「犯罪行為により得た財産」を意味するものであって、形式上の第一次的な利益帰属者や最終的利益帰属者、さらには、利益の分配にあずかった者が誰であったかは問われないとするのが相当であると認定した。

なお、他の裁判例では、本件判決と同様、共犯者全員から没収・追徴するのが原則としたものの、ある被告人が同財産をすべて取得しており、他の共同正犯者において不法な利益を犯罪に再投資するおそれがないなどの事情が認められる場合には、全て財産を取得した被告人からのみ追徴することも許されるとしているものもある（東京地判平成22・4・5判例タイムズ1382号372頁）。

5　不正の防止策・注意点

本件は、Ｙ社の株価暴落により資金調達に苦しむようになったことから、代表取締役Ｘが、Ｙ社の株価を上昇維持させ、資金調達を容易にするなどの目的で、Ｙ社の株価暴落により巨額の損失を受けた仕手師ａらと共謀して、Ｙ社株の相場操縦等を行ったり、Ｙ社の部下に多種多様な役割を分担させて第三者割当増資について虚偽の事実を公表するなどした事案である。

本事案の分析からは、以下の防止策・注意点が導かれる。

(1)　株価につき操作しない

株価が会社の資金調達に影響を与えるのは事実である。会社が資金調達を図る際、自社の株価に着目し、資金調達が容易になるよう、その維持・上昇に関心を抱くのは当然である。しかし、自社努力（競争力の向上等）、株主・投資家に対するＩＲ、自己株式を適正な手続を踏んで取得するなど

各論〔裁判例の分析・解説〕

して株価の上昇維持を図るべきであり、不公正である方法によって株価を操作することは絶対に許されない。

Xは、相場操縦により株価を上昇したころに第三者割当てによる新株式発行増資を実行して資金調達を行う算段であったが、これがうまくいかず、かかる経営判断の失敗から第2行為、第3行為まで及んでいる。

(2)　適時開示は正確に行う

虚偽の事実を適時開示した場合、株主や投資家の信頼を大きく損なうばかりか、その情報の重要性によっては、上場廃止になる危険性もある。Y社としては、第三者割当てによる新株式発行増資により資金調達を図ろうとして、実質的な出資者を探したものの、これを確保できなかったため、既に公表した増資の一部をやめるのはY社の致命的な信用不安につながるなどと考えて、資金の流れを仮装したうえで、新株引受に係る全額の振込みがあったと虚偽の事実を公表してしまった。

Y社は本件以前から赤字決算であり、本件が直接的な原因であるとは断じ得ないが、その代表取締役Xが本件で逮捕された後、最終的には有価証券上場規程601条1項20号（公益又は投資者保護のため、当取引所が当該銘柄の上場廃止を適当と認めた場合）に該当するものとして上場廃止に至った。

本件判決では、Y社が破綻に瀕したのは、Xの相場操縦への関与を含めた経営判断の失敗によるものであると認定している。

（柴崎菊恵）

公認会計士は何をしているか

　公認会計士は、弁護士や税理士と比べて圧倒的に知名度が低く、会社の経理部の方を除くと、何をしているかあまり知られていません。知っているのは、財務諸表をチェックする人というイメージぐらいではないでしょうか。もちろん、そのイメージは間違いではないのですが、チェックしてOKを出す（適正意見を表明する）までに、実に多くのプロセスを経ているのです。

　上場会社の監査スケジュール（内部統制監査含む）の例から、公認会計士の1年間を簡単に説明したいと思います。

〔公認会計士の1年間〕

7月	
8月	第1四半期レビュー
9月	内部統制監査 全社的内部統制 業務プロセスに係る内部統制（整備状況評価）
10月	
11月	第2四半期レビュー
12月	工場往査
1月	支店往査
2月	第3四半期レビュー
3月	内部統制監査 業務プロセスに係る内部統制（運用状況評価）
4月	実査・立会・確認
5月	期末監査
6月	期末監査（有価証券報告書の検討）

監査計画の策定・修正

各論〔裁判例の分析・解説〕

1 監査計画の策定

監査計画は、おおまかに「監査の基本的な方針」と「詳細な監査計画」の２つに分けられます。監査の基本的な方針は、監査の目的（金融商品取引法に基づく監査など）を明確にし、監査の実施に必要な監査チームメンバーの能力、時期及び人数を明確にします。その後、監査の基本的な方針で識別した事項に対応する詳細な監査計画を策定します。

つまり、基本的な方針を前提に、スケジュール、監査チーム及び監査手続などを決定していくのです。また、監査計画は初期段階で一度定めればよいというものではなく、監査の終了まで常に見直していかなければなりません。

なぜなら、監査対象である会社の状況が、期の途中で大幅に変化したり、監査手続を実施することによって新たに考慮すべき事項が識別されたりするからです。

このとき、初期段階で計画した手続では、十分かつ適切な監査証拠が入手できないと判断されれば、監査計画を修正して手続を実施することになります。

2 第１（2,3,4）四半期レビュー

四半期レビューの目的は、経営者の作成した四半期財務諸表について、一般に公正妥当と認められる財務諸表の作成基準に準拠して、企業の財政状態、経営成績及びキャッシュ・フローの状況を適正に表示していないと信じさせる事項が全ての重要な点において認められなかったかどうかに関し、監査人が自ら入手した証拠に基づいて判断した結果を結論として表明することとされています。

年度の会計監査と比較すると、その保証水準は低く、「質問」と「分析的手続」を中心とした手続を実施して四半期財務諸表の適正性を検討することになります。

具体的な分析的手続には以下のようなものがあり、併せて質問を実施し、財務変動に係る矛盾又は異常な変動の原因を確か

COLUMN

めます。

・前期比較分析

　監査対象会社の財務諸表の数値を前期・前年同期の数値と比較します。最もベーシックな分析的手続であり、著増減の有無及びその原因を調査します。例えば、借入金が大きく増加していた場合は、質問等によりその原因を調査し、「設備投資資金をメインバンクから新規に10億円借り入れたため」という分析結果を調書に記載します。

・回転期間分析

　代表的な回転期間としては、売上債権の回転期間・仕入債権の回転期間・棚卸資産の回転期間があります。これらの回転期間を算出し、前期の回転期間や類似企業の回転期間と比較します。例えば、売上債権が3か月か4か月に延びていた場合、質問等によりその原因を調査し、「当期から取引を開始したA社は売上げから回収まで5か月かかるため」という分析結果を調書に記載します。

　回転期間分析は、財務諸表数値のバランスを検討する単純な手続ですが、粉飾の兆候をつかむのに非常に有効な手続です。粉飾では、費用を資産として計上する手法が用いられることが多く、回転期間分析で回転期間の長期化が生じるからです。

・利益率分析

　売上総利益率、営業利益率や経常利益率など財務諸表の段階損益の利益率を、前期利益率や類似企業の利益率と比較したり、製品、工事契約ごとの利益率を過去の趨勢と比較します。

　分析は、会社の状況、経済状況と照らして異常な利益率を示していないかという観点から行います。

3　内部統制監査

　上場企業の場合、内部統制監査が義務付けられており、監査人は経営者が評価した内部統制の評価結果が適正かどうかを検討します。内部統制監査はおおまかに全社的内部統制の評価と業務プロセスに係る内部統制評価に分けられます。

各論〔裁判例の分析・解説〕

① 全社的内部統制の評価

全社的内部統制とは、財務報告全体に影響を及ぼす企業全体を対象とする内部統制です。つまり、適切な財務諸表を作成するベースがその会社にあるかということを検討します。

具体的な手続としては、各種規程が整備されているか規程集等を閲覧したり、適切な人員の配置とチェック体制があることを質問や資料の閲覧により確認したりします。

② 業務プロセスに係る内部統制の評価

業務プロセスに係る内部統制とは、販売プロセスなど実際の業務として会社内で遂行されるプロセスをいいます。

まず、フローチャート・業務記述書・RCM（リスク・コントロール・マトリックス）を使って、業務の流れ、リスク及び対応する統制活動を理解し、内部統制が適切にデザインされているか検討します。この内部統制のデザインを評価することを整備状況評価といいます。

整備状況評価と同時に、財務報告の信頼性に重要な影響を及ぼす内部統制を統制上の要点として識別します。つまり、適正な財務諸表を作成するのに不可欠な統制活動を、統制上の要点として識別するのです。その後、一年を通して適切に内部統制が運用されているか、統制上の要点をサンプルテストすることで評価します。

この内部統制の運用状況を評価することを運用状況評価といいます。例えば、販売プロセスで売上げの期間帰属に関する統制上の要点として、「出荷伝票と会計伝票を照合して、出荷伝票に照合印を押印する」統制を識別していたとします。運用状況評価の手続として、出荷伝票に会計伝票との照合印があることを、サンプルを抽出してチェックするのです。

ただし、内部統制が適切に整備、運用されていたとしても、100%問題が起こらないわけではありません。内部統制には限界があるのです。判断の誤り、不注意、複数の担当者による共謀によって有効に機能しなくなったり、当初想定していなかった組織内外の環境の変化や非定型的な取引等には、内部統制が必

COLUMN

ずしも対応しない場合があるからです。

　また、経営者は、有効に運用されている内部統制を無効化することによって、会計記録を改竄し不正な財務諸表を作成することができる特別な立場にあります。

　つまり、部下に強制的に不正な会計処理を実行させたり、会計システムでオールマイティ権限を持ったアカウントを使用して仕訳を計上もしくは削除することにより粉飾を行うことも想定されます。

4　工場往査

　会社の状況をより深く理解するために、予算達成度合いや、今後の見込みを質問します。大規模な設備投資が行われた時には、固定資産の実在性を確認するために現場の視察を行います。また、棚卸資産や原価計算などの財務報告に関連する内部統制が工場にある場合が多く、質問や関連資料の閲覧も行います。

5　支店往査

　営業拠点としての機能を持っている場合が多く、売上げに関連する内部統制を理解するために質問や関連資料の閲覧を行います。

6　実　査

　期末日時点での会社の資産を、監査人が実際にカウントします。実査対象の資産としては。現金、受取手形、株券、出資証券などがあります。

7　立　会

　会社が行っている棚卸に立会い、棚卸が漏れなく、正確に行われているかチェックします。会社の棚卸と同時に、監査人がテストカウント（監査人がサンプルでカウントし、帳簿数量と照合すること）を行うこともあります。また、監査人は倉庫の隅々まで観察します。評価減を検討すべき不良品が保管されて

各論〔裁判例の分析・解説〕

いないか確認したり、未出荷売上げ（出荷していないのに売上計上した取引）の在庫がないか確認します。

8　確　認

　監査人が相手先である第三者から、文書による回答を直接入手する手続です。主な確認先としては以下のものがあります。

確認先	確認内容
金融機関	預金残高、借入金残高、取立依頼手形残高、デリバティブ取引、担保提供資産など
証券会社	保有金融商品（株式、債権、投資信託など）の数量及び時価情報など
取引先	債権残高、債務残高、取引条件や契約内容など
弁護士	係争事件の有無、賠償金の発生見込み
退職給付債務	会社の退職金制度に係る退職給付債務額
年金資産	会社の退職金制度に係る年金資産額
外部倉庫	外部倉庫が預かっている在庫数量

9　期末監査

　会計士が最も忙しいのは、3月決算の期末監査がある4月中旬から5月の上旬です。1か月に満たない期間で、期末監査では多くの項目を検討しなければなりません。実査の結果が帳簿に適切に計上されていることを確認したり、棚卸立会で入手した情報が決算に織り込まれているか検討します。また、発送した確認状を回収し、会社の数値と照合する作業もあります。さらに、契約書などエビデンスと会計数値を突き合せしたり、四半期レビューと同様に質問と分析手続も実施します。

　期末監査の最終段階に実施される有価証券報告書のチェックも非常に大切な作業です。有価証券報告書は、決算数値の情報が記載される「経理の状況」だけでも数十ページにもなり、貸借対照表、損益計算書やそれを補足する注記情報で構成されています。外部に開示される書類になるため、金額が誤っていな

COLUMN

いか、記載すべき注記情報が漏れていないかなど、慎重に検討しなければなりません。

　計画された全ての手続を実施し、意見表明の基礎となる十分かつ適切な監査証拠を入手して、有価証券報告書の「経理の状況」に掲げられている情報が全ての重要な点において適正に表示しているものと認めるという監査意見を表明することができるのです。

　このコラムでは、主に会計士が会社に往査したときにする作業を紹介しました。実際には、事務所で行う作業も多くあります。例えば、計画策定時や意見表明時には、監査が適切に行われているかチェックするために監査事務所の審査を受けなければなりません。

　また、会社から会計処理の質問を調べたり、会計処理の留意点を事前に知らせることも監査をスムーズに進めるためには非常に大事なことです。

（大形浩祐）

各論〔裁判例の分析・解説〕

■架空増資■

19「見せ金」による架空増資—駿河屋事件（大阪地判平成 18・10・25公刊物未登載）

【事案一覧表】

事件のポイント	「見せ金」の手法を用いて資本金等の変更登記手続をした行為の違法性
関係現行法令	刑法157条1項（電磁的公正証書原本不実記録罪）、158条1項（電磁的公正証書原本不実記録供用罪）、会社法208条1項（出資の履行）
起訴された者	株式会社駿河屋（以下「A社」という）の代表取締役X₁ A社の取締役経理部長兼総務部長X₂ B社の代表取締役X₃（C社代表取締役を兼任）
結　　論	X₁、X₂及びX₃は、いずれも電磁的公正証書原本不実記録罪及び同供用罪で有罪。 X₁：懲役2年、執行猶予4年（求刑懲役2年） X₂：懲役1年6月、執行猶予3年（求刑懲役1年6月） X₃：懲役2年、執行猶予4年（求刑懲役2年）
その他参考事項	・本件増資手続後、A社がB社に対して、本件増資に用いた資金の返還を求めて提起した民事訴訟において、本件増資の払込金がB社側に全額還流されていたことが発覚した。 ・12億円が翌営業日に返済されたこと等から、架空増資を知っていた可能性があるとして、D銀行本店の捜索もなされた。 ・その後、A社は、平成17年1月に上場廃止に至り、平成26年1月には民事再生法の適用を申請したが、事業停止に至り、同年5月に破産手続を進めることとなっ

－284－

19　駿河屋事件

| た。 |

【当事者関係図】

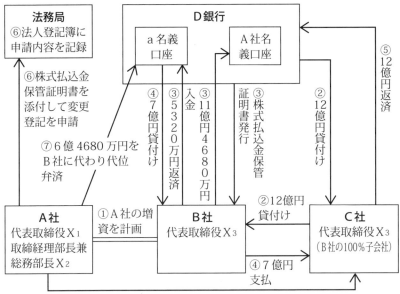

1　事案の概略

　創業が室町時代とされる老舗の和菓子屋であって本件当時は和洋菓子の製造販売等を営んでいたA社の代表取締役X₁及び取締役経理部長兼総務部長X₂が、投資顧問業等を営む会社（以下「B社」という）及びその100％子会社（以下「C社」という）両社の代表取締役を兼任するX₃とともに、株式払込取扱銀行（以下「D銀行」という）におけるA社の第三者割当増資に係る株式払込を仮装して法人登記簿原本に不実の記録をさせてその法人登記簿原本を法務局に備え付けさせた行為につき、電磁的公正証書原本不実記録罪及び同供用罪で有罪とされた。

各論〔裁判例の分析・解説〕

2 時系列

年 月 日	本件に関する事情
H15.4.1	T証券取引所2部で新たな上場廃止基準（株式時価総額10億円未満を上場廃止とするもの）が施行され、A社は、その施行日から9か月以内に基準を満たさないと上場廃止の見通しとなったため、B社を引受人とする第三者割当の方法により新株940万株を1株122円（払込金総額11億4680万円）で発行する増資手続を計画した。
H15.10.1	A社とB社との間で第三者割当増資の基本合意を締結した。 しかし、その払込期日にB社は資金調達ができなかったために増資は延期となり、さらにその延期後の払込期日にもB社は資金調達ができなかったために増資は再延期となった。
H15.11.14	A社とB社が、増資の払込期日を12月12日に再々延期した。
H15.12.12	X3とaが、12月15日にaがB社に7億円を貸し付ける契約を締結した。 C社がD銀行から「翌営業日（月曜）に返済する」との約定かつD銀行のa名義通知預金7億円にD銀行のC社に対する債権を担保するための質権設定のうえで12億円を借り入れた。 その12億円は直ちにC社からB社に転貸され、B社は、11億4680万円をA社新株940万株の株式払込金としてD銀行に入金して株式払込金保管証明書の発行を受ける一方、5320万円を直ちにaに一部弁済し、12億円全額を費消した。

－286－

H15.12.15	C社は、A社から5億円をC社営業譲渡代金として受領する一方、D銀行のa名義通知預金7億円につき質権解除を受けB社名義口座を経て同7億円を受領し、D銀行に12億円を完済した。 A社は株式払込金から上記5億円を差し引いた6億4680万円をE信用金庫のA社名義通知預金口座に振り込み、aのB社に対する債権を担保するための質権設定をした。
H15.12.18	A社は、発行済株式の総数が1060万株から2000万株に、資本金の額が5億3000万円から11億0340円にそれぞれ変更された旨の株式会社変更登記申請書を株式払込金保管証明書とともに提出して新株発行による変更登記を申請し、法務局が法人登記簿の原本として用いられる電磁的記録に記録した。
H15.12.26	X3は、B社が資金調達をしてA社の預金に設定された質権を消滅させるとA社に約束していたが、資金調達ができなかったため、A社は、aから質権の解除を受けaのB社に対する債権6億4680万円の代位弁済を強いられた。 その結果、上記C社営業譲渡代金5億円と合わせて、株式払込金11億4680万円全額がA社から流出することとなった。
H16.4	A社がB社に対して本件増資に用いた資金の返還を求めて民事訴訟を提起。
H16.11	X1、X2及びX3が本件増資に関して逮捕。
H17.1.7	A社につき、T証券取引所とO証券取引所が上場を廃止。
H26.1.17	A社が民事再生法の適用を申請。
H26.5.29	A社が事業停止に至り破産手続に移行。

各論〔裁判例の分析・解説〕

3　裁判所の認定と判断

(1)　罪となるべき事実・罰条

架空増資による資本金等の変更登記手続（刑法157条1項・158条1項）である。

X₁、X₂及びX₃が、A社の常務取締役bとB社の取締役cと共謀のうえ、11億4680円についての株式払込を仮装したうえ、D銀行から株式払込金保管証明書の発行を受け、法務局に内容虚偽の株式会社変更登記申請書を提出し、商業登記簿の原本として用いられる電磁的記録にその旨の不実の記録をさせて公正証書である商業登記簿の原本として供用させた。

(2)　裁判所の判断

1)　概　要

X₁、X₂及びX₃の各弁護人は、①株式払込は有効である（本件増資は架空であるとはいえない）、②Xらには株式払込が無効であるとの認識はない（電磁的公正証書原本不実記録罪、同供用罪所定の故意はない）として争ったが、本判決は、株式払込金に相当する「実質的な資産」がA社に帰属していたものと評価できないことを重視し、①株式払込は無効であり、かつ、②Xらには株式払込が無効であるとの認識があったと認定した。

2)　株式払込の有効性

イ　営業譲渡に関する5億円分の資産に関する株式払込

外形的にはA社が5億円を原資としてC社から営業譲渡を受けたとされており、5億円分の株式払込が有効と見る余地はある。

しかし、本件では、以下の理由により、当初払い込まれた5億円が現にA社に帰属しているのと同視し得るような営業その他の財産の移転があったものとは認められず、5億円分についての株式払込は無効である。

・営業譲渡契約書では基本的な事項（最終的な譲渡代金額、譲渡の時期や方法等）がほとんど確定しておらず、契約の成立すら疑われる。

・営業譲渡につき法定の手続要件（A社及びC社の株主総会特別決議、C

社の民事再生事件が係属する裁判所許可）を充足していない。

- ・B社は2億数千万円程度でC社を買収し、C社営業利益は約3843万円であり、C社営業の客観的価格が5億円であるとは考えられない。

ロ　質権設定に関する6億4680万円分の資産に関する株式払込

　質権設定が一時的で速やかに解除されることが確実であれば、質権設定に関する6億4680万円分の株式払込が有効と見る余地はある。

　しかし、本件では、以下の理由により、aのために質権が設定された預金債権については実質的な資産と評価することはできず、6億4680万円分についての株式払込は無効である。

- ・質権設定の時点において、B社及びC社は自力で質権を解除できるような財務状況にはなかった。
- ・現に、X3は質権解除のための資金を調達することができず、A社は、aのB社に対する債権6億4680万円の代位弁済を強いられた。

3）　株式払込の無効性の認識

イ　営業譲渡に関する5億円分の資産に係る株式払込の無効性の認識

　Xら3名は、5億円分を営業譲渡代金として処理して最終的にD銀行本店に還流させるスキームに係る営業譲渡契約が内容希薄であったこと、株主総会の特別決議等の法定の手続が行われていないことの認識があった以上、営業譲渡代金として処理された5億円分についてはA社に実質的な資産が帰属していないことを認識していたと認められる。

ロ　質権設定に関する6億4680万円分の資産に係る株式払込の無効性の認識

　質権設定された預金債権が一般的に直ちに会社資産として使用できないことは明白であるから、Xら3名は、その質権設定の事実を認識している以上、特段の事情がない限り、質権設定に関する6億4680万円の預金債権がA社の実質的な資産ではないことを認識していたと認められる。

各論〔裁判例の分析・解説〕

4 事案の分析

(1)「見せ金」による架空増資の特徴

①「見せ金」とは

一般に、「見せ金」とは、出資者が、払込取扱金融機関以外から出資に係る金銭の払込に充てる金銭を借り入れ、株式払込金保管証明書を取得した後、出資を受けた会社が直ちにこれを引き出し、自己の借入金の弁済に充てるものをいう。

②「見せ金」による株式払込は無効とされ得ること

「見せ金」による株式払込を行っても、株式払込金保管証明書を取得した直後に金員を引き出して直ちにこれを返済等に回すため、増資を行った会社としては、対外的に増資が行われたように仮装するにとどまり、自由に利用できる金員が手元に残らず、株式払込は無効とされ得ることになる。

(2) 不正の発生原因

① 動 機

A社は、X_1が代表取締役に就任した後も経常損益は赤字が続いており、銀行から新規融資は行わない旨を通告され、経営改善に向けた新規事業計画も行えない状況にあった。また、T証券取引所2部の新たな上場廃止基準（株式時価総額10億円未満を上場廃止とするもの）に該当することとなり、9か月以内に基準を満たさないと上場が廃止される見通しとなっていた。

X_1には、本件増資を行うことで、A社の経営改善に向けた事業計画を実施し、T証券取引所2部の上場廃止も避けたいという動機があった。

② 機 会

X_1は、A社の副幹事証券会社（以下「F証券」という）より、B社がA社の資本・業務提携に応じる用意があるとしてX_3の紹介を受けたところ、X_3としても本件増資によるA社株式の取得を利用してB社資金を確保したいと考えていた。

$-290-$

X1にとっては、利害関係が一致するX3の強い協力が得られる状況が、本件スキームによる増資手続を行う機会そのものであった。

③ 正当化要素

イ　経営の改善及び上場廃止の回避

本件増資がなされないと、A社の経営改善は難しくT証券取引所2部の上場も廃止される見通しであり、増資はA社の存続にとってほとんど不可欠といえる状況にあった。

X1は、会社の存続のための増資は許されるはずだという発想になり、この点が不正の正当化要素になったものと考えられる。

ロ　資金調達ができるとの想定

Xらは、X3が資金調達に成功してA社預金に関する質権設定が速やかに解除されることにより、本件スキームによる増資は問題なく完了するものと想定していた。

資金調達の可否に関するXらの甘い見通しが、不正の正当化要素になったものと考えられる。

(3)　有罪認定で重視された事情

本判決は、株式払込が無効であること（架空増資であること）の認定にあたり、①本件増資手続の内容がそもそも架空のものと推定できること（D銀行からC社に対する12億円の貸付けは、翌営業日になされた弁済までが全てD銀行本店で内部処理され、その12億円はD銀行本店の外部に流出することがなかったこと等）、②本件増資手続後の状況からも本件増資が架空のものと推定できること（A社は営業譲渡を受けたC社の飲食店の運営を現実に行ったことが一切なかったこと等）を重視したものと考えられる。

(4)　量刑判断で重視された事情

本判決は、①Xらの行為は、関連会社の営業譲渡契約をしたり個人投資家や払込取扱銀行以外の金融機関を介在させたりする等、複雑なスキームで増資を仮装するという計画的かつ巧妙なもので悪質であること、②本件新株は940万株（払込金総額11億4680万円）とA社の発行済株式総数の5割近くに上り、A社がT証券取引所第2部及びO証券取引所第2部に上場

各論〔裁判例の分析・解説〕

していたことから商業登記簿に対する公の信用を著しく害したことを主な加重要素とした。

しかし、③Ｘらがそれぞれの職を辞して一定の社会的制裁を受けていること、④Ｘらには前科がないこと（業務上過失傷害による罰金を除く）に加えて、⑤金融取引のプロであり増資手続について精通するＦ証券やＤ銀行が、法的知識を十分に有しないＸらに対して適切な言動をしなかったばかりか、本件スキームの形成過程に深く関わって、ときに主導的な立場にあったと見る余地すらあり得ることを相当の軽減要素としており、この⑤の点はＸらに執行猶予が付されたことの大きな理由となったものと考えられる。

なお、会社の代表取締役として本件で主導的立場にあったＸ₁及びＸ₃の責任は、Ｘ₂より重いものとされた。

5　不正の防止策・注意点

本事案の分析からは、以下の防止策・注意点が導かれる。

(1)　実現可能な増資計画を立てる

Ｘ₁らは、Ａ社の増資につきＢ社の株式払込が立て続けに２回も失敗しているにもかかわらず、時間を空けることなく、本件増資を強行している。

Ｂ社は本件増資の後の資金調達にも失敗したため、Ａ社は、Ｂ社に新株を取得されただけという状況（Ａ社は、新株を発行したにもかかわらず、手元に株式払込金が全く残らないという状況）に陥ることとなった。

増資を行う際は、実現可能な増資計画を立てることが必要であり、第三者割当増資の際は、その第三者の資力を慎重に見極めることが重要である。

(2)　複数の専門家より助言を受ける

本件では、増資手続について十分な法的知識を有するＦ証券やＤ銀行の助言等をＸらが信用したことは、有罪認定を妨げる事情とはされておら

ず、あくまで量刑で考慮されるにとどまっている。

　すなわち、本判決は、Ｆ証券やＤ銀行の担当者が本件スキーム形成過程に深く関わり主導的な立場にあったと見る余地すらあり得るとしながら、Ｆ証券やＤ銀行は結局のところ営利を目的とする私企業に過ぎず、公に法令の解釈運用の職責を負っているわけではないとして、Ｘらがその指示等に漫然と従ったとしても、Ｘらの故意は否定されないとしている。

　本判決からは、証券会社や銀行の担当者の説明を信じたとの主張は犯罪の成否との関係では考慮されていないと思われる。

　増資を行う際に複雑なスキームを組む場合は、法的観点からの精査を要するものと考えて、複数の専門家（弁護士、会計士、税理士、証券会社、銀行等）より助言を受けることが重要である。

（石﨑弘規）

各 論

裁判例の分析・解説

4 資金運用

各論〔裁判例の分析・解説〕

■インサンダー取引■

20　インサイダー取引－村上ファンド事件（最決平成23・6・6判例時報2121号34頁）

【事案一覧表】

事件のポイント	株の大量買付けの決意表明を聞いたうえで株式を買い付けた行為とインサイダー取引の成否
関係現行法令	金融商品取引法167条1項～3項、金融商品取引法施行令31条
起訴された者	Y社及び同社の実質的経営者X
結　　論	Y社は、罰金2億円の判決を受けた。 Xは、懲役2年、罰金300万円、執行猶予3年、約11億4900万円の追徴の判決を受けた（求刑は懲役3年）。
裁判の経過	・1審（東京地判平成17・7・19商事法務1030号20頁）は、Y社につき罰金2億円、Xにつき懲役2年、罰金300万円、約11億4900万円の追徴の判決（実刑）。 ・2審においては、Xにつき執行猶予が付された。 ・本件は「公開買付けに準ずる行為」に関するインサイダー取引の成否が争われた事案であるが、控訴審は、成立の要件である「公開買付け等を行うことについての決定」（金融商品取引法167条2項）について、「主観的にも客観的にもそれ相応の根拠を持って実現可能性がある」といえて初めて「決定」に該当すると判断した（東京高判平成21年・2・3判例タイムズ1299号99頁）。
	・本件に先立つ「株式の発行」に関するインサイダー取引の成否が争われた事案において、最高裁は、成立の要件である「株式の発行を行うことについての決定」（同

－296－

| その他参考事項 | 法166条2項1号)について、「当該株式の発行が確実に実行されるとの予測が成り立つことは要しない」と判断した(最判平成11・6・10金融・商事判例1072号16頁)。 |

【当事者関係図】

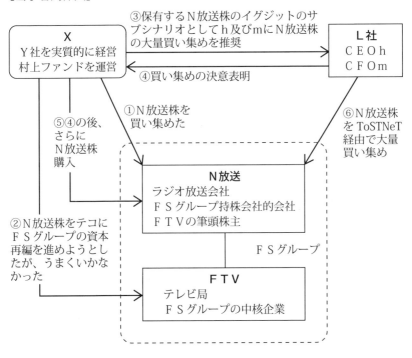

1　事案の概略

　本件は、XがL社によるN放送株の大量買集めを事前に知ったうえで、実質的経営者を務めるY社が運用する投資事業組合等(以下、Xが統括していた会社等を「村上ファンド」という)の名義でN放送株合計193万3100株を買い付けた行為が、金融商品取引法167条3項に規定するインサイダ

各論〔裁判例の分析・解説〕

一規制に違反するか否かが争われた事案である。

　N放送は、同社を含むFSグループの持株会社的な役割を担っていたラジオ放送会社であり、FSグループの中核的なテレビ局であるFTVの筆頭株主であった。一方、L社は、インターネット関連事業等を目的に設立された事業会社であり、代表取締役兼最高経営責任者（以下「CEO」という）であったh及び取締役兼最高財務責任者（以下「CFO」という）であったmは、「放送と通信の融合」を目指してFTVの経営権を取得することを目的の1つとして、L社をして東京証券取引所のToSTNeT経由でN放送株の大量買集めを実施したものである。

　かかる大量買集めによりN放送株は高騰し、村上ファンドはN放送株を売却することによって多額の利益を得ている。

2　時系列

年　月　日	本件に関する事情
H11.10ころ	Xは、N放送とFTVの関係を「資本関係のねじれ」であるとして着目し、N放送を投資対象とした。
H13.8.13ころ	Xは、N放送の経営陣と面会し、FSグループの再編を提案。
H15.3以降	Xは、FTV会長に対して、繰り返しFTVとN放送との間の資本関係の是正を迫る。
H16.3ころ	村上ファンドが議決権を有する株式の株式総数に対する割合が16.64%となった。
H16.5〜6	XはN放送に対し、村上ファンド側の者3名を社外取締役に選任するよう要求したが、N放送は要求とは異なる候補を選任した。
	N放送株主総会が開催され、XがN放送の資本政策について問いただしたが、議長が遮るようにして議事を終了させた。

H16.6.28	これを受けて、Xは、ＦＳグループが自ら率先して資本再編に動くとは考えにくいと判断し、村上ファンドが保有するＮ放送株のイグジットについてサブシナリオの検討を始めた。
H16.7.2	Ｙ社は、サブシナリオとして、Ｒ社社長であるmtに対し、村上ファンドの保有するＮ放送株の売却を持ちかけた。
H16.9初め	mt はＹ社に対して、上記申出に断りの意思を伝えた。
H16.9.15	村上ファンド及びＬ社のＮ放送株に関する会議（以下「本件会議」という）①が実施された。
H16.9.15〜11.8	h及びmは、議決権総数の３分の１を目標にＮ放送株を購入するための作業等を行っていく旨の決定をした。
H16.10.19まで	mらは、Ｎ放送株の大量買集めのための資金として、外資金融機関のＣＳ社からの借入資金の200億円とＬ社の自己資金100億円余りを確保する見込を抱いていた。
H16.10.25	mはＬ社取締役等の役員の職を辞任した。
H16.11.8	本件会議②が実施された。
H16.11.9〜H17.1.26	Xは、Ｙ社が運用する投資事業組合等の名義で、Ｎ放送株合計193万3100株を価格合計99億5216万2084円で買い付けた。
H16.12上旬	mは、ＣＳ社からの借入れが難航したため、Ｌ社従業員に対し、エクイティ調達を指示した。これを受けて、同月17日、外資証券会社ＬＢ社はＬ社に対し、最大500億円の資金調達を可能とする転換社債発行の提案を行った。
H16.12.26	mはＬ社の取締役に復帰した。
H17.1.6	本件会議③が実施された。
H17.1.17	ＦＴＶは、Ｎ放送株について、１株5950円でＴＯＢを行う旨公表した。
	Ｌ社からXに対し、Ｎ放送株を保有する外国人株主の紹介

各論〔裁判例の分析・解説〕

H17.1.28	を要請する内容の架電があった。かかる要請を受けたことから、Xは、村上ファンドにおける以降のN放送株の買付けを停止した。
H17.2.8	L社は、ToSTNeT経由で、村上ファンド及びXから紹介を受けた外国人株主から、N放送の発行済株式総数の約35％を取得した。
H17.2.10	Xは、N放送株157万8220株を1株平均8747円で市場にて売却するなどして多額の利益を上げた。

3 裁判所の認定と判断

(1) 罪となるべき事実・罰条（金融商品取引法167条3項）

①　L社のCEOであったh及びCFOであったmは、平成16年11月8日までに、東京証券取引所市場2部に上場されていたN放送株の総株主の議決権数の3分の1以上を購入するための作業等を行っていく旨の決定をした（以下「本件決定」という）。

②　金融商品取引法167条3項は、公開買付等関係者から「公開買付けに準ずる行為の実施に関する事実」の伝達を受けた者による株券等の取引を規制している。

③　金融商品取引法施行令31条は、会社の総株主の議決権数の5％以上の株券等の買集めを「公開買付けに準ずる行為」と定めており、①の「総株主の議決権数の3分の1以上の購入」は、当然に上記「行為」に該当する。

④　金融商品取引法167条2項は、「法人の業務執行を決定する機関」が「公開買付けに準ずる行為」を「行うことについての決定をしたこと」を、同行為の「実施に関する事実」としている。

⑤　Xは、平成16年11月8日の本件会議②の場において、mが「資金のめどが立ったので、具体的に進めさせていただきたい」旨の発言をし、

－300－

ｈ及びｍがＮ放送株の３分の１の取得を目指す旨の決意表明をするのを聞いた。

⑥　Ｘは、本件決定の伝達を受けたにもかかわらず、平成16年11月９日から平成17年１月26日までの間、Ｙ社が運用する投資事業組合等の名義で、Ｎ放送株合計193万3100株を買い付けた。

(2)　裁判所の判断

インサイダー取引の成否が争われた本件において、主要な争点は、「公開買付けに準ずる行為の実施に関する事実」の伝達があったとされる平成16年11月８日時点で、「公開買付けに準ずる行為を行うことについての決定」があったか否かという点であった。

かかる「決定」の有無に関し、最高裁は、

①　実際に決定をしたｈ及びｍが「決定する機関」であったか否か

②　決定における実現可能性の要否

の２つの観点から判断をしたうえで、Ｙ社及びＸを有罪とした。

4　事案の分析

(1)　本事案の特殊性－Ｘ₂の主体性－

Ｘは、事業規模の小さいＮ放送が事業規模の大きいＦＴＶの筆頭株主であるという「資本関係のねじれ」に着目し、平成11年10月頃からＮ放送を投資対象とし、同社株を買集めていた。しかし、Ｎ放送株をテコにしたＦＳグループの（ＦＴＶによるＮ放送の完全子会社化を含む）資本再編の働き掛けについて芳しい進捗が見られない中、平成16年６月末頃から、保有していたＮ放送株に関してイグジット方法を模索し始めていた。

そして、Ｘは、イグジットのサブシナリオの検討を契機として、Ｌ社の最高幹部たるｈ及びｍにＮ放送株の大量買集めを働き掛けた。かかる経緯からすれば、本事案は、「大量買集め」に関する事実をたまたま「聞いてしまった」ケースにおけるインサイダー行為の成否が争われたような事案とは根本的に異なるものであり、Ｘの主体性は、有罪認定及び量刑判断に影

各論〔裁判例の分析・解説〕

響を及ぼしているといえる。

(2) 有罪認定で重視された事情

① h及びmは「法人の業務執行をする機関」に該当するか

弁護人は、「法人の業務執行をする機関」はL社の取締役会であり、h及びmが当時のL社の2名の非常勤取締役から「決定」についての権限の付与を受けていなかった以上（しかも、mは平成16年10月25日から12月26日の間は取締役の職を辞していた）、h及びmは、「法人の業務執行をする機関」に該当しないと主張した。

これに対し、最高裁は、hはL社のCEOとして業務全般を統括し、mはCFOとして財務面の責任者（取締役ではない期間においても実質的な財務面の取り仕切りを行っていた）であった一方で、2名の非常勤取締役は、h及びmの経営判断を信頼して企業買収に向けた資金調達等の作業の遂行を委ねていたと認められるため、h及びmは、N放送株の大量買集めを行うことについて実質的にL社の意思決定と同視されるような意思決定を行うことのできる機関であるとして、L社の「業務執行を決定する機関」に該当すると判断した。

② 本決定は金融商品取引法167条2項の「決定」といえるか

弁護人は、「公開買付け等を行うことについての決定」といえるためには、当該公開買付け等について、それ相応の実現可能性があるといえる場合に限られると主張し、控訴審では（被告人らを有罪としつつも）かかる判断基準が採用された。

これに対し、最高裁は、インサイダー取引における判断の基準として、「公開買付け等を行うことについての決定」をしたというためには、「公開買付け等の実現可能性が全くあるいはほとんど存在せず、一般の投資者の投資判断に影響を及ぼすことが想定されない」場合を除き、「公開買付け等の実現を意図して、公開買付け等又はそれに向けた作業等を会社の業務として行う旨の決定がされれば足り、公開買付け等の実現可能性が具体的に認められることは要しない」としたうえで、本件会議②以前に発生した以下の事実に照らし、「決定」があったとした。

－302－

■ 　本件会議①の場で、Xは、h及びmに対し、N放送株の3分の
1を取得すれば、村上ファンドが保有するN放送株18%と合わせ
て、同社の経営権を掌握でき、たとえ失敗しても、FTVによる
N放送株の公開買付けなどに応じればリスクはないなど、N放送
株の大量買集めを働きかけた。

■ 　かかる働きかけを受けたh及びmは、N放送株の3分の1の買
集めに強い興味を持ち、その実現のための資金調達や具体的方策
の検討をL社従業員らに指示した。従業員らの検討も踏まえて、
h及びmは、平成16年11月8日までに、3分の1を目標にN放送
株を購入するための作業等を行っていく旨の決定をした。

■ 　本件会議②の段階でN放送株の5%の取得には約98億円が必要
であったところ、平成16年10月19日までの時点で、mらは、N放
送株の大量買集めのための資金として、外資金融機関のCS社か
らの借入資金の200億円とL社の自己資金100億円余りを確保する
見込を抱いていた(ただし、実際の資金調達は別の方法であった)。

■ 　本件会議②において、X2は、mが「資金のめどが立ったので、
具体的に進めさせていただきたい」旨の発言をし、h及びmがN
放送株の3分の1の取得を目指す旨の決意表明をするのを聞いた。

(3) 量刑判断で重視された事情

　1審判決は、Y社につき罰金3億円、Xにつき懲役2年の実刑判決とす
るもので、控訴審はかかる量刑は重過ぎるものとして、Y社につき罰金2
億円、Xにつき3年の執行猶予を付し、最高裁においてもかかる量刑を維
持している。ここでは、控訴審判決における量刑判断を見ていきたい。

　控訴審判決は、Xが、本件会議②において「決定」の伝達を受けた「当
初からインサイダー情報を利用して利得を得ようとしたものではな」く、
当初は、「インサイダー情報に該当するとの認識自体も強いものではな」か
ったなどと、Xのインサイダー情報の認識の「薄さ」を情状事実として取
り込んだうえで、明確なインサイダー情報との認識のない期間に購入した

各論〔裁判例の分析・解説〕

N放送株が大半（193万3100株中159万9190株）を占めていることなどから、１審の量刑を重過ぎるとした。

一方で、平成17年１月６日に実施された本件会議③におけるやり取りとして、控訴審は、「Ｌ社から、Ｘらに対して、エクイティによる調達を証券会社と500億円という金額で進めている旨の説明がなされた事実」や「ｈが、Ｎ放送株について『ＴＯＢどうですか。』との話を切り出したところ、Ｘが、『ちょっと待て、ＴＯＢなんていうな。』といってｈの発言を止めたとの事実」を認定したうえで、かかる事実等からすれば、Ｘは本件会議③の時点で「Ｌ社がＮ放送株の大量取得に向けて現実に動き出していることを明確に認識したというべきである」として、この時点以降に株を買い進めたことについて強い非難をしている。

すなわち、控訴審判決は、本件会議③以降のＸのＮ放送株買付行為を非難しつつ、「決定」の伝達があったとされる本件会議②から本件会議③より前の時点における買付け行為については、比較的犯情を軽いものとしている。このことをもって、控訴審（及びその量刑を維持した最高裁）が、公訴事実記載の本件会議②時点における伝達及び故意を認定しつつも、同時点におけるインサイダー取引の認定には若干でも「座りの悪さ」を抱いていたという推論を導き出すのは、空想に過ぎるというべきであろうか。

5 不正の防止策・注意点

本事案の分析（及び会社関係者の禁止行為（金融商品取引法166条）について判示した最判平成11・6・10刑集53巻５号415頁）からは、インサイダー取引を行わないために、以下の防止策・注意点が導かれる。

(1) 会社の実質的意思決定主体であるかを慎重に検討

上記最高裁判決は、「決定」の主体を会社法等に規定される権限者ではなく、実質的な意思決定主体と捉えている。

したがって、「決定」主体の当否の判断は形式的に行うのではなく、当該会社の意思決定を実質的に行うことができるか否かという点から慎重に検

討するべきである。

(2) 「ホラ話」と切り捨てない

本件で最高裁が「決定」には「実現可能性」を要しないという基準を採用している以上、会社の実質的意思決定主体等から金融商品取引法規定の事項に該当する情報が伝達された場合には、インサイダー情報に該当する「決定」と認識して、当該「決定」に係わる取引を行うことを控えるべきである。

確かに、最高裁も、「実現可能性が全くあるいはほとんど存在せず、一般の投資者の投資判断に影響を及ぼすことが想定されない」場合には、かかる「決定」には当たらないとしている。しかし、現実には、「公開買付け等」が実現された事後にインサイダー取引として事件化されるのが通常であるから、実現された時点から遡って、伝達の時点で「実現可能性」が不存在であったなどと認定され得る事態は事実上想定し難い。

したがって、仮に（ビッグマウスの）経営者による意思表明が、たとえ荒唐無稽に聞こえたとしても、「ホラ話」として切り捨てるべきではないといえよう。

（長谷川雅典）

各論〔裁判例の分析・解説〕

COLUMN

証券取引等監視委員会、国税局と捜査機関の連携について

　証券取引等監視委員会（ＳＥＳＣ）は、「市場の番人」と呼ばれ、市場の透明性・公平性を確保するため、相場操縦、インサイダー取引、粉飾決算等取引の公正を害する事件（犯則事件）につき調査・告発を行っています。金融商品取引法（以下「金商法」という）や犯罪による収益の移転防止に関する法律（以下「犯収法」という）は、犯則事件の調査をＳＥＳＣ職員の固有の権限とし、具体的には、任意調査権限として、犯則嫌疑者又は参考人に対する質問、犯則嫌疑者等が所持し又は置き去った物件の検査、犯則嫌疑者等が任意に提出し又は置き去った物件の留置等を規定し、強制調査権限として、裁判官が発行する許可状による臨検、捜索及び差押えを規定しています。

　実際の調査は、金融庁組織規則に基づき、ＳＥＳＣの事務局特別調査課に所属する証券取引特別調査官が担当しており、同課には出向した検事のほか、公認会計士、弁護士等が所属しています。出向検事の中には指導官という立場で、犯則事件の告発に向けて、個々の事案を分析・組立て、不足証拠の収集を指示するなどして事件の取りまとめを担当する者もいます。

　上記調査の結果、ＳＥＳＣが犯則の心証を得たときには、慣例として警察ではなく、地検検事宛に告発を行うとともに領置・差押物件を引き継ぎます。ＳＥＳＣは、告発にあたり、地検の財政経済係検事（特捜部がある地検では特捜部に当該担当検事が置かれている）と事前に検討・協議するのが一般的です。告訴後、地検検事は、ＳＥＳＣから引き継いだ領置・差押物件を分析してＳＥＳＣとともに事案の解明を図りますが、その手

－306－

COLUMN

段として強制捜査として被疑者を逮捕したり、裁判所の許可状を得て捜索差押えを行うこともあります。

同様に、国税局も、納税秩序を維持するため、脱税につき自ら査察調査・告発を行います。この調査・告発は国税局の査察部が担当していますが、国税犯則取締法は、査察官の任意調査権限として、犯則嫌疑者又は参考人に対する質問、犯則嫌疑者の所持する物件、帳簿、書類等の検査、犯則嫌疑者が任意に提出した物の領置等を規定し、強制調査権限として、裁判官が発行する許可状による臨検、捜索及び差押えを規定しています。

一般的には脱税の容疑がある者につき、国税局の査察官が内偵調査を行った後、悪質な犯則事件について裁判官の許可状を得て捜索差押えを行い、これにより得られた証拠を精査し、犯則嫌疑者等に対する質問等により調査を行ったうえで、告訴するかどうかを検討して、地検検事宛に告発するという流れを踏んでいます。

上記告発までの過程で、国税局は、財政経済係検事等と犯則事件を検討・協議して地検と連携をとっています。国税局の査察部の作業（一斉捜索差押え、物読み等）のノウハウを学ぶため、国税局査察部査察官と検察事務官の人事交流も行われています。

担当検事は、ＳＥＳＣが告発した事件や国税局が告発した事件に関する捜査が終わった後、刑事処分を決定しますが、もともと告発された事件はＳＥＳＣらにより選別された悪質な事案ですので、捜査の結果、犯則被疑者のうち起訴すべき者と起訴するに値しない者を選別することがあっても、略式命令請求、公判請求により公訴を提起するのが一般的です。

（柴崎菊恵）

各論〔裁判例の分析・解説〕

■相場操縦■

21　出来高を操作する目的での自己両建取引と馴合取引
　—大阪証券取引所事件（最決平成19・7・12刑集61巻5号456頁）

【事案一覧表】

事件のポイント	出来高を操作する目的の自己両建取引と馴合取引の違法性
関係現行法令	金融商品取引法159条1項3号及び同項7号・197条1項5号
起訴された者	大阪証券取引所（以下「A取引所」という）の副理事長X（平成11年6月以前は専務理事）
結　　論	Xの行為は、証券取引法159条1項3号及び同項8号、同法197条1項5号に該当し、有罪との控訴審判決が言い渡された（確定） X：懲役1年執行猶予3年
裁判の経過	1審：大阪地裁平成17年2月17日判決（刑集61巻5号479頁） 　X：無罪 控訴審：大阪高裁平成18年10月6日判決（刑集61巻5号506頁）（一審破棄） 　X：懲役1年執行猶予3年　※「結論」に同じ 上告審（本決定）：上告棄却
その他参考事項	現物株ではなく、株券オプションに係る仮装取引につき証券取引法（現・金融商品取引法）159条1項3号及び同項柱書の意義を明らかにした初めての最高裁決定

－308－

【当事者関係図】

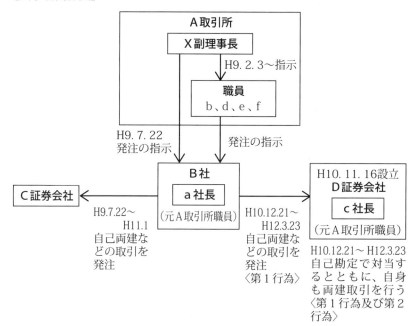

1　事案の概略

　本件は、A取引所の副理事長（平成11年6月以前は専務理事）であったXが、共犯者らと共謀のうえ、A取引所に上場されている株券オプションにつき、自己両建取引（同一人が、同一銘柄の株券に関する買いと売りのオプションを、同時に同一価格で取得するという取引で価格変動が生じないもの。第1行為）及び馴合取引（投資家等の第三者に誤解を生じさせ、利益を得る目的で、予め他人と通謀して売買を成立させる取引で相場操縦等に用いられる手法。第2行為）を行った事案である。

各論〔裁判例の分析・解説〕

2　時系列

年　月　日	本件に関する事情
S63以降	A取引所は、E取引所に対抗するため、日経225等の金融派生商品（デリバティブ）に市場としての活路を見出す。
H元.12	日経平均株価が最高値となる。その後、バブル経済崩壊へ。
H4.12以降	A取引所の主力商品であった日経225が規制を受けるようになり、A取引所は経営的にも苦境に立つ。
H9.7	単独上場させようとしたA取引所の働きかけが叶わず、当時の大蔵省の裁定により、A取引所とE取引所にそれぞれ株券オプションが上場されて取引開始。Xは、A取引所の元職員aにB社を設立させ、同社に指示して株券オプション取引を発注することを考える。
H9.7.18	株券オプションの取引開始初日、出来高の合計はA取引所が上回るが、重複銘柄の中にはE取引所の出来高が多いものあり。
H9.7.22	Xは、B社へ発注の指令を出し、B社が株券オプション取引を発注。
H9.7.23以降	Xは、A取引所職員らにB社への発注の指令を担当させるようになる。
H9.8以降	Xは、A取引所職員bを異動させてB社への発注の指令を担当させる。
H9.8.18	C証券会社が、B社の自己両建取引につき仮装の取引の疑いがあるとして拒否。Xはbとの間で、新規と新規ならよく、同時に同じ値段で取得したオプションの建玉を解消するのでなければ、戻しと戻しの取引でもよいと確認。
H10.1.7	Xは、bに対し、「レッグを立てろ（売建玉は買い向えのために、買建玉は売り向えのために）」などと指示。

－310－

21 大阪証券取引所事件

H10.6	Xは、D証券会社設立の目途が立ち、bもA取引所の前職に復帰することとなったため、bに建玉を整理するように指示。
H10.11.16	D証券会社が設立され、元A取引所常任理事cが社長に就任。 そのころ、Xは、cに対し「B社からの注文にD証券会社が自己勘定で向かえ」などと指示。
H10.12.21以降	Xから指示を受けたbらがB社の担当者に発注を指示するなどして、B社は、C証券会社だけでなくD証券会社を通じて、株券オプションの自己両建取引を行うようになる【第1行為】。 他方、D証券会社も、B社の注文を受託しつつ、これに自己勘定で対当するのみならず【第2行為】、D証券会社自身の勘定で両建取引も行うようになる【第1行為】。
H11.2以降	B社は、D証券会社を通じてのみ株券オプションの自己両建取引を行うようになる。
H11夏	Xは、自己勘定での両建取引を続けることに難色を示すcに対し、「こっちのいったとおりやってくれ」などと伝える。
H12.3	A取引所の理事会において、Xが、理事会の承認を経ずに、B社やD証券会社等のA取引所関連会社を設立していることなどが問題視される。
H12.3.23	B社によるD証券会社を通じた株券オプション取引が終了。
H14.4	A取引所がXを背任の疑いで大阪地検へ刑事告発。のちに不起訴処分。
H15.7.25	証券取引等監視委員会が、X、c、A取引所、D証券会社を金融商品取引法違反（相場操縦）の疑いで大阪地検へ刑事告発（証券取引等監視委員会ＨＰ）。 大阪地検、Xにつき起訴⇒本事案

-311-

各論〔裁判例の分析・解説〕

H15.8.5	証券取引等監視委員会は、Ａ取引所及びＤ証券会社につき行政処分を行うように勧告（同委員会ＨＰ）。

3　裁判所の認定と判断

(1)　罪となるべき事実・罰条

　Ｘは、Ａ取引所が開設する市場に上場されている株券オプションにつき、投資家にその取引が繁盛に行われていると誤解させようと企て、数名の者と共謀のうえ、Ａ取引所において、第１行為と第２行為に及んだ。

【第１行為】（適用法令：証券取引法159条１項３号・197条１項５号）

　平成10年12月21日～平成11年10月28日、252回にわたり、合計３万7931単位の株券オプションにつき、Ｄ証券会社ないしＣ証券会社を介したＢ社の自己両建取引又はＤ証券会社の自己両建取引の方法により、オプションの付与又は取得を目的としない仮装の取引をした（現・金融商品取引法159条１項３号・197条１項５号）。

【第２行為】（適用法令：証券取引法159条１項８号・197条１項５号）

　平成10年12月21日～平成12年３月23日、341回にわたり、合計７万2624単位の株式オプションにつき、予めＢ社の発注担当者とＤ証券会社の発注担当者が通謀のうえ、Ｂ社の委託注文の発注と同時期に、Ｄ証券会社の自己勘定による注文がその相手方となるべく、それと同一銘柄の株券オプションにつき、同価値の発注を行うことにより、馴合取引を行った（現・金融商品取引法159条１項７号・197条１項５号）。

(2)　争点に関する判断

　Ｘは、第１行為につき、自己両建取引が証券取引法159条１項３号の「オプションの付与又は取得を目的としない仮装の有価証券取引」に該当するか、第２行為につき、価格操作の目的を有していないので、同条１項柱書の「取引が繁盛に行われていると他人に誤解させる等これらの取引の状況に関し他人に誤解を生じさせる目的」に該当するかを争った。

－312－

1審は、①第1行為につき、現物株の仮装売買（同条1項1号）とは異なり、株券オプションの新規の自己両建取引によりそれ以前にはなかったオプション（予約完結権）という権利が新たに発生する点等を重視して、同一人の同時期、同一対価での両建取引であっても、同項3号に該当する取引であると解することはできないとし、②第2行為につき、同項柱書にいう目的は相場操縦すなわち価格操作の目的を含むものでなければならないとして、その目的を有しないXは同項8号による処罰の対象とすることはできないと認定し、無罪とした。

　他方、控訴審は、①第1行為につき、自己両建取引の後においてオプション上の権利義務関係が存続しこれらが各別に処分されるという事情はオプション取引自体の仮装性の判断に影響しないとして、同項3号に該当するものとし、②第2行為につき、実際の需要に基づかない架空の出来高を信頼してオプション取引に参入した者の被る損害が決して小さいとはいえない事情等を述べたうえで、同項柱書の目的の存在を認定し、同項8号に該当するとして、有罪とした。

　上告審である本決定は、上記控訴審の判決を支持して、Xの上告を棄却した。

4　事案の分析

(1)「株券オプション取引」について

　「株券オプション」とは、原資産である個々の現物株式（現株）を、予め定められた期日に、予め定められた価格で、買い付ける権利（コール）あるいは売り付ける権利（プット）のことである。

　「株式オプション取引」は、現株ではなく、これらの権利を売買することであり、株券オプションの買い手は、このような権利を取得する対価として、売り手に対し「プレミアム」と呼ばれるオプション料を支払う義務がある。他方、売り手はプレミアムを受け取った後はそれに従う義務がある。

各論〔裁判例の分析・解説〕

　その取引の決済方法として、満期日に権利行使又は権利放棄する方法や、満期日が到来する前に反対取引（自らが買い付けたオプションをオプション市場で売却する「転売」又は自らが売り付けたオプションと同一銘柄をオプション市場で買い付ける「買戻し」）する方法がある。権利が行使されても、権利が放棄されても権利義務関係は満期日に必ず消滅する。

　株券オプション取引は、買付けの場合にはオプション料だけで取引を行うことができるため比較的少額から投資できるとともに、予想とは異なる方向へ相場が動いても先物取引などと異なり、最大損失がオプション料までに限定されていることなどのメリットがあるとされている（大阪証券取引所ホームページ参照）。

　オプション価格は、原株の株価と同じように、買い手が多ければ値段が上がり、売り手が多ければ下がるのが基本である。

(2)　不正の発生原因

①　動　機

　現物株においては、Ｅ取引所への一極集中の傾向により、Ａ取引所は圧倒的に劣後する状況が続いた。そのため、Ａ取引所は、Ｅ取引所に対抗するため、諸外国で認められていた株券オプションを経営再生の切り札としてＡ取引所に単独上場させようとしたが、これが叶わず、Ａ取引所とＥ取引所の両市場で同時期に株券オプション取引が開始されることとなった。

　Ａ取引所としては株券オプション取引についてもＥ取引所への一極集中の傾向となる事態を避けたいと考えていたところ、Ａ取引所の役員であるＸは、Ａ取引所における株券オプション取引をＥ取引所のものに勝たせるため、Ａ取引所におけるオプション取引の出来高をＥ取引所のものより上回る事実を作出する目的で犯行に及んだ。

②　方　法

　Ａ取引所の役員であるＸは、Ａ取引所の理事会の承認を得ずにＡ取引所の関連会社としてＢ社やＤ証券会社を設立したうえで、本件犯行の際、これを利用するとともに、専務理事または副理事長という地位を利用してＡ取引所職員ｂらにＢ社やＤ証券会社への発注の指令を担当させるなどし

－314－

て、約1年3か月間にわたって仮装取引及び馴合取引を行った。証券取引等監視委員会からは、A取引所の内部管理体制の充実・強化を図る必要性を指摘されており（同委員会HP）、内部管理体制が不十分であったことに乗じた犯行であったと推測される。

　③　正当化要素

　Xは、A取引所の役員としてA取引所がE取引所に負けてはならないと考えて本件犯行に及んだと供述し、私欲を図るためではなく、A取引所のために犯行に及んだことや、相場操縦や価格操作が目的ではなく、出来高をE取引所より上回らせる目的で犯行に及んだことを理由として、自己の不正行為を正当化しようとした。

(3) 有罪認定で重視された事情

　本事案は、自己両建及び馴合によるオプション取引であり、この取引を行った特定銘柄の買い手と売り手の人数には差が生じないため株価に変動がないものと考えられる。ただ、オプション取引における市場の流動性は投資家が取引を行うかどうかの判断要素になっているため、架空に作り上げられた出来高を信頼して投資家が当該銘柄のオプション取引に入る弊害をどの程度重視するかにより、無罪か有罪かの結論が分かれたものと推察される。

(4) 量刑判断で重視された事情

　本決定では量刑につき述べていないが、控訴審が量刑上重視した主な点は以下のとおりである。

　仮装取引と馴合取引による相場操縦は金融商品取引法により禁止されているが、これまで相場操縦事案の裁判例では、価格操作を企ててその結果として自己が利得を得ようとした事案がほぼ全てであるところ、本事案では価格操作を目的としておらず、自己が利得を得ようとしなかった点が考慮されて、執行猶予を付されたものと推察される。

【加重要素】

　A取引所自体が違法な取引の場となっており、その社会的影響力は著しいこと、犯行態様は組織的かつ巧妙であること、約1年3か月の長期間に

各論〔裁判例の分析・解説〕

わたっていること、仮装取引等も規模が大きいこと、計画を立てた首謀者であること

【軽減要素】

　私利を図るものではないこと、これまでＡ取引所の発展のために努力を尽くしてきたこと、前科前歴がないことなど

5　不正の防止策・注意点

　本事案はＡ取引所の役員の主導によりＤ証券会社等を介して仮装取引又は馴合取引が行われた事案であるが、証券取引等監視委員会の検査によりＤ証券会社につき指摘された事項を併せて考えると、以下の防止策及び注意点が導かれる。

(1)　役員に対する監督機能を充実させる

　Ｘは、Ａ取引所の資金を関連会社であるＤ証券会社等に迂回させる一連のスキームを立案し、これを実行して本件犯行に及んだようである（平成15年８月12日金融庁ＨＰ）。

　１審判決によると、Ｘは、Ａ取引所の理事会の正式承認を得ずにＡ取引所の関連会社としてＤ証券会社等を設立しており、他の役員による監督機能が十分果たせていなかったと推察される。役員に対する監督機能を充実・強化することが必要である。

(2)　検査業務に関する体制を整備する

　検査業務を行う者につき研修等によりその能力を向上させて、人材を確保する。検査の対象とする取引参加者の選定に関して明確な基準を設け、速やかに適切に検査が実施できるようなシステムを構築する。検査を実施した結果により取引参加者に対して行う措置について基準を整備しておく。関係各部署との情報交換も行う。

(3)　関連会社から独立した役員を選任しておく

　Ｄ証券会社は、Ａ取引所の関連会社であるばかりか、社長ｃはＡ取引所の元役員であったため、Ａ取引所の役員であるＸからの違法・不当な指示

－316－

に従い続けるような土壌があった。関連会社からの中立性を確保できるように、独立した役員を一定数選任しておくとよい。

(4) 違法・不当な指示に従わない

関連会社の役員からの指示であっても違法・不当なものには従わない。強い圧力があったとしても刑事罰の対象となり得る。

（柴崎菊恵）

各 論
裁判例の分析・解説

5 社外への資金支出

各論〔裁判例の分析・解説〕

■不正融資■

22 連結子会社から親会社の代表取締役会長に対する巨額不正融資―大王製紙事件（東京高判平成25・2・28公刊物未登載）

【事案一覧表】

事件のポイント	自身が代表取締役を務める連結子会社から長期間にわたり多額の資金の貸付けを受けた行為について、親会社代表取締役会長の責任
関係現行法令	会社法960条1項3号（取締役等の特別背任罪）
起訴された者	代表取締役会長X
結　論	懲役4年（求刑：懲役6年）
裁判の経過	第1審：東京地裁平成24年10月10日判決　結論と同様 控訴審：東京高裁平成25年2月28日判決　控訴棄却 上告審：最高裁平成25年6月26日決定　上告棄却
その他参考事項	平成26年6月23日、本事件を巡る社内処分で顧問を解任されたXの父（平成24年8月に復帰も、平成26年10月に再び解任されている）が、現社長に対し、責任があるかのようなニュースリリースで名誉を傷付けられたとして、新聞への謝罪文掲載と慰謝料1億1000万円を求める訴訟を東京地裁に提起した（平成26年6月23日付日本経済新聞電子版）。

1 事案の概略

(1) A社は、紙板紙・段ボール事業と家庭紙事業を主とし、A社グル

－320－

22 大王製紙事件

【当事者関係図】

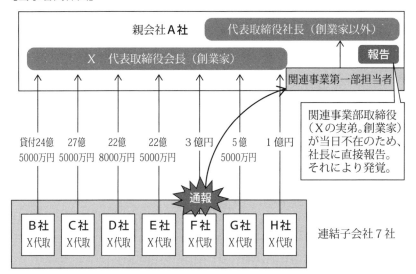

ープ全体で従業員約7500名、年間売上高約4100億円、総資産6850億円の東証１部上場の企業である。

　(2)　Ａ社の代表取締役会長Ｘは、自身が代表取締役を務める連結子会社７社（Ｂ～Ｈ社）の役員に指示し、自己がバカラ賭博で負けた金を支払うため、平成22年５月12日～平成23年９月６日までの間に、合計26回にわたり、貸付金として、合計106億8000万円を支出させた（調査報告書）。本判決の対象は、このうち、平成23年３月～９月の間の合計15回にわたる貸付金合計55億3000万円である。

　(3)　貸付けの方法は、いずれも、事前にＸから各社の役員に電話をして、Ｘが指定する金額をＸ名義の口座か（以下「Ｘ振込」という）、ＬＶＳインターナショナルジャパン名義の口座（以下「ＬＶＳ振込」という）に振り込ませ、あるいは、ファミリー企業に送金させる（以下「ファミリー企業送金」という）ものである。

　(4)　本件は、Ｆ社からの業務報告が端緒となり発覚し、Ｘは、特別背任罪（会社法960条１項３号）で起訴され、有罪となった。

各論〔裁判例の分析・解説〕

2 時系列

年　月　日	本件に関する事情
H22.5.12	B社貸付け①（5.5億円をファミリー企業送金）→同年11月12日返済。
H22.6.1〜8.23	C社貸付け①〜④（合計14.5億円をX振込）。
H22.7	A社経理部担当取締役が貸付けの事実を知る（連結子会社から送られた第1四半期の連結パッケージから）。その後も四半期決算毎に状況を把握。
H22.7.29	A社会計監査人（監査法人）が貸付けの事実を知る（第1四半期決算のための監査中に連結パッケージから）。その後も推移を把握。
H23.1.5〜2.9	B社貸付け②（7億円）、C社貸付け⑥（4億円）、D社貸付け①（6億円）。 （ファミリー企業送金）
H23.1.14〜3.24	C社貸付け⑤⑦（計6億円）、D社貸付け②（3億円）（X振込）
H23.3.31	B社、C社、D社に利息返済
H23.3期末まで	貸付け合計46億円。返済合計5.5億円。
H23.3ころ	A社顧問（Xの実父）に一連の貸付けが発覚。 顧問→Xに指示「X保有株式を売って返済するように」
H23.4.6〜7	D社貸付け③（3.5億円）、C社貸付け⑧（3億）（X振込）
H23.4.14	C社に返済（14億円＋利息）。 X保有のファミリー企業の株式をC社に譲渡、その購入代金を貸付残金に充てる方法による（実質的には代物弁済）。
同上	D社に返済（6億円＋利息）。上記同様の方法による。
H23.4.15	C社に利息返済。
	A社関連事業部担当取締役（Xの実弟）が貸付けの事実を知

– 322 –

H23.4半ばころ	る。
H23.4.20ころ	関連事業部担当取締役→B社　顧問の指示として、「ファミリー企業の株式購入代金を返済に充てる」
H23.4.25	B社に返済（1億円＋利息）。上記同様の方法による。
H23.5.6	会計監査役がXと面談。X「6月末か遅くとも9月末に返済する」
H23.5.26〜8.4	関連事業部担当取締役は、B社等から、Xの株式譲渡による返済の処理方法や貸付残高の報告を受けていた。
H23.6.8	B社に返済（2億円＋利息）。 X保有の連結子会社の株式をB社に譲渡、その購入代金を貸付残金に充てる方法による。
H23.6.15〜6.23	D社貸付け④（3.3億円）、B社貸付け③（7億円）（X振込）
H23.6.22	C社に返済（6億4300万円＋利息）
H23.6.29	取締役会開催。 有価証券報告書の事前配布はなく、前期と異なる部分のコピーのみ配布されその場で回収。本件貸付けが関係する「連結子会社と関係当事者との取引」は配布も説明もなし。
H23.7.1	E社貸付け①（16.5億円をX振込）
H23.7.1〜7.14	D社（3.5億円）・B社（7億円）・C社（2億700万円＋利息）に返済。各会社口座への振込による。
H23.7.14〜19	B社貸付け④（4億円をX振込）、E社貸付け②（2億円をLVS振込）
H23.7ころ	B社→A社ホーム＆パーソナルケア事業部（Xと関わりが深い部署。B〜H社のうち5社はこの事業部に属する）担当取締役より貸付けの報告あり。対応せず。
H23.8.2	E社貸付け③（4億円をX振込）。
H23.8.3	会計監査役がXと定例のヒアリング。X「9月末には返済する」
H23.8.16	D社貸付け⑤⑥（6.5億円をLVS振込。0.5億円をX振込）

各論〔裁判例の分析・解説〕

H23.9.1～6	B社貸付け⑤（1億円）、F社貸付け①（3億円）、G社貸付け①②（合計5.5億円）、H社貸付①（1億円）（X振込）
H23.9.7	F社→関連事業第一部担当者宛メール（Xの個人口座に3億円振込んだ旨の業務上の報告）を契機に、本件貸付けが発覚。
この時点まで	計26回にわたる総額106.8億円の不正融資あり。返済額は、合計47.5億円（＋利息3260万円）で、元金残額は59.3億円。
H23.11.21	A社、子会社7社から85.8億円を不正に借り入れたとしてXを告発。
H23.11.22	東京地検特捜部、子会社4社から計32億円を不正に借り入れたとして、Xを会社法違反（特別背任）容疑で逮捕。
H23.12.13	東京地検特捜部、別の子会社3社から23.3億円を不正に借り入れたとして同容疑でXを再逮捕。
H24.3	Xは、貸付金の約1割を返済。
H24.8	Xは、保有するA社や関連会社等の株式を他に売却し、その代金で本件貸付金を利息も含めて完済。
H24.10.10	東京地裁、懲役4年の判決。同日、執行猶予を求めてX控訴。
H25 .2.28	東京高裁、本件判決

3 **裁判所の認定と判断**

(1) 罪となるべき事実・罰条

　親会社A社の代表取締役社長（平成23年6月から会長）であるとともに同社の連結子会社7社の代表取締役会長でもあったXが、7社の代表取締役社長ないし専務らと共謀のうえ、賭博の支払に充てるなど自己の利益を図る目的で、その任務に背き、必要とされる取締役会の承認決議を経ず、かつ、担保を徴することなく、貸付金を確実に回収するための措置を何ら

－324－

講じないまま、平成23年3月11日～同年9月6日までの間、前後15回にわたり、現金合計55億3000万円を振込入金し、同額を自己に貸し付け、もって、連結子会社7社に財産上の損害を与えた。

(2) 裁判所の判断

Xは、事実関係を争わず、本件借入金（利息も含む）の完済等を理由に、執行猶予付の判決を求めたが、高裁は、次の①～③のXに不利な情状を重視し、1審判決を支持した（上告棄却）。

① 動機・経緯等

Xは、バカラ賭博による負債の支払のため、B～H社から多額の資金を借り入れており、公私を混同すること甚だしい。また、父からの叱責を犯行抑止の機会とせずに犯行を繰り返し、被害を拡大させていったものであり、厳しい批判を免れない。

② 犯行態様の悪質性

創業家長男であり各社の代表取締役社長又は会長としてA社及びB～H社に対し絶対的な支配権を保有していたXは、この地位や権限を濫用し、B～H社の役員に使用目的も告げず、取締役会の承認決議を得ないことを当然の前提として、資金の貸付けを指示した。難色を示す者には、短期間での返済を強調する等して再度指示し、貸付けを実行させており、その任務違背の程度は大きい。

③ 損害・結果の重大性

B～H社の会社規模からして、これだけ巨額の現金が、何らの措置なしに社外に流出したことはそれ自体が大きな損害である。しかも、本件発覚後、金融機関が各会社への融資を留保する姿勢に出たことから、多くの会社では資金繰りがひっ迫する等、経営上深刻な影響が生じた。また、A社は、本件調査等のために決算報告が遅れたこともあり、東京証券取引所において管理銘柄に指定され、上場廃止になるかもしれないという企業存亡の危機に陥り、株価も急落した。さらに、グループ企業のブランドイメージが既存される等、各犯行による影響は広範に及んでいる。

各論〔裁判例の分析・解説〕

④ その他

判決は、Xに有利な情状として、借入金完済の事実、真摯な反省、社会的制裁、これまでの貢献、前科がないことを挙げている。

4 事案の分析

(1) 不正の発生原因

① 動 機

Xは、カジノでバカラ賭博に興じるうち、負けが続き、その負債の支払のため、本件犯行に及んだ。

② 機会（H23.10.27付A社の特別調査委員会の調査報告書による）

イ 創業家の支配構造

A社は、Xの祖父が設立し、父が継ぎ、Xは3代目の代表取締役社長ないし会長である。X、Xの父（以下「顧問」という）及びXの実弟（以下「関連事業担当取締役」という）（以下、三者を「X親子」という）、は、A社の支配株主（ファミリー企業及び連結子会社等を通じた間接保有も含む）であった。また、A社の連結子会社（35社）のうち32社では、親会社であるA社の株保有割合は少なく、X親子、ファミリー企業等が大半の株式を保有していた（ほとんどの会社でA社以外の株主構成は不透明）。

創業家は、A社の支配株主及び連結子会社株式の過半数を保有してA社グループ全体を支配していた。

ロ 人事政策

X親子は、支配株主として、A社グループ全体で人事（連結子会社の役員等の選任等）等の決定を行っていた。例えば、各社の幹部人事案は、まず顧問の内諾を得た後で、通常の稟議に付され正式決定される。顧問へは、全部門から報告がなされており、A社グループではダブルレポーティング体制が不文律となって実行されていた。

ハ コンプライアンス・内部統制・内部通報制度等

コンプライアンスや内部統制の取組み自体はあったが、X親子の権限濫

－326－

用を防止する仕組みは構築されていなかった。内部通報制度もあったが、社内の最終報告者がＸであり、機能しなかった。

ニ　企業風土

Ｘ親子は、Ａ社グループを名実ともに支配し、役員・従業員らは、これらは全てＸ親子のものであると意識し、彼らには絶対服従するという企業風土が根付いていた。

ホ　小　括

以上のような環境の中で、Ｘは絶対的な支配権を有し、子会社の役員でも、その指示に反抗することは困難であった。その結果、本件が発生したと考えられる。

③（主観的）正当化要素

Ｘは、創業家が支配権を有するＡ社グループの子会社からであれば、自己都合で必要な金銭を引き出しても、いずれ返済すれば問題ないと考えていた。

(2)　量刑判断で重視された事情

本判決は、①動機・経緯等、②犯行態様の悪質性、③損害・結果の重大性を重視し、実刑判決を下した。

全額完済しても執行猶予が付かないのであれば、今後、同罪に問われた役員が被害弁償を行うインセンティブがなくなり、かえって被害会社に損害を与えるとの見解もあるが、本判決では、全額完済をした場合でも、その他の事情への非難の度合いによっては実刑判決を受ける可能性があることが示された。

(3)　連結子会社の役員の責任との共謀共同正犯

本判決では、ＸとＢ～Ｈ社の役員との間の共謀が認定されている（Ｘの共犯者であるということ）。創業家であるＸ親子の意向に抗し難いという事情があったとはいえ、Ｂ～Ｈ社の役員は、自身の刑事上・民事上の責任（役員として善管注意義務（会社法330条）、忠実義務（同法355条）を負う）を免れるうえでも、その任務を適切に果たす必要があったとされている点に留意が必要である。

－327－

各論〔裁判例の分析・解説〕

5 不正の防止策・注意点

本件は、ワンマン経営者が暴走し会社を私物化していた事案であるが、このような不正を防止する仕組みとして、以下のような防止策・注意点が考えられる（これらの一部は調査報告書でも、提言としてまとめられている）。

(1) グループ全体の内部統制システムの構築・運営

① 株式保有割合の透明化と持株比率の引上げ

企業集団においてグループ全体の内部統制システムを適切に機能させるためには、連結子会社の株式保有割合をオープンにするとともに、親会社の持株比率を過半数以上に高め、その支配権を確実にする必要がある。これが確実となるまでは、親会社と子会社間で経営委任契約を結んだり、子会社の株主との間で議決権行使に関する株主間協定を結ぶ等して親会社の支配力の存在を明確にしておくことが望ましい。

② 連結子会社の重要な意思決定に対する親会社の関与

子会社における迅速な意思決定という側面にも配慮しつつ、親会社の株主保護の観点から、一定額以上の資金が移動する取引を行う場合には、親会社の承認を要する等の制度を設けるべきである。

③ グループ全体の人事制度の見直し

創業家等一部の者がグループ全体の人事権を掌握するような状況は是正し、適切な意思決定がなされるようにする必要がある。

④ 内部通報窓口の整備

経営者の不祥事についても適切に機能するように、通報先に外部者（弁護士等）を加える必要がある。

(2) 内部監査の充実

① 内部監査組織の充実

業務活動の遂行に対して、独立した立場から内部統制の整備及び運用状況の評価を行う部門を設置する。経営トップ直属とし、グループ企業全体を監査させることが望ましい。

② 知見ある監査役の選任

本件常勤監査役及び社外監査役は、有価証券報告書案を確認し、監査法人から経理状況の報告を受けていたが、「関係当事者との取引」欄に、本件貸付けの事実が記載されていることに気付かなかった。

会社は、業務監査及び会計監査を適正に行うためにも、相当程度、財務・会計に関する知見を有する監査役を選任すべきである。

③ 監査役スタッフの導入

監査役による監査を形骸化させず、実効的に機能させるためには、監査役をサポートする独自のスタッフが必要である。会社は、専従の従業員を配置し、必要に応じて「監査役室」等の部署の設置を検討することが望ましい。

(3) 監査法人による監査方法の改善

監査法人は、役員への多額の貸付け等通常とは異なる資金の動きがある際には、使途の確認や役員への聞き取り調査を行い、必要があれば監査役会に報告し注意喚起を行う等すべきである。役員との力関係や馴れ合い等から適切な対応がなされていない場合には、会社は監査方法の改善等を求める必要がある。

(4) 社外取締役の選任

会社は、独立性を有する社外取締役を選任する等して、業務執行取締役等が株主の利益のために経営を行っているかを監視する必要がある。

(5) 役員・従業員への教育徹底

企業風土改善のためには、社内研修等で法令順守に関する教育を徹底し社員1人1人に自覚を持たせる必要がある。内部通報制度等についても社内へ周知すべきである。

会計用語等チェック

■連結パッケージ

☞コラム「連結パッケージ」・330

（友納理緒）

各論〔裁判例の分析・解説〕

連結パッケージ

　関係会社が連結決算のために親会社に送る基礎情報の総称です。

　親会社が連結財務諸表を作成するために入手する情報は、関係会社の貸借対照表と損益計算書では足りません。多くの場合、「連結パッケージ」として関係会社が作成する資料の一覧及びそのテンプレートを親会社が整備して、決算時に入手しています。

　具体的には、以下のような資料があります。

資　料	説　　明
関係会社間の債権債務明細	関係会社間の債権債務は相殺消去する必要があるため。
関係会社間の取引残高明細	関係会社間の取引は相殺消去する必要があるため。
関係会社から購入した棚卸資産明細	関係会社から購入した棚卸資産に未実現損益が含まれている場合、消去する必要があるため。
関係会社から購入した固定資産明細	関係会社から購入した固定資産に未実現損益が含まれている場合、消去する必要があるため。償却対象の資産の場合は、耐用年数や償却方法なども把握する必要があります。
固定資産の増減内訳	取得額、除却額、減価償却額などを把握して、連結キャッシュ・フロー計算書を作成するため。

　そのほか、担保に供している資産の内訳など、有価証券報告書で必要な注記を行うための大量の基礎情報が必要になります。

COLUMN

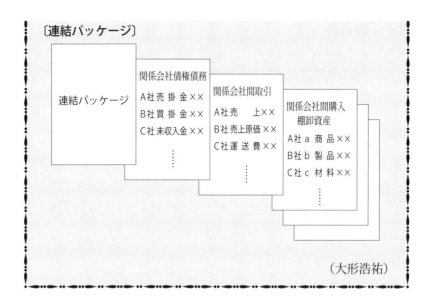

(大形浩祐)

各論〔裁判例の分析・解説〕

■不正融資■

23 回収見込の乏しい巨額の融資—イトマン事件（最決平成17・10・7刑集59巻8号779頁）

【事案一覧表】

事件のポイント	回収見込が乏しいにもかかわらず、自己らの利益を図り、その反面、会社に損害を加えることを認識認容しながら、貸付けを実行し、債権回収を著しく困難にさせて、会社に財産上の損害を加えた行為の違法性
関係現行法令	会社法960条（取締役等の特別背任罪）・963条（会社財産を危うくする罪）、刑法253条（業務上横領罪）
起訴された者	イトマン株式会社（以下「A社」という）の代表取締役X
結　論	代表取締役社長の行為が、特別背任罪等により有罪（確定）。 X：懲役7年（求刑懲役10年）
裁判の経過	1審：大阪地裁平成11年9月9日判決（刑集59巻8号806頁） 　X：懲役7年（求刑懲役10年）※「結論」に同じ 2審：大阪高裁平成14年4月23日判決（刑集59巻8号938頁）控訴棄却 上告審（本判決）：上告棄却
	・本決定の対象とされた事案も含め、1審及び原審では、特別背任罪3件、業務上横領罪1件、自己株式取得罪1件が審理された。 ・1審及び原審では、自ら他の会社を経営するほかA社で常務取締役企画管理本部本部長兼同社子会社代表取締役であった者も起訴され、特別背任罪等により、懲役10年の判決を受けた（求刑懲役12年。本決定と同日付で

－332－

その他参考事項	上告棄却。同日決定最高裁判所刑事判例集59巻8号1086頁)。 ・また、上記常務取締役がA社の子会社の絵画購入において特別背任とされる中で、絵画の売主である会社の支配者とされる者も特別背任の共同正犯として、懲役7年6月及び罰金5億円の判決を受けた(求刑とおり。本決定と同日付で上告棄却。同日決定最高裁判所刑事判例集59巻8号1108頁)。 ・平成5年4月、A社は大手総合商社に吸収合併された。

【当事者関係図】

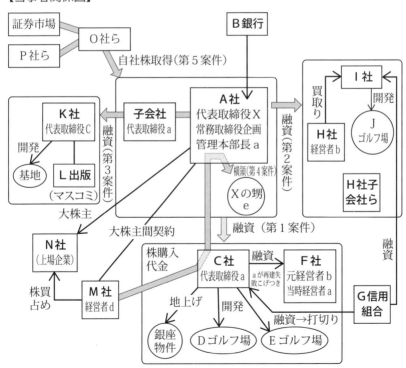

各論〔裁判例の分析・解説〕

1　事案の概略

　本件は、Ａ社の代表取締役社長Ｘが、Ａ社の経営状況が悪化する中、見せかけの利益を計上してでも公表予想経常利益を達成させて自らの地位を保持するため、回収見込の乏しいことを知りながらこうした利益計上に対する協力者等に巨額の貸付けを実行するなどした行為について、3件の特別背任、1件の業務上横領、1件の自己株式取得により有罪とされた事案である。

　なお、本最高裁判決とは別事件で協力者ら（ａ及びｂ）も特別背任等で有罪とされた。Ｘとａとは知人を介して知り合ったが、当時、ａは自ら経営する会社で地上げや開発案件等を手掛けていたことから、Ｘはａに共同事業を持ちかけ、以降両者は急速に接近していった。また、ｂは、自ら経営する会社の簿外債務の処理に際してａと知り合い、後に、相互に資金を融通しあう関係になっていた。

2　時系列

年　月　日	本件に関する事情
M16	Ａ社、創業（法人化はT7）。
S50	Ｘ、Ｂ銀行取締役から転じ、Ａ社の代表取締役社長に就任。
S52	ａ、Ｃ社設立、代表取締役就任。
S53	Ａ社、黒字転換、復配。
S55	Ａ社、仕手筋に株買占めを受けたＮ社を支援、大株主となる。
S59	Ａ社、売上高が漸減ないし伸び悩みへ。
S61〜S63	Ｃ社、銀座物件の地上げ及び岐阜県でＤゴルフ場とＥゴルフ場の開発。

－334－

S62	A社の南青山地上げ案件につき投下資本約850億円が固定化、経営圧迫要因となる。
S62.10	いわゆるブラックマンデー株式大暴落。
	a、bから譲り受け再建に取り組んでいたF社への巨額の貸付金が焦げ付き、資金繰りに窮す。
S63.8ころ	c、経営する雑誌LにA社商法の記事掲載、Xとの面談を要請。
S63.10.26	Xとc、面談。以降cはA社へ融資申込活動。
S63.11	b、実質的に経営するH社にて、ゴルフ場を開発中で経営悪化したI社を買い取る。
H元.2	a、F社の簿外債務処理着手。
H元.7.26	C社、G信組からの融資を打ち切られる。
H元.8.3	Xとaが知り合う。
	d、経営するM社によるN社の株式保有53%に至る。
H元.2.9以降	X、第三者割当引受によるN社株取得を表明する一方、dとの間で、C社を介し、当該株を譲渡する旨合意。
H元.2.9	X、C社の銀座物件関連で肩代わり融資の意向固める。
H元.2.10.13	X、a、d間で大株主間協定書締結。
H元.2.10.13～18	X、N社株売却代金の一部5億円をXの甥eに引渡し【第4行為】。
H元.2.11.20	A社、A社子会社を介し、C社に約465億円融資。
H元.2.7～H2.10.2、H2.11.9及び11.30	X、関係会社名義で、証券市場にてA社の資金約87億円をもって、A社株式約678万株を買い付けさせる。X、関係会社名義で、相対にて、A社の資金各約11億円及び約4億円をもって、A社株式各100万株、50万株を取得【第5行為】。
H2.1下旬	A社、決算見通しにて、予想計上利益130億円に約100億円不足することが判明。
H2.1.31	I社、工事代金未払いのためゴルフ場工事中止される。

各論〔裁判例の分析・解説〕

H2.2.1	a、A社企画管理本部長就任。
H2.3.12	a、A社に対し、残った約230億円の肩代わり融資実行を要求。
H2.3上旬ころ	b、企業買収のため、aにA社からの融資を申し入れる。
H2.4.2	A社、C社に対し、約230億円融資実行【第1行為】。
H2.4.11	A社、I社に対し、約200円融資実行【第2行為】。
H2.6.28	a、A社常務取締役。
H2.7ころ	X、aにマスコミ対策を指示。
H2.9.19ころ	a、cと面談。味方に引き込んだほうがよいとの判断で情報提供依頼。
H2.6.26ころ	c、aに箱根の墓地開発事業名目で40億円の融資要請。
H2.10.9ころ	A社、子会社を通じて、箱根墓地開発事業に約10億円融資実行【第3行為】。
H2.11.8	a、A社及びA社子会社の各役職退任。
H3.1.25	X、A社代表取締役を解任。

3 裁判所の認定と判断

(1) 原審までの罪となるべき事実・罰条

① 第1行為・特別背任（適用法令：商法486条）

　平成2年4月2日、Xが、C社の子会社であるD社に対し、事業の成否の見通しも不明であり融資金の債権を確保するに足る担保の提供がないにもかかわらず、自己らの利益を図り、その反面、A社に損害を加えることを認識認容しながら、ゴルフ場の開発工事資金名目で234億円の貸付を実行し、当該債権の回収を著しく困難にさせて、A社に対し、同金額相当の財産上の損害を加えた。

② 第2行為・特別背任（適用法令：同上）

　平成2年4月11日〜5月17日、Xが、I社らに対し、ゴルフ場の開発

－336－

工事資金名目で200億円を融資するにつき、開発工事と関係のない用途に充てられるため工事継続の見込も開業の目途も明らかではないうえ、大幅な担保不足が生じることが明らかであるにもかかわらず、ｂ及び自己らの利益を図り、その半面、Ａ社に損害を加えることを認識認容しながら、確実な担保徴求等の措置をとることなく貸付けを実行し、当該債権の回収を著しく困難にさせて、Ａ社に対し、直ちに返還を受けた50億円と担保株券の担保評価額の合計104億円との差額である約96億円相当の財産上の損害を加えた。

③　**第3行為・特別背任（適用法令：同上）**

平成2年10月9日、Ｘが、ｃの利益を図り、その反面、Ａ社に損害を加えることを認識認容しながら、名目上は子会社の名義で、Ｋ社に対し、墓地造成事業の開発資金名目で融資するにつき、当該事業は開発行為の事前申請もしていないだけでなく、開発許可を得る見込はほとんどなく、しかも融資金がｃの資金繰りに充当されて造成開発の資金には充てられないため、事業の成否の見通しも不明であるうえ、対象土地には担保余力がなく、加えて連来保証人も返済能力がなかったにもかかわらず、確実な担保徴求等の措置をとることなく、9億9600万円の貸付けを実行し、当該債権の回収を著しく困難にさせて、Ａ社に対し、同金額相当の財産上の損害を加えた。

④　**第4行為・業務上横領（適用法令：刑法253条）**

平成元年10月13日及び10月18日、Ｘが、Ｍ社からＮ社の株式売買の代金の一部に充当するための現金各5億円を業務上預かり保管中、これらをほしいままに、自己のための株式購入等に充てる意図で、自らの甥ｅに引渡し、合計10億円を着服して横領した。

⑤　**第5行為・自己株式取得（適用法令：商法489条）**

平成元年12月7日～平成2年11月9日、Ｘが、Ａ社の計算においてＡ社株式を不正に取得しようと企て、法定の除外事由がないのに、Ｏ社らの名義で、合計51回にわたり、Ａ社の株式を買付け、ないし買付けさせ、Ａ社株式を不正に取得した。

各論〔裁判例の分析・解説〕

(2) 最高裁の判断

最高裁では、対象となる融資には、特別背任にいう加害目的が認められないというX側の主張について、

上記(1)①の第1行為におけるXは、「本件融資に際して、銀座物件の資産価値や利用価値にも疑問があることを認識しており、さらにDゴルフ場の開発利益や、C社プロジェクトの1つとして挙げられていたEゴルフ場の会員権独占販売権による取得利益などを含めても、これらが実質無担保で実行される本件融資を補うに足りるような性質のものではないことについて認識していた。」「本件融資に関連したa側の企画料の取得は、それに見合う役務の提供がないばかりでなく、A社からの融資金の流用を黙認するなどしてa側の資金の便宜を図った上で、期末に集中して企画料を入金させ、実質的にA社の資金を還流させたに過ぎないという性格のものであった。」として、「Xが本件融資を実行した動機は、A社の利益よりも自己の利益やaの利益を図ることにあったと認められ、また、A社に損害を与えることの認識・認容も認められる」として、「図利目的はもとより加害目的をも認めることができる」とした。

事業性融資は一般に収益返済が原則であるにもかかわらず、本件では対象事業に、事業が開始できるのか、開始したとして収益を上げられるかといった点に疑問があった。そうした疑問を踏まえれば、債権保全のために適切な担保措置を講じる必要があったにもかかわらず、措置を講じていなかったとされた。このような実態を知りながら融資実行を行ったXの内心には、aらの利益を図り、反面、A社に損害を与える気持ちがあったとされ、特別背任罪にいう図利加害目的があると判断されたのである。

4　事案の分析

(1) 不正の発生原因の分析（主に特別背任について）

①　動　機

Xは、A社のメインバンクであるB銀行の取締役から転じ、昭和50年

– 338 –

12月からＡ社の代表取締役に就任し、経営危機に瀕していたＡ社の再建に取り組み、昭和53年には復配にこぎつけた。

しかしながら、その後は経営多角化による新規事業への進出の失敗等により経営状況が悪化したため、Ｘは、Ｂ銀行から後任社長を送り込まれ、自ら地位を追われる事態となることを痛く危惧し、Ｂ銀行の意向をはねのけて自己の地位を保持するためには、何としてでも自己の最大の実績である毎期連続の増収増益を維持しなければならないと思い定めた。

その結果、Ｘは、不動産融資案件関連での企画料等の名目で見せかけの利益を計上してでも公表予想経常利益を達成しようと、当面の決算対策用の利益計上の材料探しに躍起となっていた。

その動機は自己保身ということである。見せかけの利益を計上することへの協力の見返りに融資を実行したものと考えられる。

② 機 会

Ｘは、Ａ社の代表取締役社長の地位にあり、Ｘに協力した部下もＡ社の取締役の地位にあった。Ｘは、経営危機に瀕していたＡ社の中興の祖とまでいわれ、当時、10年を超えるいわゆる長期政権の状況にあった。

すなわち、Ｘはトップダウン的に社内手続を押し切る社内体制を構築していたのであり、結果としてＸの周囲にはいわゆるイエスマンしかいなかったという状況があったと考えられる（もっとも、Ｘは実態に沿わない過大な事業計画を作成し、社内決裁を通させることも行っている）。

③ 正当化

当時はバブル経済下にあり、誰もが右肩上がりの経済情勢を前提として企業活動を展開していたとの主張がなされた。

すなわち、成功すれば大きなリターンが得られるということをもって自己の不正行為を正当化するものである。

(2) 有罪認定・量刑上で重視された事情

① いわゆる経営判断の原則については、裁判所も、取引通念上許される限度において社会的に相当と認められる方途を講じつつ、通常の業務執行の範囲内で行ったものである限り、任務違背とはいえないとの一般論は

各論〔裁判例の分析・解説〕

認めた。しかしながら、いかにバブル経済下にあったとしても、不動産等を押さえておけばいずれ価値が上がって最終的には投下資金を回収できるであろうといった程度の見込だけで、採算性を度外視して実質無担保で巨額の融資を決定し実行することは到底許されないとして、本件では経営判断の原則は適用されないとの判断がなされた。

②　量刑上の事情については、自己保身という犯行の動機、規模、損害額、社会に与えた影響等の点で、同種事案としては他に類を見ないほど重大かつ悪質であるとされた。そのため、Xに有利な事情とされる私腹を肥やす意図やA社に積極的に損害を与える意図がなかったこと、当初は経営手腕が高く評価されていたこと、代表取締役の地位を解任されたこと、報道等で社会的制裁を受けたこと、前科前歴がないこと、年齢や健康状態といったことを加味してもなお、長期にわたる実刑は免れないとされた。

5　不正の防止策・注意点

(1)　コンプライアンス重視の社内体制の構築、実効化

社外取締役、監査役、会計監査人が、コンプライアンス遵守のために、自らの役割を実効的に果たす社内体制の構築が求められる。また、こうした体制を構築したとしても、実効的に機能させるために、従業員との意思疎通を図る仕組みや機会を設けることも有用であろう。たとえば、監査役の業務監査の項目に、従業員ヒアリングを組み込むであるとか、内部通報制度と連携することなども考えられる。

(2)　内部規程の遵守（基本動作の再確認）

本件各融資は、A社の融資規程類に照らすと、適切な立担保の条件付承認が相当という判断がなされるはずのものであった。つまり、A社の内部規程は適切であったようである。しかしながら、トップ案件ということもあってか、手続及び審査内容の両面で、内部規程を遵守することがなされなかった。内部規程遵守という基本動作を社内で再確認することも有用であろう。

（森田　聡）

のれん及びのれん償却

　のれんとは、企業や事業を買収する際の、買収価額と受け入れる時価純資産との差額であり、買収側の企業に計上される勘定科目のことをいいます。

〔買収対象の企業や事業の貸借対照表〕

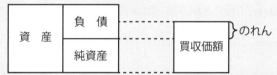

　時価純資産とは、対象となる企業や事業がその時点で事業を停止し、資産を処分、負債を返済して残る「清算価値」ということができます。しかし、一般的に買収価額は時価純資産と同額とはならず、その企業や事業の持つブランド力や、事業を継続することによって得られる将来キャッシュ・フロー等を評価し、買収価額に「上乗せ」されるのが通常です。のれんとは、この「上乗せ」部分といえます。ただし、のれんはM＆A等の組織再編が実施された結果として計上されるものであり、企業が独自に醸成してきた技術力やブランド力といった「自己創設のれん」の計上は認められていません。

　また、わが国の現行の会計基準においては、のれんはその価値が持続すると考えられる期間（20年以内）にわたり、規則的に償却することとされています。これは、合理的な償却期間が算定できないために規則的な償却は実施せず、のれんの価値が損なわれたときに減損処理を行うという国際会計基準とは立場を異にしています。

（高橋和則）

各論〔裁判例の分析・解説〕

■不正融資■

24　銀行の不良貸付けに伴う特別背任──北海道拓殖銀行事件（最決平成21・11・9刑集63巻9号1117頁）

【事案一覧表】

事件のポイント	銀行の代表取締役頭取が実質倒産状態にある融資先企業グループ各社に対し、赤字補填資金等を実質無担保で追加融資したことが、特別背任罪における取締役としての任務違背に当たるか
関係現行法令	会社法960条1項、刑法247条
起訴された者	X₁：A銀行元代表取締役頭取（在任期間平成元年4月1日から同6年6月28日まで） X₂：A銀行元代表取締役頭取（在任期間平成6年6月29日から同9年11月20日まで） X₃：B社・C社の各代表取締役、かつ、D社の実質的経営者
結　論	X₁：特別背任罪の単独犯、また、X₃との間で特別背任の共謀共同正犯で有罪とされ、懲役2年6月の判決を受けた（確定）。 X₂：特別背任罪の単独犯、また、X₃との間で特別背任の共謀共同正犯で有罪とされ、懲役2年6月の判決を受けた（確定）。 X₃：特別背任罪の共謀共同正犯により有罪とされ、懲役1年6月の判決を受けた（確定）。
裁判の経過	1審：X₁、X₂の任務違背は認めたが図利目的を否定して全員無罪（札幌地判平成19・7・20判例タイムズ1143号122頁） 控訴審：X₁、X₂の図利目的を肯定し全員有罪（札幌高

－342－

	判平成18・8・31判例タイムズ1229号116頁)
その他参考事項	【関連する民事事件】 ⑴　ソフィア事件(札幌地判平成16・3・26判例タイムズ1158号196頁) A銀行のX₁、X₂を含む旧経営陣9名が、B社、C社、D社に対して行った各融資がいずれも回収不能となったことにつき、裁判所は、融資を承認し、実行した前記9名の取締役に善管注意義務違反、忠実義務違反があったとし、会社法423条1項に基づく損害賠償請求を認めた。 ⑵　本件の他にも、A銀行の元取締役に対する民事上の責任を追及する訴訟が多数提起され(下記①〜③等)、融資に関与した元取締役に善管注意義務違反、忠実義務違反があったとして、会社法423条1項に基づく損害賠償請求が認められている。 ①　ミヤシタ事件(最判平成20・1・28民集62巻1号128頁) ②　カブトデコム事件(最判平成20・1・28金融・商事判例1291号38頁) ③　栄木不動産事件(最判平成20・1・28金融・商事判例1291号32頁)

1　事案の概略

(1)　札幌中央区大通西に本店を置く株式会社北海道拓殖銀行(以下「A銀行」という)の元代表取締役頭取のX₁・X₂が、Bグループが実質倒産状態にあることを熟知していたのにもかかわらず倒産状態にあるB社、C社、D社に対し、赤字補填資金等を実質無担保で追加融資したことが、特

各論〔裁判例の分析・解説〕

別背任罪における取締役の任務違背に当たるとして、X₁・X₂が有罪とされた。

(2) B社、C社の代表取締役で、D社の実質経営者であったX₃と、X₁・X₂とが、それぞれ共謀のうえ、A銀行から追加融資を受け、A銀行に同額の財産上の損害を加えたことが、特別背任罪における取締役の任務違背に当たるとして、X₂・X₃、X₁・X₃に特別背任罪の共謀共同正犯が成立するとして有罪とされた。

【当事者関係図】

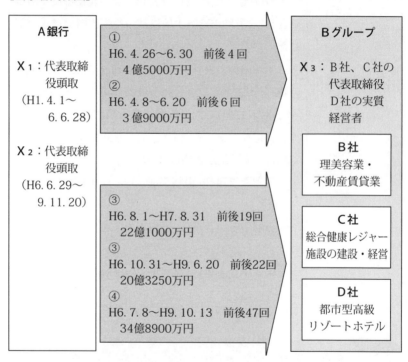

24　北海道拓殖銀行事件

2	時 系 列

年　月　日	本件に関する事情
S58	A銀行、B社に対する本格的融資を開始。
S59.7	融資先を開拓・確保するため、有望な新興企業を積極的に支援する旨の方針(「インキュベーター路線」という)を打ち出し、事業を展開。 不動産及び株式担保金融等を中心に貸出金額を増加。
S63.4	A銀行と他の銀行との協調融資107億円により、C社が経営するレジャー施設を建設。
H1.4.1	X₁、A社の代表取締役頭取に就任。
H2.10	A銀行、従来の業務本部制(営業推進部門と審査部門を一体化)を廃止。 インキュベーター事業推進のため総合開発部を新たに設置し、営業窓口機能と審査窓口機能を併せ持った部署として融資に当たらせる。
H3.1	大蔵省金融検査部の金融検査の実施。A銀行の不良債権の増大による資産内容の悪化が問題視される。
H3.3.28	A銀行の会議。出資の審査を担当する部署である資金証券部はホテル建設資金の融資に関し疑問を呈し、A銀行の顧問弁護士がBグループのG地区の総合開発事業に伴う土地取得方法に農地法違反の疑いがあると指摘したことを報告。しかし、X₁は、A銀行の副頭取や総合開発部担当の取締役らの意向に従う形でBグループへの融資を決定。
H3.12	日本銀行考査局による考査の実施。実質要注意与信額が1兆2760億円に増大していることなどが指摘され、「御行の経営は極めて深刻な状況にある」との厳しい評価を受ける。

-345-

各論〔裁判例の分析・解説〕

H5.4	A銀行と他の銀行の融資266億円(ただし、大半がA銀行の出資)によりD社が経営するホテルを建設。
H5.5	A銀行の関連会社から144億円余りの融資を受け、B社がレジャー施設の土地の総合開発を図る。
H5.5	Bグループは、A銀行が赤字補填等のため追加融資を打ち切れば直ちに倒産する実質倒産状態に。
H5.7.5	A銀行の経営会議で、A銀行の審査部門よりBグループの分離再編案(Bグループ各社を分社化し、X₃を理美容業に専念させ、他の経営権をはく奪し、A銀行の支配下に置き第三者への売却を念頭に置いたもの)を緊急提案。しかし、X₁は、X₃を説得できないことを理由に分離再編案を承認せず。
H6.4.8〜6.30	平成6年4月8日から同年6月30日までの間、A銀行は、前後10回にわたり、B社・D社に対し、合計8億4000万円を貸し付ける(行為①②)。
H6.6.29	X₁、インキュベーター対象企業の代表格であったE社に対する支援打ち切りによってA銀行の信用が低下する事態に陥ったことなどの責任をとる形で頭取を退任。 X₂、A銀行の代表取締役頭取に就任。
H6.8〜9	大蔵省検査。A銀行、C社のホテル建設資金に関し、検査官からは本来貸増しはできないが経営判断により貸付けを実行したとしても、その結果ロスが出れば背任とみなすといわれる。
H6.7.8〜H9.10.13	平成6年7月8日から平成9年10月13日までの間、A銀行は前後88回にわたり、B社、C社、D社に対し、合計77億3150万円を貸し付ける(行為③イ・ロ、④)。
H9.11.17	A銀行、経営破綻。
H10.8.27	A銀行、上場廃止。
H10.10	X₁、特別背任罪で逮捕。

－346－

| H11.3.2 | X2、特別背任罪で逮捕。 |

3 裁判所の認定と判断

(1) 罪となるべき事実・罰条

① X1・X3の融資行為（会社法960条1項、刑法65条1項・60条）

平成6年4月26日から同年6月30日までの間、前後4回にわたり、A銀行本店において、B社に対し、十分な担保を徴せず、貸付金の回収を確保するための万全の措置を講ずることなく、合計4億5000万円を貸し付け、もって、同銀行に財産上の損害を加えた。

② X1の融資行為（会社法960条1項）

平成6年4月8日から同年6月20日までの間、前後6回にわたり、A銀行本店において、C社に対し、十分な担保を徴せず、貸付金の回収を確保するための万全の措置を講ずることなく、同会社に対し合計3億9000万円を貸し付け、もって、同銀行に財産上の損害を加えた。

③ X2・X3の融資行為（会社法960条1項、刑法65条1項・60条）

イ 平成6年8月1日から同7年8月31日までの間、前後19回にわたり、A銀行本店において、B社に対し、十分な担保を徴せず、貸付金の回収を確保するための万全の措置を講ずることなく、同会社に対し合計4億5000万円を貸し付け、もって、同銀行に財産上の損害を加えた。

ロ 平成6年10月31日から同9年6月20日までの間、前後22回にわたり、A銀行本店において、B社に対し、十分な担保を徴せず、貸付金の回収を確保するための万全の措置を講ずることなく、同会社に対し合計20億3250万円を貸し付け、もって、同銀行に財産上の損害を加えた。

④ X2の融資行為（会社法960条1項）

平成6年7月8日から同9年10月13日までの間、前後47回にわたり、A銀行本店において、C社・D社に対し、十分な担保を徴せず、貸付金の回収を確保するための万全の措置を講ずることなく、同会社に対し合計4

各論〔裁判例の分析・解説〕

億5000万円を貸し付け、もって、同銀行に財産上の損害を加えた。

(2) 裁判所の判断

① X₁〜X₃の上告をいずれも棄却。A銀行元代表取締役頭取であった X₁・X₂には、特別背任罪における取締役としての任務違背があったと判断した。

② なお、本決定では、特別背任罪における取締役としての任務違背を検討するうえで、銀行の取締役が負うべき注意義務については、いわゆる経営判断の原則が適用される余地があるとしたが、

イ　銀行業が広く預金者から資金を集め、これを原資として企業等に融資することを本質とする免許事業であること

ロ　銀行の取締役は金融取引の専門家であり、その知識経験を活用して融資業務を行うことが期待されていること

ハ　銀行経営が破綻・危機に瀕した場合には預金者・融資先を始めとして社会一般に深刻な混乱を生じさせること

を考慮すると、銀行の取締役が融資業務に際して要求される注意義務の程度は、一般の株式会社取締役の場合と比べ高い水準である要求され、経営判断の原則が適用される余地は限定されるとした。

4　事案の分析

(1) 不正の発生原因の分析

① 動機及び機会

イ　Bグループの経営状態悪化

・Bグループは、平成5年5月頃にはA銀行が赤字補てんのための追加融資を打ち切れば直ちに倒産する実質倒産状態に陥っていた。

・また、Bグループは、G地区約24万坪の総合開発を図るため、平成5年5月までにA銀行の系列ノンバンクであるA関連会社から融資を受けて土地の取得を進め、融資額は、平成6年3月期までに162億余りに達していた。

– 348 –

・しかし、G地区が市街化調整区域内にあり、その大半が農地であり、一部は農業振興地域の整備に関する法律の農用地区域に指定され、開発そのものが法的に厳しく制限された地域であって、許認可取得が容易でなかったこと等からその実現可能性に乏しく、開発利益を返済原資としていたのにもかかわらずその採算性も認められなかった。

ロ　X₁・X₂へ経営責任が及ぶおそれ

・X₁・X₂はA社の経営会議で説明を受け、Bグループが実質破綻状態にあること、G地区の土地取得が農地法に反すること等の問題を十分認識していた。

・X₁、X₂は、Bグループへの融資を打ち切ってBグループが倒産させることで、これまでのBグループ各社へのずさんな融資の実態や開発用地取得にまつわる農地法違反等の問題が表面化し、A銀行の最高責任者として、社会的・道義的責任を追及され、責任追及されるおそれがあった。

② 　正当化要因（インキュベーター路線の推進）

・A銀行は、昭和59年頃から融資先を開拓・確保するため、有望な新興企業を積極的に支援する旨の方針（「インキュベーター路線」という）を打ち出して事業展開し、バブル経済の膨張過程で、不動産及び株式担保金優等を中心に貸付金額を増加させて経営規模を拡大させた。

・B社は、昭和58年頃よりA銀行から本格的融資を受けていたが、インキュベーター路線の対象企業としてA銀行から全面的な支援を受けることになった。

・平成元年4月1日に代表取締役頭取に就任したX₁は、これまでのインキュベーター路線を継承し、平成6年6月29日に代表取締役頭取に就任したX₂も、X₁の路線を継承していた。

⑵　**有罪認定で重視された事情**

①　融資先が融資の時点で既に実質倒産状態にあり、既存の貸付金の回収の唯一の方法と考えられていた開発事業の実現可能性が乏しいうえ、仮に実現したとしてもその採算性に多大なる疑問があったこと

各論〔裁判例の分析・解説〕

② X1・X2は、融資先への追加融資は新たな損害を発生させる危険が
あったということを認識しつつ、抜本的な方策を講じず、また、客観性を
持った再建・整理計画がないまま、実質無担保の本件各追加融資を決定、
実行したこと

(3) 量刑判断で重視された事情—X1・X2

【主な加重要素】

- 実質破綻状態の融資先に対し、期間が3年半と長期に及び、実質無担
  保状態で融資を合計98回と多数回繰り返し、融資額も合計85億円超
  と巨額に上るなど犯行態様が悪質で結果も重大
- A銀行の破綻により、多数の預金者、債権者、取引先等に大きな不安
  や損害を与え、北海道のリーディングバンクとして北海道経済に深刻
  な影響を与えたこと
- A銀行の破綻処理にあたり、兆単位の公的資金の投入が余儀なくされ
  たこと

【主な軽減要素】

- 自己の財産的利益の獲得を図って本件に及んだわけではなく、A銀行
  員・役員として職務に精励し、A銀行・社会に貢献してきた
- 前科前歴はなく、X1は79歳、X2は71歳と、それぞれ高齢である
- X2は退職金を得ていない

---

5 不正の防止策・注意点

(1) A銀行の対応の問題点

A銀行での経営会議や大蔵省検査・日銀検査等、A銀行の内外でBグル
ープ各社への追加融資には重大なリスクを含むことが再三指摘されてい
た。それにもかかわらず、X1・X2は、Bグループ各社への融資を実施し
た。

また、Bグループ各社への追加融資は、実質破綻企業に対する無担保で
の追加融資であったのにもかかわらず、X1・X2は、Bグループの再編計

画につき具体的検討をしていなかった。A銀行本体にもこの決定を確実に実行できるだけの強い経営体質が存在しなかった。

(2)　不正の防止策

①　銀行業の性質から導かれる注意義務の程度

銀行の取締役が融資業務に際して要求される注意義務の程度は一般の株式会社取締役に比べて高い水準とされる。したがって、銀行の取締役は、融資先の元利金の回収不能という事態が生じないよう事前に融資先の経営状況、資産状態等を調査し、確実な担保を徴求すべきである。

②　経営陣との連絡体制の見直し

融資を行うに際しては、経営陣は、経営会議や大蔵省検査、日銀検査等から指摘されたリーガルリスクを踏まえたうえで決断ができるよう、トップダウン型の意思決定を改める必要がある。一方で、社内でリスク管理を行う部門を設置して経営陣へ報告を行い、他方で、リスク管理部門から独立した形で内部監査を行い、監査結果を経営陣に報告する体制へと改める必要がある。

③　コンプライアンス体制の向上

社内研修を定期的に行い、遵守すべき法令や社内ルールの周知徹底を行う。頭取・代表取締役・取締役等の経営陣は特に外部の弁護士・会計士等の専門家と随時情報交換を行い、コンプライアンス体制を強化し、実行性のあるものとする。

従業員1人1人が、コンプライアンスに関する相談・報告を行えるよう弁護士等の外部の専門家による相談窓口を設置する。

（卯木叙子）

各論〔裁判例の分析・解説〕

■不正融資■

25 融資の相手方に対する背任罪の共同正犯の成否─石川銀行事件（最決平成20・5・19刑集62巻6号1623頁）

【事案一覧表】

事件のポイント	銀行等の融資が融資担当者の背任行為に当たる場合、どのような事実が認められれば当該融資の相手方に背任行為の共同正犯が成立するか
関係現行法令	会社法960条、刑法247条・60条
起訴された者	銀行融資先グループ会社の代表取締役X
結　　論	懲役3年、執行猶予5年（求刑：懲役4年）
裁判の経過	1審：金沢地裁平成16年12月27日判決　結論と同じ 控訴審：名古屋高裁平成18年9月5日　控訴棄却 上告審：最高裁平成20年5月19日決定　上告棄却
その他参考事項	1　関連事件 A銀行元頭取その他融資担当者らにつき特別背任罪の成立が認められ、元頭取につき懲役3年、その他2名につき執行猶予付判決確定（平成19年7月24日付北國新聞）。 2　関連判例 同様の争点につき最高裁平成15年2月18日決定（刑集57巻2号161頁）

1　事案の概略

　ゴルフ場を経営するC社は、ゴルフ場造成工事を行ったD社に対し多額の工事代金債務等を負担しており、経営状況も思わしくなく、実質的に経

25 石川銀行事件

【当事者関係図】

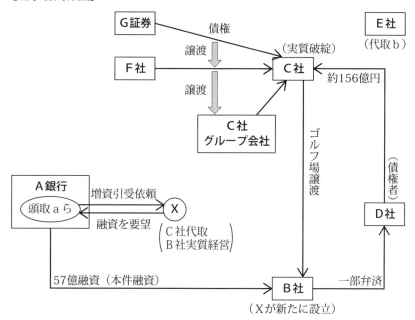

営破綻の状況にあった。C社の代表取締役Xは、自己の支配する会社がA銀行から融資を受けてC社から本件ゴルフ場を買い取ったうえ、D社に相当額を支払い、C社に対する債権を譲り受ける等して、C社の債務を圧縮する再生スキームをA銀行頭取dらに提案、その実現のため行動した。A銀行はB社に対し融資を実施したが、同融資は焦げ付き必至のもので、それを認識しながら自己保身やC社の利益のためになされたものとする。aらには特別背任罪が成立するとされ、そして同融資実現に向けられたXの一連の行為についてXにも特別背任罪の共同正犯の成立が認められた。

2 時系列

年　月　日	本件に関する事情
S55.12	C社設立。
	C社とA銀行との間で融資取引が開始。A銀行は不良債権

各論〔裁判例の分析・解説〕

S63.以降	の付替え（簿外債務化）先としてC社のグループ会社を利用。
H2.以降	A銀行に対し、大蔵省等による検査、日銀考査が行われ、財務状況の悪化や審査管理が不十分であると、たびたび指摘される。
H8.6	D社が本件ゴルフ場を完成させるもC社は代金31億円のうち一部のみ支払う。
H10.頃	A銀行が回収困難な不良融資を行っていると指摘する記事が雑誌に掲載される。
H11.3	G証券会社が、C社に対する自社債権を不良債権として処理しF社に自社債権を譲渡。これを知ったXは債権売買を目的とするE社の代表取締役であるbに依頼し、F社から各債権をC社グループ会社に転々取得させる。
H11.9	XはDの債権も同様に買い取るようbに依頼。bはD社から、債権放棄をするためにはC社が本件ゴルフ場を他に譲渡し、本件ゴルフ場の経営を断念することが前提となる旨の意向を伝えられる。
H11.11頃迄	Xが、A銀行担当者に対し、D社との間で債権放棄の交渉を進めていることを説明。
H11.12.1	日銀考査において、A銀行が償却回避のため利息の追い貸し等により延滞回避させた旨指摘、強く改善を求められる。A銀行担当者は日銀担当者からC社を実質的破綻先に区分すべきと告げられたが、C社がD社との間で債権放棄の交渉を進めていることを説明し、債務者区分を「要注意先」にするよう求める。これに対して、日銀担当者は上記説明を虚偽と断ずるには根拠を欠いたためC社を「破綻懸念先」とするに留め、約11億円を要引当額とする。ところが、A銀行は債務圧縮計画が推進されている等との理由により、C社を日銀の査定より1ランク上の「要注意先」とする。

－354－

H12.1.21頃	日銀考査の所見が示され、A銀行の自己査定が正確性に欠けると指摘される。 日銀考査の査定結果に従うと、A銀行の自己資本比率は早期是正命令の発動基準4％を下回る2.78％であったため、北陸財務局は、A銀行に対し、早期是正措置命令発出の可否を検討すべく、仮決算の報告を求める。 A銀行の代表取締役aらは、早期是正措置を回避すべく150億円程の第三者割当増資を実施することにし、上記仮決算において追加を要する引当・償却額を操作し、自己資本比率が4％を下回らないようにするよう指示。自己資本比率を4.07％とする仮決算を作成。 A銀行からXに対し増資引受の依頼。 これを受け、XからA銀行担当者に対し債務圧縮スキームの提案がされる【第1行為】。 銀行担当者は難色を示したが、Xが融資が無理なら増資は難しいと話したため、最終的には債務圧縮の計画を進める方向で話合いを終える。
H12.2頃	Xは不動産鑑定士に対し水増しした不動産鑑定書の作成を依頼、これをbに提供【第2行為】。
H12.3.17	上記仮決算を受け、金融監督庁は、A銀行に対する早期是正措置を見送り、業務改善命令に留める。
H12.3.24	A銀行は、C社の債務者区分を引き上げたことにつき北陸財務局から説明を求められ、債務圧縮が実現する見込であると説明。次回金融庁検査の基準日となる同年9月末までにC社のD社に対する債務を処理する必要に迫られる。
	A銀行が予定どおり150億円の第三者割当増資を実施。取引先を中心に引受先の確保が行われたが、折からの不況で確保が困難であった。また支店長連絡会議において、増資引受にあたって預金担保の解放や、見返り融資を容認するよ

各論〔裁判例の分析・解説〕

H12.3.27	うな発言があったため、担保とされた預金が増資資金に流用されたり、見返り増資を前提とした増資の引受がされた事例が散見した。
H12.3下旬	C社のグループ会社がA銀行に対し5億円の増資払込。同銀行からの貸付金で払込金の一部を充当。
H12.3.28	aらはXに対し増資引受けに応じてくれたことに対し礼を述べた。これに対してXは債務圧縮スキームを説明、それに要する費用を融資するよう依頼。aらはこれに応じることを約束。
H12.3.30	Xは、D社との債権放棄の交渉を進めていくためC社を申立人としてD社を相手に民事調停申立。E社は利害関係人としてこれに参加。
H12.4.13	Xは、ゴルフ場売却先としてB社を設立(第3行為)。B社代取にはbが就任しているが、Xの事実上の出資により設立された会社であり、実質的経営者はXであった。
H12.6.6	Xは、aらに対し本件融資の実行を求め、ゴルフ場の譲渡先をB社とすることを説明。融資金額等につき協議を進める。
H12.7	上記民事調停においてC・E・D社間で債権譲渡と担保権抹消の対価を17億円とする大筋の合意が成立。
H12.8.21	C社のD社に対する債務の返済、E社への手数料、C社のグループ会社のA銀行に対する債務返済等に充てるべく、融資の金額を57億円とすることがaらとの協議により決まる。
H12.9中旬頃	A銀行担当者から、稟議書に添付するために作成された収支計画表がXに送付される。達成は至難のことであると告げる担当者に対し、Xは「やってみるしかない。」旨答える。
	A銀行はB社に対し57億円の融資を実行(融資行為)。なお、本件融資の担保として、本件ゴルフ場への根抵当権、

－356－

H12.9.22	Xその他数名の人的担保が付されているが、ゴルフ場の担保価値、保証人の資力ともに不十分であった。 融資金はB社名義口座にいったんは振り込まれたが、C社名義口座を経由し、C社のグループ会社債務返済等に充てられた。

3 裁判所の認定と判断

(1) 罪となるべき事実

① aらによる背任行為（融資行為）

A銀行代表取締役aらは、回収可能性のないことを認識しながら、aら及びC社への図利及びA銀行への加害目的をもって、B社に対して、回収の見込のない57億円の融資を行った。

② Xの共同正犯性

イ　Xの認識

Xは、本件融資金の返済が著しく困難であること、本件ゴルフ場の担保価値が乏しいこと等認識していた。本件融資はC社が財務的に破綻し、同銀行以外から融資を受けることが困難となった状況の下、C社グループと不健全な関係にあった同銀行から行われたものであり、金額も巨額であったことも併せ考慮すると、Xは本件融資が、金融機関の行う融資として異常であり、aらの同銀行に対する任務違背行為に当たること、経営責任を追及されかねない状況下でaらが自己保身を図る目的から本件融資を推進していたこと、同銀行に財産上の損害を加えるものであることを十分認識していたといえる。

ロ　Xによる加功行為

Xは、上記事実を認識したうえで融資の交渉等を行っているのであるから、aらが自己保身の目的から本件融資の実行に積極的であり、同銀行とC社グループとの間に通常貸主借主の間にある対立した利害関係になかっ

－357－

各論〔裁判例の分析・解説〕

たことを利用して本件融資を受けたと認められる。具体的な加功行為として以下のものがある。

　　　a　第1行為・債務圧縮スキームの提案

　A銀行からXに増資引受の依頼がなされたところ、Xは、A銀行に対し、ゴルフ場をC社のグループ会社に売却、その資金から増資を引き受けるので、グループ会社に対して購入代金を融資してほしいと回答した。A銀行担当者は、それでは譲渡が形式的なものと露見すると判断し難色を示したが、Xが融資が無理なら増資は難しいと話したため、最終的には債務圧縮の計画を進める方向で話合いを終えた。

　　　b　第2行為・水増し不動産鑑定書の作成

　Xは、bから本件ゴルフ場の評価額を60〜70億円とする不動産鑑定評価書を得られればD社に対する交渉材料として利用できると告げられ、不動産鑑定士にこれを作らせ、bに提供した。

　　　c　第3行為・B社設立

　Xは、A銀行担当者からゴルフ場売却先をC社のグループ会社とすることにつき難色をつけられたため、受け皿としてB社を設立した。

(2)　裁判所の判断

　Xは、C社に対する融資につきA銀行から便宜を図ってもらったことはない、延滞はあっても利息の返済は行っていた、増資と引換えに融資を求めたことはない等争ったが、本判決は、全て信用できないとして、特別背任罪の共同正犯の成立を認めた（刑法65条1項・60条、旧商法486条1項（現会社法960条）。被告人には取締役等の身分がないので刑法65条2項により同247条の刑が科された）。

4　事案の分析

(1)　不正の発生原因

①　動　機

　C社は経営破綻状態にあり、D社への債務圧縮スキーム実現のためにも

－358－

融資を受けたいという動機があった。

② 機　会

A銀行の経営悪化、是正命令回避のため、aらは増資引受先を早急に探す必要性があり、通常貸主借主の間にある対立した利害関係、緊張関係が存在しなかった。

A銀行とC社グループの間で不良債権の付替えがされるなど不健全な関係が続いていた。

③ 正当化要素

イ　本件融資及び再生スキームの経済的合理性

本件融資及びこれにより得た資金に基づく再生スキームの実現により、C社の経営状況は好転し、結果、A銀行の債権回収額は増加するとXは期待していた。

ロ　融資の借主であるという立場

融資を受けようとすることは会社として当然の行為であり、共同正犯が成立するような社会的に許容されない程度の積極的働きかけや、通常の取引を明らかに逸脱するものには当たらないとXは考えていた。

(2)　有罪認定で重視された事情

本判決は、融資の申込にとどまらず、再生スキームの提案や、虚偽内容の不動産鑑定書の作成などXの積極的加担行為を認定し、共同正犯の成立を認めた。

(3)　量刑判断で重視された事情

① 刑を重くした事情

イ　利欲的で自己中心的な動機の存在

ロ　本件融資のもたらした財産的損害の大きさ

ハ　同融資を原因の1つとしてするA銀行破綻による社会的影響

ニ　本件犯行におけるXの役割の大きさ

なお、積極的な加担行為のない事業についての最決平成15・2・18（刑集57巻2号161頁）の事例では懲役2年執行猶予3年の判決となっている。

各論〔裁判例の分析・解説〕

② 刑を軽くした事情

Xが当初求めたのは25億円程度にとどまり、A銀行からの増資要求を受け金額が膨れていったこと

(4) どのような場合に融資の相手方に共同正犯が成立するか

本件の争点は、銀行融資が融資担当者の背任行為に当たる場合、どのような事実が認められれば融資の相手方に背任の共同正犯が成立するかである。同様の点を判断した判例として、最高裁平成15年2月18日決定（刑集57巻2号161頁）が挙げられる。同判例では、上記争点につき、融資担当者の任務違背・融資会社の財産的損害について高度の認識を有していたことに加え、融資担当者が自己図利目的を有していることを認識し、本件融資に応じざるを得ない状況にあることを認識しつつ、融資の実現に加担した場合には融資の相手方に背任行為の共同正犯が成立する旨判示していた。

本件控訴審も、同様に認定し共同正犯の成立を認めている。

もっとも、共同正犯の成否は、融資の相手方が具体的にどのような行為を行い、それにより、まさに自己の犯罪としてこれに関与したといえるのかどうかという点から本来判断されるべきものである。したがって、本件融資に応じざるを得ない状況にあることの利用という要素は2次的判断要素であり、融資の相手方による積極的加担行為がどのようなものかが重要な判断要素となる。

本件最高裁はそのような観点から、融資の相手方による積極的加担行為を認定し、共同正犯の成立を認めたものである。

5 不正の防止策・注意点

(1) 銀行と融資先との関係

本件のような事態の発生を予防するためには、銀行と融資先の間に緊張感ある取引関係が維持されることが重要である。今回のケースでは、A銀行とC社グループの間で不良債権の付替えがされるなど馴れ合いの関係が

続いていた。本来、銀行と融資先の間には対立した利害関係があり、不正融資は制限される方向に働くはずであるが、本件では上のような馴れ合いの地盤をもとに、銀行取締役らと融資先双方の利益を図るため融資がされたという側面が大きい。

銀行との間で健全な緊張感ある取引関係が維持されていれば、本件のような不正融資の発生の予防となろう。

(2) 銀行側に求められる注意事項

十分な担保を付す、事業計画のチェックをしっかりと行う等、融資の合理性を確保することが大切である。本件では、融資金額と比して十分な担保が付されていない。

融資そのものを客観的に見たときに十分な経済的合理性が認められるよう注意し、融資が背任行為とされないよう銀行側は注意すべきである。

(3) 融資を受ける側の注意事項

融資を受けるため、単なる融資申込の他、融資を受ける側が何らかの努力をすることは当然といえる。しかし、本件のように虚偽の不動産鑑定書を作らせたり、別会社を作成して迂回融資を得るような逸脱行為は避けねばならない。

何が積極的加担行為に当たるかは一概にはいえないが、一般的に違法ないし違法とみられかねない行為は積極的加担行為とされる危険性が高く、避けるべきである。

会計用語等チェック

■債務者区分
☞コラム「債務者区分」・362
■自己資本比率
☞コラム「自己資本比率」・364

（清水理聖）

債務者区分

　金融機関が貸付金を評価するときに債務者を返済能力に応じて分類する区分で、正常先、要注意先、破綻懸念先、実質破綻先、破綻先の5つの区分があります。

区　分	債務者の状況
正　常　先	業況が良好であり、かつ、財務内容にも特段の問題がないと認められる債務者
要注意先	金利減免・棚上げを行っているなど貸付条件に問題のある債務者、元本返済もしくは利息の支払が事実上延滞しているなど履行状況に問題がある債務者のほか、業況が低調ないしは不安定な債務者又は財務内容に問題がある債務者など今後の管理に注意を要する債務者
破綻懸念先	現状、経営破綻の状況にはないが、経営難の状態にあり、経営改善計画等の進捗状況が芳しくなく、今後、経営破綻に陥る可能性が大きいと認められる債務者
実質破綻先	法的・形式的な経営破綻の事実は発生していないものの、深刻な経営難の状態にあり、再建の見通しがない状況にあると認められるなど実質的に経営破綻に陥っている債務者
破　綻　先	法的・形式的な経営破綻の事実が発生している債務者

出典：金融検査マニュアル

　金融機関では、貸付金の評価結果が財務諸表に大きな影響を

- 362 -

COLUMN

及ぼします。返済能力に応じて貸付先を区分して、貸倒引当金の設定や直接償却（貸付金を減額して費用処理すること）を厳密に行うことにより、貸付金の評価を適切に財務諸表に反映させているのです。

　また、金融機関以外の一般企業では、債権を一般債権、貸倒懸念債権、破産更生債権等の３つに区分して評価を検討することになります。

一般債権	経営状態に重大な問題が生じていない債務者に対する債権
貸倒懸念債権	経営破綻の状況には至っていないが、債務の弁済に重大な問題が生じているか又は生じる可能性の高い債務者に対する債権
破産更生債権等	経営破綻又は実質的に経営破綻に陥っている債務者に対する債権

出典：金融商品会計に関する実務指針

　金融機関ほど、厳密な評価基準があるわけではありませんが、一般企業でも回収可能性に応じて、債権の評価は適切に財務諸表に反映させる必要があります。

（大形浩祐）

自己資本比率

　企業の安全性を計るための指標の1つであり、以下の数式で算出されます。

$$自己資本比率 = \frac{自己資本合計}{資本合計}$$

　この比率が高い会社ほど負債（借入金や社債）が少ないため、資金繰りに余裕があり、財務的に安定している会社といえます。ただし、一概に自己資本比率が高いことが良いとはいい切れません。借入を実行して投資する、有望な投資先がない企業の可能性もあるのです。

　自己資本比率以外にも、企業の安全性を計るための指標には以下のものがあります。

COLUMN

名　称	式	説　明
流動比率	$\dfrac{流動資産}{流動負債}$	流動負債（短期借入金や買掛金など）に対して流動資産（現預金、売掛金、棚卸資産など）がどのくらいあるかを表し、比率が高いほど短期の支払能力に不安が少ない安全性の高い企業です。
当座比率	$\dfrac{当座資産}{流動負債}$	流動負債（短期借入金や買掛金など）に対して当座資産（流動資産から換金性の低い棚卸資産を除いたもの）がどのくらいあるかを表し、流動比率と比較して、より短期の財務安全性を示す指標です。
固定比率	$\dfrac{固定資産}{自己資本}$	固定資産への投資が、返済義務のない自己資本からどの程度行われているかを表し、低い方が負債に頼らない投資を行っている安全性の高い企業です。
固定長期適合率	$\dfrac{固定資産}{自己資本+固定負債}$	固定資産への投資が、返済義務のない自己資本と返済期限が長い固定負債からどの程度行われているかを表し、低い方が流動負債（短期借入金など）に頼らない投資を行っている安全性の高い企業です。

（大形浩祐）

各 論
裁判例の分析・解説

6 行政対応

各論〔裁判例の分析・解説〕

■検査妨害■

26　銀行における検査忌避等－日本振興銀行事件（東京地判平成24・3・16WestlawID：06730145）

【事案一覧表】

事　　案	金融庁による金融検査に対し、銀行の経営内容への指摘を回避するため、サーバーからメールを削除等した行為につき、銀行の営業全体を統括していた取締役会長であった被告人が、検査忌避罪等で有罪とされた事例
事件のポイント	被告人が、金融庁の検査に際し、不都合なメールを削除したサーバーのデータを検査官の閲覧に供するとともに、データ欠落を指摘されるや虚偽の答弁をさせたことが検査忌避罪、虚偽答弁罪に当たる
関係現行法令	銀行法63条3号・25条、刑法60条
起訴された者	X：銀行の業務全般を統括する立場としての取締役会長 （法人としての銀行及び共犯者も起訴されているが、Xのみ分離されて本件判決に至った）
結　　論	Xの行為が、銀行法違反（検査忌避・虚偽答弁罪）により有罪とされ、懲役1年、猶予3年の判決を受けた（求刑1年）。
その他参考事項	特になし

－368－

26　日本振興銀行事件

【当事者関係図】

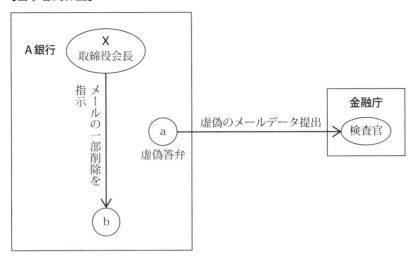

1　事案の概略

　本件は、日本振興銀行（以下「A銀行」という）において、業務全般を統括し、業務決定に強い影響力を持っていた取締役会長であるXが、金融庁の立入検査に対して、プロジェクトチーム（以下「PT」という）を立ち上げてそのリーダーに就任し、検査官に見られては不都合なメールを削除するよう指示して削除させるとともに、メールデータの欠落が発覚した際の弁解として「人的過誤による抽出漏れ」と回答するよう代表取締役等に指示して回答させた行為につき、Xが検査忌避罪及び虚偽答弁罪に問われ、懲役1年（執行猶予3年）の刑に処せられた事案である。

各論〔裁判例の分析・解説〕

2　時系列

年　月　日	本件に関する事情
H19ころ	金融庁によるA銀行に対する立入検査（以下「前回検査」という）が行われ、担当役員がXの了承なく提出したメールが端緒となって、融資承認の不適切な点などについて指摘を受けることとなった。
H19.8月ころ	A銀行の執行役員会において、Xの意に反する議題が提出されるなど、執行役員会が紛糾（この騒動はA銀行内で「クーデター」と呼ばれていた）。Xは、このクーデターの端緒が、前回検査において検査官の1人から一部の執行役員に対して「X1人が会長として絶対的な権力を掌握しているA銀行のワンマン体制に問題がある」と懸念を示したことにあると考えていた。
H20ころ	A銀行がノンバンクから買い受けた債権が、別会社に二重譲渡されており、A銀行が劣後する可能性が報道され、A銀行が調査に乗り出す。
H20ころ	Xの発案により、中小企業への金融サービスをネットワークした任意団体を組織し、自らその理事長に就任した。
H21.5.26	金融庁が、A銀行に対し、6月16日から銀行法25条に基づく立入検査をする旨通知したことを受け、XをリーダーとするＰＴを立ち上げて検査対応窓口をaに一本化するとともに、検査対応方針を作成。
H21.6.2	bは、検査官から役員のメール提出を求められ、Xも同夜のＰＴにて対象となるメールの範囲について認識。
	Xは、bに電話を掛け、「ｒのやつね、eからさメールが入っててその中に、資本過半、役員過半のルール、これやべーからさ、これ全部削らせといてね。まあ昔と違って、クレディ

H21.6.4	スイスの時みたいにそれで隠蔽どうのこうのってないからさ。……たまたま消しちゃった、ていう形なんだけど、……理屈さえつけば、それで問題ないからさ」などと述べ、特定のメール(以下「rメール」という)の削除を指示。
H21.6.15	bが、rメールを含むA銀行の業務に関するメール285件を削除。
H21.6.24	aは、検査官に対して、上記メールが削除された状態で、メールデータを提出した。
H21.8.6〜19	同様の方法により、A銀行役員等がメールを削除。
H21.8.20	aが、検査官に対して6月24日と同様に、メールが削除された状態のメールデータを提出。
H21.9.10	Xが、PTにおいて、aら担当役員に対し、検査官に提出したメールの一部に欠落が生じたのは、提出用メールの抽出作業中に人的過誤により抽出漏れがあったことが原因である旨説明することを指示。
H21.9.11	aらが、検査官に対し、提出用メールの抽出作業中に人為的過誤により抽出漏れがあったと説明し、検査官からの疑問点の指摘があっても、その主張をし続けた。

3 裁判所の認定と判断

(1) 罪となるべき事実

本件で罪として指摘されたのは、下記の①〜③の行為である。すなわち、Xは、A銀行の取締役会長(平成21年8月1日からは代表執行役兼務)としてA銀行の業務全般を統括していたが、金融庁の銀行法25条に基づく立入検査に際して、

①A銀行の業務に従事していたa、b、cと共謀のうえ、金融庁検査官(以下「検査官」という)から同年1月以降に送信した電子メール全部の提

－371－

各論〔裁判例の分析・解説〕

出を求められた際に、A銀行の業務内容等の実態を隠ぺいし、検査官によるA銀行の業務及び財産の状況に関する実態把握を誤らせようと企て、同業務及び財産に関し、同年6月15日ころ、電子メールデータのうちb送信に係るA銀行の業務の状況に関する電子メール285件をサーバーから削除するとともに、同月24日ころ、あたかもサーバーに保存されている電子メールデータが、検査官から提出を求められた電子メール全部の複製データであるかのように装って、これを検査官の閲覧に供して提出し、もって検査を忌避するとともに、

②aらの他にd以下3名と共謀のうえ、①の行為と同様の検査忌避を行い、

③aら及びfと共謀のうえ、検査官からメールデータの一部に欠落があることを指摘されてその経緯について質問された際、A銀行の業務及び財産に関し、同年9月11日ころ、データの一部に欠落があるのは、事務担当者が提出用の電子メールデータを抽出する際に操作を誤ったことが原因である旨の嘘を言って立入検査の職員の質問に対して虚偽の答弁をすることで、

銀行法63条3号違反により有罪とされた。

(2) 本件の争点

本件では、Xの関与の程度が主要な争点となった。

すなわち、Xは、犯罪の成立は争わないものの、「適切な説明ができるよう、中身をよく確認しておくように」と指示したに過ぎない、「実際にメールの削除が行われていたわけではない」など、Xの関与の程度が小さく、態様も消極的だったと主張し、検察官の主張と対立した。

(3) Xの関与の程度について

裁判所は、①Xの言動についての共犯者供述の信用性を慎重に検討するとともに、②Xに積極的関与の動機があることを認定する一方で、③Xの弁解が信用できないとして、Xが本件に積極的に関与していたと結論付けた。

－372－

① 共犯者供述の信用性

まず、裁判所は、犯行態様について一部否認しているXの供述に対し、共犯者らの供述について、その信用性を慎重に見極めている。すなわち、第1に、証言内容の核心部分（Xの発言に関する部分）が一致しているかどうか、第2に、メモやスケジュール表などの証拠に基づく記憶喚起とともに、具体的なエピソードや心情などについても述べている証言態度の正直さに着目し、いずれの供述も信用できるものとした。

② Xの動機の存在

次に、Xが、メール削除や虚偽答弁を指示する動機について検討を行い、立入検査において、独占禁止法の優越的地位の濫用との関係で問題点が指摘される客観的な可能性があったことを踏まえて、rメール（資本過半、役員過半のルールについて記載されていた）の削除を指示する動機があったことを認定した。

また、Xは、前回検査において、検査官がA銀行の経営に不当介入したとも考えており（これはXも被告人質問で自認している）、金融庁の立入検査について相当強い不信感や警戒心を持っていたことから、メール削除や虚偽答弁の動機もあったものとした。

③ Xの弁解が信用できないこと

Xは、口が滑って削除という言葉をいった、メール削除の報告を受けていないなどと弁解している。

しかし、A銀行の経営方針、社長を含めた役員人事、報酬の決定等の業務全般に強い影響力を持っていたことを踏まえれば、X以外の役員がXに隠れながらメール削除を行う動機もなく、平成21年6月4日の発言も、検査官に削除を指摘された後の対応まで考えてなされていることを考えれば、口が滑ってなされた発言とは到底考えられないとした。

各論〔裁判例の分析・解説〕

4　事案の分析

(1)　不正の発生原因の分析

不正発生の三要素とされる「動機・機会・正当化要素」について検討する。

まず、動機については、上記判決認定のとおり、前回検査において金融庁の検査に不信感を持っていたＸが、Ａ銀行の経営上の問題点を指摘されることを見越して、不都合なメールを削除しようとしたものといえる。

機会については、Ｘは、Ａ銀行の会長としてその業務全般にわたって強い影響力を持っていた者であり、いわばワンマン経営者として部下に対して強圧的に指示を出せる環境にあったことがうかがえる。

正当化要素については、本件で考えにくいところではあるが、Ｘにとっては前回検査において検査官の裁量権の逸脱ないし濫用があったという認識があったが故に、本件の検査において、いわば意趣返しのように検査妨害をしても構わないという気持ちが芽生えた可能性は否定できず、裁判所の認定もそのような事情を強くうかがわせる内容となっている。

(2)　量刑で考慮された事情

①　不利な事情

Ａ銀行の業務全般に強い影響力を持っていたＸが、組織的にメール削除を指示して大量のメールが削除されており、検査妨害の程度が大きいだけでなく、その影響で検査機関も９か月間の長期にわたることとなり、高度の公共性を有する銀行業務について健全かつ適切な運営の確保を目的とする金融行政に対して大きな影響を与えた。

しかも、Ｘは、金融庁の顧問として金融検査マニュアルの策定等に関与していながら、検査の実効性を失わせる行為を共犯者らを通じて組織的に行っており、悪質というほかなく、検査軽視の姿勢が甚だしい。

さらに、Ｘは積極的かつ主導的に犯行に関与しており、その責任は他の共犯者らと比べても明らかに重い。

－374－

②　有利な事情

結果的には事後的にすべてのメールを検査官に提出させており、酌量の余地がないとはいえず、犯行の関与の程度についてはあいまいな供述をしつつも犯罪の成立自体は認めている。また、本件により既に5か月間の身柄拘束をされたほか、銀行の役職を全て退き、相応の社会的制裁を受けているのみならず、さしたる前科がないなど、汲むべき事情もあるとされた。

<table>
<tr><td>5</td><td>不正の防止策・注意点</td></tr>
</table>

　本件は、ワンマン経営者が主導した検査妨害事案であり、前回検査と本件の検査との間において開催された執行役員会において、チェック機能を果たそうとした役員が「クーデター」と称される状況に追い込まれた経緯なども総合的に勘案すると、会社内部において検査妨害を未然に防止する方策をとることは極めて難しかったものと考えられる。

　このように、既に事前チェック機能が働かない状況に陥った会社においてトップの不正を防止するためには、内部告発しか選択肢がないようにも思えるが、それが会社の存続自体を危うからしめる可能性があるとすれば、その内部告発自体にも相当な覚悟が必要となるであろう。

　経済犯罪事例の事前防止策に限らず、そのような状態でも勇気を持って行動に出られる社員・役員をいかに養成するか、一般論とはいえ、社内教育の充実こそが遠回りなようで確実な不正防止策のように感じられる。

（内野令四郎）

各論〔裁判例の分析・解説〕

■脱税■

27 所得の秘匿工作と法人税法違反──エステート事件

（千葉地判平成9・5・14税務訴訟資料255号1443頁）

【事案一覧表】

事件のポイント	所得の秘匿工作をしたうえ、逋脱の意思で法人税確定申告書を税務署長に提出しなかった代表取締役の行為
関係現行法令	法人税法159条1項・164条1項
起訴された者	Y₁社（エステート本郷）、Y₂社、Y₁及びY₂の代表取締役X
結　論	Y₁社らの行為が、法人税法159条1項（平成10年法律第24号による改正前のもの）に違反したとされ、Y₁社を罰金1億2000万円に、Y₂社を罰金2000万円に、Xを懲役2年6月の判決を受けた。 （求刑：Y₁社・罰金1億8000万円、Y₂社・罰金3000万円、X・懲役3年6月）。
裁判の経過	1審　千葉地裁平成9年5月14日判決　結論と同じ 控訴審　東京高裁平成10年7月17日判決　控訴棄却 上告審　最高裁平成14年10月15日決定　上告棄却
その他参考事項	特になし

－376－

【当事者関係図】

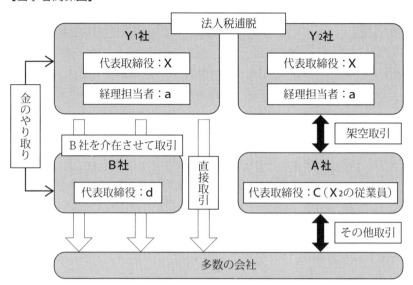

1 事案の概略

　本件は、Y1社・Y2社の代表取締役であったXが、Y1社・Y2社の業務に関し、法人税の過少申告逋脱、不申告逋脱を行った法人税法違反の事案である。

　不申告逋脱の事実関係については、Xが経理担当従業員aに対し、所得の秘匿工作をした会計書類を交付して、申告書の作成を依頼したうえ、法定納期限までに確定申告ができないことを知りながら、法定納期限を徒過させ、その後、税務署長に対し、上記会計書類に基づいて作成された期限後申告書を提出したというものである。

　上記の行為によって、Y1社・Y2社・Xいずれも有罪とされた。

各論〔裁判例の分析・解説〕

2　時系列

年　月　日	本件に関する事情
S57.6.28	Xが自身を代表取締役としてY2社設立、Xが同社の業務全般を統括。
S60.2.13	Y2社の元従業員bがY1社設立。Xはbからの要望でY1社の事業に参画し、営業権を掌握。
S61.2ころ	XがY1社・Y2社の経理事務をaに任せるようになり、aに対して、領収書等の取引関係書類をまとめて手渡し、その内容等について説明・指示をし、aは当該説明・指示に基づいて、仕訳伝票、総勘定元帳等の商業帳簿、決算報告書を作成したうえ、法人税確定申告を行う。
S62.1	Xが代表取締役をY2社の従業員cとしてA社を設立。Y1社とY2社の取引にA社を関与させ、実際の金銭の支払事実がないにもかかわらず、領収書をA社から発行させるなどの操作をして、経理の処理を行っていた。
S62.初夏ころ	B社の代取d及びC社の代取eがY1・Y2の事業に関与開始。
S62.12	B社がY1社の造成宅地の販売ないし購入について、千葉の物件の買主として関与開始。Y1社と譲受け売買先との間にB社が介在したかの如く仮装して、売上げの一部を除外し、仕入先を水増しするなどによりY1社の所得秘匿。
S63.2	千葉の複数の土地の購入に際して、B社が、Y1社と利用買主ないし地主との間に介在する形で取引に関与。Y1社・Y2社の経理担当者であるaは、dの指示を受けて、頻繁にB社名義の口座について、現金の預入れ、引出しなどを行う。
以降不定期に	Y1社と取引先の間にB社を介在させ、Y2社とA社の取引があったかのように外注費を出すなど、複数回にわたって

－378－

	仮装取引を実施。
H1.3.31	Y₁社の昭和63年度の法人税納期限。Y₁社は法人税確定申告書を納期限までに提出しなかった。
H1.6.16	aがY₁社の平成元年度の法人税を申告。
H1.6.30	Y₂社の昭和63年度の法人税納期限。Y₁社は法人税確定申告書を納期限までに提出しなかった。
H1.9	XがY₁の代表取締役に就任。
H2.3.31	Y₁社の平成元年度の法人税納期限までに、実際の課税土地譲渡利益金額よりも過少に申告し、法人税額を減少させる虚偽の法人税確定申告書を税務署長に提出し、そのまま法定納期限を渡過させる。
H2.6.28	Y₂社の平成元年度の法人税納期限までに、実際の所得金額よりも過少に申告し、法人税額を減少させる虚偽の法人税確定申告書を税務署長に提出し、そのまま法定納期限を渡過させる。
H3.4.1	Y₁社の平成２年度の法人税納期限。Xは法人税確定申告書を納期限までに提出しなかった。
H3.5.21	aがY₁社の平成２年度の法人税を申告。

3 裁判所の認定と判断

(1) 罪となるべき事実・罰条

① Y₁社における逋脱行為（法人税法159条１項）

　Xは、Y₁社の代表取締役として、B社の代表取締役である相被告人dと共謀のうえ、Y₁の業務に関し、法人税を免れようと企て、Y₁の不動産売買に際し、Y₁と譲受け売買先との間にB社が介在したかの如く仮想して、売上げの一部を除外したり、仕入高を水増しするなどの方法により所得を秘匿したうえ、昭和63年度から平成２年度の事業年度において、法

各論〔裁判例の分析・解説〕

人税確定申告書を税務署に提出しないで法人税納期限を徒過させ、虚偽の法人税確定申告書を出すなどして、3年分合計で法人税額5億3101万8300円を免れた。

② Y₂社における逋脱行為（同法同条同項）

Xは、Y₂社の代表取締役として、Y₂社従業員のcらと共謀のうえ、Y₂の業務に関し、法人税を免れようと企て、Y₁社の不動産売買に際し、売上げの一部を除外したり、架空の外注費を計上するなどの方法により所得を秘匿したうえ、昭和63年度から平成元年度の事業年度において、法人税確定申告書を税務署に提出しないで法人税納期限を徒過させ、虚偽の法人税確定申告書を出すなどして、2年分合計で法人税額8930万2400円を免れた。

(2) 裁判所の判断

Y₁社・Y₂社・Xは、上記行為について、各益金の帰属先及び存否、並びに申告期限を徒過させることについての故意の有無について争ったが、1審判決は、いずれも公訴事実どおりの認定をした（控訴棄却、上告棄却）。

4　事案の分析

(1) 不正の発生原因の分析

① 動　機

Xは、土地重課制度により高率の税金が課されることに対する根強い不満を抱き、事業の安定的かつ継続的な発展を企図し、簿外資金を蓄積したいという動機をもっていた。

② 機　会

Y₁社・Y₂社は宅地等の土地造成事業を行っていたところ、Xは両社の経理事務をXと特別な関係にあるaに任せ、Xがaに対し、法人税確定申告の内容等についての説明・指示を行っていた。

そのような状況で、Xの知人であるd及びeらが、Xに対して簿外資金

－380－

を捻出する方法を教示していた。ｄ及びｅらが代表取締役を務める会社を初めとして、虚偽の概観を作成できる会社が周囲に多く存在したことが、不正を行う機会となった。

③ 正当化要素

Ｙ₁社らは、期限後申告を行い納税をしていることから、当該納税については、法人税法159条１項違反の対象にならないと主張した。

(2) 有罪認定で重視された事情

Ｙ₁社及びＹ₂社がした行為につき、弁護人らは益金の帰属の有無といった構成要件該当性や申告期限を徒過させることについての故意がなかったことを争う主張をしていたが、本判決は、関係者の供述のみで客観証拠がなく、疑わしいことなどを理由に弁護人の主張を排斥して有罪認定している。弁護人は、構成要件該当性を否定するため争っていたものと思われる。

Ｘについては、①利益秘匿工作を行い、②虚偽過少申告による逋脱結果が発生することについての認識があること、③ＸとＹ₁社及びＹ₂社の経理担当者であるａは愛人関係として特別な関係にあり、ａの出産や体調不良についての認識、といった点を重視して、不申告の故意に欠けるところはないとして、総所得金額全額につき不申告行為をしたとして有罪とされている。

(3) 量刑判断で重視された事情

① 加重要素

イ　Ｙ₁社について

・脱税額の合計が５億3100万円余りと脱税率が高率であること

・取引を仮装し、虚偽の契約書を作成するなどしており、犯行が計画的で巧妙かつ悪質であること

・動機が利己的かつ反社会的であること

ロ　Ｙ₂社について

・脱税額の合計が8900万円余りと脱税率が高率であること

・取引を仮装し、架空の外注費を計上するなどしており、犯行が計画的

各論〔裁判例の分析・解説〕

で巧妙かつ悪質であること

・動機が利己的かつ反社会的であること

ハ　Xについて

・Y₁社及びY₂社における行為から、Xの納税意思の欠如が甚だ乏しく、規範意識の鈍麻が見られること

② **軽減要素**

イ　Y₁社について

・事件発覚後、2395万2000円を納税していること

・動機が利己的かつ反社会的であること

ロ　Y₂社について

・事件発覚後、2096万7800円を納税していること

・取引を仮装し、架空の外注費を計上するなどしており、犯行が計画的で巧妙かつ悪質であること

・動機が利己的かつ反社会的であること

ハ　Xについて

・自らの行為について反省していること

・事件発覚後、少額ながら納税したこと

・本税、重加算税、延滞税等についても今後支払うと誓約していること

・X以外の共犯者も相当高額な利得を得ており、Xのみが利得を得たわけではなく、共犯者らとの交際によって納税意識が希薄になっていたこと

・Xには約20年前に罰金刑に処せられた以外に前科はなく、XはこれまでY₁社及びY₂社の経営に携わるなどして、真面目に働いてきたこと

・経営者としてXを頼る多数の従業員がいること

(4)　**その他、本件の特殊性など**

本件で行われた行為は、法人税申告を納期限内にせず、虚偽の取引や架空の外注費計上などをして申告書に虚偽記載をしたというものであることから、典型的な脱税事件といえる。

－382－

上告審では、被告人らが期限後に申告して納税をしていることから、逋脱税額から期限後申告によって納税した部分を除くべきか否かが争われたところ、最高裁は、職権で、法人税159条1項に規定する者が、所得の秘匿工作をしたうえ、逋脱の意思で法人税確定申告書を税務署長に提出しなかった場合、免れた法人税の額は、所得の秘匿工作が行われた部分に限定されるものではなく、その事業年度の金額全額に対する税額になるとの判断を示している。

<table>
<tr><td>5</td><td>不正の防止策・注意点</td></tr>
</table>

本事案は当該脱税をしようとして発覚し、結果として重いペナルティが課された事案である。税務当局は不正の端緒があれば税務調査に入ることができ、金融機関における取引も把握することができることから、基本的に企業が行う脱税は税務調査によって把握され得るものといっても過言ではない。仮に経営者に脱税をやろうという意思がなくても、税務当局に脱税とみなされた場合には、過少申告加算税を初めとする加算税及び延滞税の追徴課税のみならず、刑事責任を問われる可能性も少なくない。

当然ながら、企業にはコンプライアンスの徹底が求められ、反した場合には各種ステークホルダーから法的責任及び社会的責任を問われることになる。しかしながら、経営者の権限が大きくなればなるほど、監視の目が届かなくなり、本件のような事態が起こるのである。

そこで、基本的なことではあるが、企業としては、脱税を含め、コンプライアンスを徹底するために以下のような防止策を立てるべきである。厳密には、経営者に対する不祥事防止と従業員に対する不祥事防止では打つべき対策が異なり得るが、以下では特に分けずに論じることとする。

(1) 不祥事が発生しない体制を構築する

① 内部統制構築義務

法令違反行為等が行われないよう会社の組織を適切に管理するための体制を整える義務（内部統制システム構築義務）が各種裁判例で認められてい

各論〔裁判例の分析・解説〕

る（大阪地判平成12・9・20判例タイムズ1047号86頁－大和銀行株主代表訴訟事件参照）。企業は、取締役は勿論のこと、従業員が職務を遂行する際に違法な行為に及ぶことを未然に防止する義務を負っており、これに反した場合、義務違反の責任を問われることになる。

　そこで、企業としてすべきことは、各種社内規定の整備、内部通報制度の設置・適切な運用、役員・従業員に対するコンプライアンス意識の醸成など、基本的なことを確実に実施するとともに、内部統制システムが適切に構築できているかを外部の専門家から評価される機会を作り、随時システムを発展させながらコンプライアンスを遵守する体制を構築していくべきである。

　本事案との関係でいえば、企業の行為について税務上問題ないかを判断する際には、当該行為の是非について、①弁護士、税理士及び会計士の意見書を取得する、②税務当局に事前に確認することが方法として考えられる。ただし、これらの意見照会手続は、当該行為が税務上「否認」されないためには有効であるが、最初から脱税をしようという場合には意味をなさない。一部の者が脱税をしようという行動を選択しないようにするためには、会社の重要な行為は経理部等の管理部門の事前及び事後のチェックを必ず経るようにすることなどが考えられる。それでも、実際に犯罪行為を行おうとする者を完全に止める仕組みを構築するのは困難であることから、脱税を初めとする犯罪行為を行わないようにするコンプライアンスの意識の醸成が重要である。

②　独立性の高い社外取締役、社外監査役を選任する

　平成26年6月に可決された改正会社法（平成26年法律90号会社法の一部を改正する法律）では、監査役会設置会社（公開会社であり、かつ、大会社であるものに限る）であって、その発行する株式について有価証券報告書の提出義務が課される会社の場合に社外取締役不設置の場合、当該事業年度における株主総会において、社外取締役を置くことが相当でない理由を説明することが義務付けられた（327条の2）。

　現代社会においては、不祥事が発覚した場合、企業のみならず取締役に

－384－

対しても重い責任が追及される。不祥事を起こさないためには経営者など
に権限を集中させるのではなく、外部からの監督、牽制が必要と考えられ
るようになっている。

　本件の事件も経営者の暴走によって重大な罪を犯し、結果として重い刑
罰を課されている。Y1社及びY2社に社外取締役・監査役がいれば、未然
に防止できたかもしれない。業務の効率化、迅速性とのバランスをとる必
要はあるが、会社経営には外部の適正な監視が必要である。そうすること
によって、対外的な評価も得ることができ、企業の健全な発展につながる
といえる。

　ここで重要なことは、外部の取締役及び監査人に対し、どのように何を
報告するのかである。社外取締役及び社外監査役を設置しても情報がなけ
れば監督・監査のやりようがないからである。企業としては、報告内容及
び報告形態に留意し、社外取締役及び社外監査役を用いるメリットを最大
限活用すべきである。

③　経営者のコンプライアンス意識の向上

　そもそも、経営者の意識がコンプライアンスに向いていなければ、企業
の不祥事を防ぐことはできない。大企業、中小企業を問わず、経営者は長
期的な企業の発展をめざすのであれば、コンプライアンスなくして企業の
存続はないということを肝に銘じなければならない。企業の不祥事によっ
て、企業はいかなるダメージを負うのか、経営者はいかなる責任を負うこ
とになるのかについて、具体的にイメージしておかなければならない。社
内では些細な問題と考えられていたものが、企業の存続の危機につながる
問題まで発展し、経営者に対する刑事責任まで問われることになった事件
は枚挙に暇がない。

(2)　万が一不正が発覚した場合、隠ぺいせず、適正に対応する

　不祥事が起こった場合、初動対応が重要である。不祥事そのものについ
ての処置と同様、対外的な対応（マスコミ対応、顧客、取引先への対応など）
も極めて重要である。組織的な慣習、業界の慣習による不正が原因で外部
の中立な立場からの調査が必要な場合には、弁護士等による第三者委員会

各論〔裁判例の分析・解説〕

を設置して調査報告書を作成し、各種関係者に説明責任を果たすことが望ましいこともある。

　企業としては、不祥事が発覚した場合には、不祥事の内容・規模・原因・悪質性・社会的影響、企業・業界の業種、不祥事発覚のタイミングなどを総合的に判断し、専門家の判断を取り入れながら対応方針について慎重に検討すべきである。

（伊東祐介）

各 論

裁判例の分析・解説

7 倒産時対応

各論〔裁判例の分析・解説〕

■倒産法違反■

28　債権者の行為と民事再生法違反―トランスデジタル事件（東京地判平成22・11・24ウェストロー：文献番号2010WLJPCA12480101）

【事案一覧表】

事件のポイント	民事再生手続の申立直前になされた債権譲渡担保契約について、債務者のみならずこの譲渡担保を受けた債権者も民事再生法違反（特定の債権者に対する担保の供与等の罪）に該当するか
関係法令	民事再生法256条、刑法60条
起訴された者	X：A社の実質的経営者。元暴力団組長 a：B社代表取締役社長。同社の業務全般の統括者 b：B社副社長。同社の管理及び経理業務全般の統括者 c：B社資金調達関与者で同社意思決定に影響力を有していた者 d：B社の顧問。同社の業務全般を実質的に統括していた者
結　　論	X：懲役1年6月（執行猶予3年）【確定】 aないしdについては、Xと分離して裁判が行われており、aないしdの結論については不明
その他参考事項	特になし

28　トランスデジタル事件

【当事者関係図】

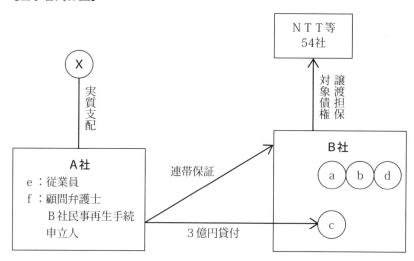

1　事案の概略

　本件は、A社の実質的経営者であるXが、債務者B社により債権者A社のために設定された債権譲渡担保設定行為について、通常の関与行為を越えて関与をしたとして、民事再生法の「特定の債権者に対する担保の供与等の罪」により有罪とされた事例である。

2　時系列

年　月　日	本件に関する事情
H20.2.7	A社からcに対して2.5億円貸付け。
時期不明	A社からB社に対して法定利率を超える貸付け。
H20.6.10～23	A社から、cを主債務者、B社を連帯保証人として、合計3億円の貸付け（本件貸付け）。
H20.7.11	B社が新株予約権による50億円資金調達発表→28.3億円調達。

各論〔裁判例の分析・解説〕

H20.8.21	Xがｃから「Ｂ社が手形決済できない」と聞き、本件貸付けの返済方法につき検討を開始し、ＸはＢ社の倒産可能性を認識。 （ｃの提案：下記①②） ①　Ｂ社の未発行新株予約権の内３億円をＸが引き受け、ＸからＢ社に３億円を払込。 ②　Ｂ社に払い込まれた３億円をＡ社への返済に回し、Ｘが取得した新株を市場にて３億円で売却して資金回収。 →　Ｘは、ｃ提案の②の「市場での売却」スキームに不安を覚え、ｃに対してＢ社の有する債権譲渡を要求したところ、ｃが債権の譲渡担保を提案し、Ｘが了承（ａｂｄも同意）。
H20.8.22	Xからｂに対し、Ｂ社の新株予約権の行使額を８円→２円とＩＲするよう要求。
H20.8.25	Xからｅに対し、債権譲渡担保契約書の作成を指示し、ｅがｆ弁護士からひな形を入手。
H20.8.26	Xからｅに対し、Ｘが新株予約権行使のためＢ社に払い込んだ３億円がＡ社に振込まれたかを確認することを指示。 →ｅにより債権譲渡担保契約書が作成され、Ｂ社印押捺。 →ｆ弁護士が債権譲渡担保の日付は半年以上遡るべきと指摘。
H20.8.27	ｅは、債権譲渡担保契約の契約日を２月７日に変更するため、ｄを介し、ｂに日付空欄の債権譲渡担保契約書に押印させる。
H20.8.28	Xが、ｃから、Ｂ社が不渡りを出したことを伝えられる。 ｅが、債権譲渡担保契約書に、日付は２月７日と記入。 Xが、ａｂｄをｆ弁護士法律事務所に集合させ、Ｂ社の民事再生手続申立人をｆ弁護士とすることを要求し、了承を得る。 債権譲渡担保契約が、Ｂ社の依頼によるものである旨の書

－390－

	面を f 弁護士に相談して作成。
H20.8.29〜	債権譲渡通知を発送。
H20.9.1	民事再生手続開始の申立。
H20.10.3	民事再生手続開始の申立確定。

3　裁判所の認定と判断

(1)　罪となるべき事実・罰条（民事再生法256条、刑法60条）

　Xは、A社からcが合計3億円を借り入れ、B社がその借入債務を連帯保証していたことから、B社を再生債務者とする民事再生手続開始の申立が行われる前に、B社のA社に対する連帯保証債務について、B社が第三債務者に対して有する債権を譲渡担保に供することを企てた。

　そこで、XとB社社長であるaらは、共謀のうえ、B社の業務及び財産に関し、B社に民事再生手続開始に至るおそれがあることを認識しながら、B社の他の債権者を害する目的で、B社にはA社に対して債権を担保として供与する義務がないのに、平成20年8月26日から同月27日にかけて、B社がA社に対し現在負担し又は将来負担することのある債務の弁済を担保するため、B社が第三債務者に対して現在有し又は将来有することのある債権の譲渡担保契約書を作成するなどして、A社に対してB社の第三債務者に対する債権を譲渡担保に供することで、A社に対する担保の供与に関する行為をした。

(2)　裁判所の判断

　債権者が他の債権者に先立ち、自己の債権回収を図ること自体は、経済取引上止むに止まれぬ側面があることから、債務者による担保の供与や債務の消滅に関する行為について、債権者にこれらを一律に拒否するよう強制することは相当ではない。

　したがって、債務者による担保供与等の債権回収行為について、通常の関与行為をしたにとどまる相手方（債権者）については、民事再生法上の

各論〔裁判例の分析・解説〕

罪は成立しないと解される。

　しかし、それを超えて関与をした相手方（債権者）については、債務者が全債権者に対する公平、平等な弁済をなす義務に違反することに加担したと評価され、罪が成立するとした。

4　事案の分析

(1)　不正の発生原因

①　動　機

・A社が、B社に対して約3億円の連帯保証債権を有しており、これが焦げ付く可能性が大きかった。

・B社が、優良な資産として大手上場会社に対する優良債権を多数保持していた。

②　機　会

・B社が民事再生手続を進めることをXは認識しており、債権回収を図るタイミングとしては、B社が民事再生申立するよりも前の機会をとらえる必要があった。

③　正当化要素

・A社の顧問弁護士fが関与し続けており、そのアドバイスに従った形で手続を進めていた（Xとしてはf弁護士の指示どおりに行えば適法に債権回収を図れると考えていた可能性は否定できない）。

(2)　有罪認定で重視された事情

①　平成21年8月21日における回収スキーム提案への関与

　Xは、cから新株予約権を仮装引受する方法によって債権の回収を図る方法の提案を受けるや否や、本件貸付金全額の債権回収ができない場合に備えてB社の売掛債権の譲渡をcに要求し、このため、cが、妥協策として同社の売掛債権の譲渡担保を提案したものであり、このような経緯に照らして、本件回収方法について、Xが要求したものであると認定した。

－392－

② 債権譲渡担保の設定を強要するＸの言動があったか否か

イ 本件債権譲渡担保をｃが提案するに至った経緯（上記①）

ロ Ｘが過去に暴力団の組長であったことなどのＸの身上経歴について
ａらが認識

ハ ＸがＢ社の簿外債務の中でも特に大口の債権者であり、Ｘが本件貸
付金の担保等として、同社が振り出した手形を所持していたこと

ニ 同日の時点で、本件貸付金を返済するためには本件回収方法をＸに
承諾してもらう必要があり、ａらは、Ｘの意向に沿わなければ、同社
の事業の継続が困難になることを認識していたこと

ホ ニのこともａらが本件債権譲渡担保に同意した要因と認められるこ
と

ヘ 他方、Ｘも同社が近い将来倒産することや、同社が本件貸付金を返
済するためには、本件回収方法によるしかないことを認識していたこ
と

以上のイ〜への事実より、Ｘが、ａらに対し、優位な立場に立って、本
件回収方法及び本件債権譲渡担保についての合意を勧め、ａらは本件債権
譲渡担保を受け入れざるを得ない状態にあったものと認められ、これをも
って「通常の関与行為を超えて関与した」ものであるとして、Ｘの有罪認
定が導き出されている。

(3) 量刑判断で重視された事情

【加重要素】

① 本件犯行の態様は悪質。本件債権譲渡担保に供されたＢ社の売掛債
権は、多額の簿外債務を抱えて経営が悪化し、資金繰りに窮していた同社
の唯一ともいうべき重要な資産であることは明らかであった。

② Ｘは、ｃから、債権回収のための提案を受けた際、同社の資金繰り
が厳しいことを聞くや、ｃに対し、同社の数少ない資産の１つである売掛
債権を譲渡することを自ら求め、ｃと相談のうえ、他の債権者に先立って
本件貸付金を確実に回収するための方法として同社の売掛債権を譲渡担保
に供することに合意し、同社が不渡りを出した場合に備えて、債権譲渡担

各論〔裁判例の分析・解説〕

保契約書、第三債務者に対する債権譲渡通知書を事前に作成させるなどし
たうえ、同社の民事再生手続開始後に本件の債権譲渡について否認権が行
使されるのを免れるため、契約日付を約半年前に遡らせるなどの工作を加
えた。

　③　同社が不渡りを出すや、実際に第三債務者に債権譲渡通知書を発送
している。

　④　①～③の事情に照らせば、本件犯行は同社に対する民事再生手続の
適正を損なうものであったことは明らかであり、犯情は芳しくない。

　⑤　Ｘは、本件貸付金を確実に回収するために様々な工作を行ってお
り、Ｘが債権者であることを考慮しても、積極的に本件犯行に関与し、中
心的な役割を果たしている。

　⑥　本件犯行に至る経緯や犯行の動機に酌むべき事情があるとはいえな
い。なお、一般に、債権者が債務者から確実に弁済を受けるために、他の
債権者に先立って債権の回収を図ること自体は経済取引上止むに止まれぬ
側面があるとしても、Ｘのように、債権者として通常許容される関与行為
の範疇を超えて、積極的、能動的に債権回収を図ることまで法律上許容さ
れているとは認められない。

【軽減要素】

　①　Ｘは債権者の立場にあり、債務者と比較すれば、その刑事責任には
自ずと限度があると認められる。

　②　Ｘが実質的に支配するＡ社は、債権譲渡通知書が到達した第三債務
者中のＡ社から約67万円の弁済を受けたものの、Ｂ社の従業員が監督委
員に通報したことをきっかけとして債権譲渡担保契約が合意解除されたこ
とにより、同金額は同社に返還されたため、本件犯行による実害は発生し
ていない。

　③　Ｘは、本件の事実関係をおおむね認めて反省の弁を述べている。

　④　本件犯行が報道されたことなどによって、Ａ社の経営状態が悪化し
たことにより、経済的な打撃を受けている。

　⑤　Ｘには古い懲役刑前科のあるほかは、本件犯罪とは異なる種類の罰

金刑前科1犯があるのみである。

5 不正の防止策・注意点

本事案の分析からは、民事再生を申し立てる債務者会社の担当者の場合と、債権回収を行う債権者会社の場合の各注意点として、以下の防止策・注意点が導かれる。

(1) 債務者会社の場合

まず、債務者会社は、「債務者が、再生手続開始の前後を問わず、特定の債権者に対する債務について、他の債権者を害する目的で、担保の供与又は債務の消滅に関する行為であって債務者の義務に属せず又はその方法若しくは時期が債務者の義務に属しないものをし、再生手続開始の決定が確定したとき」には、民事再生法違反に問われるおそれがあることを知っておく必要がある（民事再生法256条）。

したがって、債務者会社の担当者としては、自社が債務超過状態に陥っていると認識し、かつ、民事再生手続（又は破産手続）を選択せざるを得ない状況に追い込まれていた場合には、総債権者の利益を図るべきであって、特定債権者のためだけの便宜を図ることは厳に慎まなければならない。

本判決では、なぜA社の実質的経営者であるXのいいなりになるような行為をしたのかの背景事情までは明らかではないものの、会社担当者としては、取締役ないし監査役に対して、このような偏頗的な担保提供行為が刑事リスクを生じさせることについて警鐘を鳴らす必要がある。

そこで、債務者会社においては、そのような警鐘を鳴らしやすい環境作り、内部通報制度の整備などをする必要がある（が、本件のように経営陣ぐるみで犯罪に加担してしまうような場合には、その防止は極めて難しいこととなろう）。

(2) 債権者会社の場合

一方、債権者会社に籍を置く担当者であれば、債務者の信用不安情報を

各論〔裁判例の分析・解説〕

掴めば、誰でも債権回収に走ろうとすることは無理からぬところであり、それが「通常の関与行為」と考えられれば、犯罪を構成するとはいえないであろう。

問題は「通常の関与行為を超えた関与」というのがどのようなものであるかであるが、本件では、「債権譲渡について否認権が行使されるのを免れるために契約日付を半年前に遡らせるなどの工作」を行った点が特に問題視されている。

すなわち、抜駆け的債権回収行為を行うにしても、「いつ、どのような形で債権回収を図ったのか」という基本的事実に偽りを述べないことが最も重要である。

ともすると、事業会社においては契約日付を遡らせる（いわゆるバックデート）を行うことに抵抗感のない会社もあるようであるが、法的視点から正確にそのような書面を作るとすれば、「本契約は○年○月○日付で合意した事項につき本日付で書面作成した」という形で、その作成過程も分かるようにすることが求められているといえよう。

（内野令四郎）

－396－

■倒産法違反■

29　債務者の財産を債権者の不利益に処分する行為の当否—ＳＦＣＧ事件（東京地判平成26・4・30公刊物未登載）

【事案一覧表】

事　案	株式会社の民事再生手続開始決定に先立ち、保有する不動産担保ローン債権をグループ会社に譲渡した行為に関し、当時の代表取締役が、①譲渡が実質的に無償でなされたとして詐欺再生罪、特別背任罪で起訴されるとともに、②民事再生手続等における否認権行使を免れるため、譲渡の日付を仮装した債権譲渡登記をしたとして電磁的公正証書原本不実記録、同供用罪で起訴され、①につき無罪、②につき有罪とされた事例
事件のポイント	民事再生手続開始申立直前に行った債権譲渡につき、実質的に無償でなされたと評価できるか
関係法令	民事再生法255条1項4号、会社法960条1項、刑法157条1項・158条1項
起訴された者	株式会社ＳＦＣＧ（以下「Ｓ社」という）の代表取締役Ｘ
結　論	代表取締役Ｘの行為が、詐欺再生罪、特別背任罪につき無罪、電磁的公正証書原本不実記録、同供用罪につき有罪とされ、懲役1年6月、執行猶予3年の判決を受けた（求刑懲役8年）。
その他参考事項	Ｘのみ控訴

【当事者関係図】

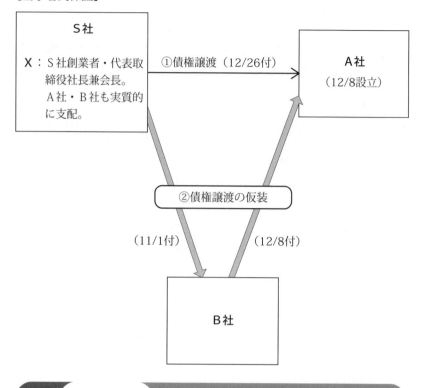

1　事案の概略

　本件は、いわゆる商工ローン業務を主力事業としていたＳ社の代表取締役社長兼会長であり、Ａ社、Ｂ社を含むグループ会社を実質的に経営支配していたＸが、Ｓ社の民事再生手続開始申立の約２か月前に、Ｓ社の保有する不動産担保ローン債権（簿価合計約418億円）をＡ社に譲渡した（以下「本件債権譲渡」という）うえ、同申立の４日前に、同債権につき、譲渡の日付を遡らせ、Ｂ社を経由してＡ社に譲渡された旨の債権譲渡登記をしたという事案である。

　なお、譲渡代金は、Ａ社のＳ社に対する債権（グループ会社からＡ社に債権譲渡されるなどしたもの）を反対債権として相殺された旨の経理処理がさ

29 ＳＦＣＧ事件

れた。

2 時系列

年　月　日	本件に関する事情
H20.8末	Ｓ社が金融機関からの借入金の返済等に窮するようになる。
H20.12.8	ＸがＢ社の出資によりＡ社を設立(資本金10万円)。
H20.12.26	Ｓ社からＡ社に対し、不動産担保ローン債権の譲渡。
H21.2.19	同債権譲渡につき、内容虚偽の債権譲渡登記申請。
H21.2.23	Ｓ社民事再生手続開始の申立。
H21.2.24	Ｓ社民事再生手続開始決定。
H21.3.24	同決定確定。

3 裁判所の認定と判断

(1) 起訴に係る事実

　Ｘは、①Ｓ社の民事再生手続開始決定に先立ち、債権者を害し、Ｘ及びＸが実質的に支配するＡ社等の利益を図る目的で、Ｓ社の財産を適切に管理するなどＳ社のために誠実にその職務を遂行すべき任務に背き、Ｓ社からＡ社に対し、Ｓ社保有の不動産担保ローンを実質的に無償で譲渡して、Ｓ社の財産を債権者の不利益に処分するとともに、Ｓ社に財産上の損害を与え、②同債権譲渡につき、民事再生手続等における否認権行使を免れるため、譲渡の対象となった債権を、より以前の日付でＳ社がＢ社に譲渡し、その後Ｂ社からＡ社に譲渡された旨の内容虚偽の債権譲渡登記を申請し、登記官に、債権譲渡登記簿の原本として用いられる電磁的記録に不実の記録をさせ公正証書の原本としての用に供させたとして、①の行為につき民事再生法255条1項4号（詐欺再生罪）及び会社法960条1項（特別背

－399－

各論〔裁判例の分析・解説〕

任罪）、②の行為につき刑法157条1項及び158条1項（電磁的公正証書原本不実記録、同供用罪）により起訴された。

(2) 裁判所の判断

①　本判決は、Xを①の事実につき無罪とする一方で、②の事実につき、Xの指示があったとの関係者の証言の信用性を認めて有罪とし、懲役1年6月、執行猶予3年の判決を言い渡した。

②　一部無罪（①の詐欺破産罪、特別背任罪関係）の判断の理由について

イ　「倒産のおそれ」関係

詐欺再生罪が成立するためには、行為当時に、債務者において、現実に破産手続開始の原因となる事実の生ずるおそれがあること、すなわち債務者の弁済能力では、弁済期にある債務を、一般的かつ継続的に弁済することができないといった支払不能のおそれのある客観的な状態にあることが必要であり、行為者によるその旨の認識も必要である。

本件債権譲渡の時点におけるS社の資金調達状況や財務状況、税金及び手形債務の債務不履行に陥っていた状況等からすれば、S社は、本件債権譲渡の時点において、上記のような支払不能のおそれのある客観的な状態にあったと認められる。Xは、同時点のS社の財務状況について概ね正確に認識していたと認められるし、債務不履行状態を解消させるだけの具体的で現実的な資金調達方法の認識があったとは認められない。よって、Xは、本件債権譲渡の時点において、S社が上記状態にあることを認識していたと認定できる。

ロ　不利益処分関係

民事再生法255条1項4号にいう「債務者の財産を債権者の不利益に処分する」とは、例えば法外の廉売であるとか、贈与等のように同条1号ないし3号で列挙されている「隠匿」「損壊」等にも比すべき、債権者全体に絶対的な不利益を及ぼす行為をいい、特定の債権者に対する代物弁済又は弁済のためにする譲渡も、債務者が提供した給付がこれに対応する債務と著しく権衡を失する高価なものであると認められるような特段の事由がある場合を除き、「債務者の財産を債権者の不利益に処分」する行為には当た

－400－

らないと解するのが相当である。本件でも、A社が本件債権譲渡の対象である不動産担保ローン債権を代物弁済や相殺等の方法により有償で取得したと認められ、本件債権譲渡が実質的に無償でなされたとは認められない場合には、「債権者の不利益に処分」する行為には当たらないことになる。

　本件債権譲渡の譲渡代金は、A社のS社に対する債権を反対債権として相殺された旨の経理処理がされており、この反対債権が現実に実在する債権であれば、本件債権譲渡は、前記特段の事由がない限り、「債務者の不利益に処分」する行為には当たらない。

　そして、この反対債権は、S社のグループ会社に対する債務負担を仮装したもの等ではなく、いずれも現に実在する債権であったと認められる。そして、最終的に本件債権譲渡の対象となった不動産担保ローン債権の譲渡代金は債権額の2割とされているが、鑑定額等に照らし妥当なものといえ、同不動産担保ローン債権の客観的な価額が、相殺に供された反対債権と著しく権衡を失する高価なものであると認められるような特段の事由があるとは認められない。

　ハ　結　論

　以上によれば、Xの行為につき詐欺再生罪は成立しない。そして、本件債権譲渡時にS社に客観的に倒産のおそれが存在し、Xにその旨の認識があること、及び本件債権譲渡が実質的に無償でなされたものであることが肯定されれば、特別背任罪につき図利目的及び任務違背行為性も容易に肯定できる関係にあるから、Xの行為につき特別背任罪も成立しない。

4　事案の分析

(1)　不正の発生原因の分析

（有罪とされた電磁的公正証書原本不実記録、同供用罪関係）

①　動機、機会

・本件債権譲渡は、S社に倒産のおそれがある状況で、グループ会社に対してなされたものであり、S社の責任財産を不当に減少させたとし

－401－

各論〔裁判例の分析・解説〕

て、倒産手続における否認権行使の対象となり得る行為であった。

・S社では、倒産のおそれが現実化して以降、保有資産を、Xが支配するグループ会社やX個人で承継、確保することを図っていた。

・S社の民事再生手続開始の申立が数日後に迫っていた。

② 正当化要素

・Xは、登記申請に何ら関与していないとして自身の刑事責任を争った。

(2) 有罪認定で重視された事情

登記申請につきXの指示があったとの関係者の証言の信用性が争われた。裁判所は、X自身が本件債権譲渡に関し、登記内容に沿う内容虚偽の稟議書を決裁していることや、登記申請に至る客観的事実経過及び当時S社が置かれていた状況等と証言内容との整合性などを根拠に、これを肯定した。

(3) 量刑判断で重視された事情

本判決は、量刑理由を記載していない（検察官の重い求刑と結論との差を見ると、起訴事実の悪質性を基礎付けていたのは詐欺再生罪及び特別背任罪の行為だったといえる）。

(4) 本件の特殊性

① 本件のポイントは、Xが詐欺再生罪及び特別背任罪につき無罪とされたことである。そこで、特に裁判例の少ない詐欺再生罪の判断構造に触れておく。

② 民事再生法255条1項は、「再生手続開始の前後を問わず、債権者を害する目的で、次の各号のいずれかに該当する行為をした者」につき、「再生手続開始の決定が確定したとき」に処罰する旨規定し、Xは、同項4号の「債務者の財産を債権者の不利益に処分」したとして起訴された。

③ 詐欺再生罪に該当する行為がどの時点でなされたことが必要かにつき、法文上は何ら限定が付されていないが、学説は、詐欺破産罪につき、処罰範囲を限定するため、行為時に倒産状態に至るおそれが存在していることが必要と解したうえ、行為者の故意においてもその旨の少なくとも未

－402－

必的な認識が必要としており（伊藤栄樹ほか編『注釈特別刑法５巻(1)』696
頁〔亀山継夫〕）、同旨の裁判例もある（東京地判平成８・10・29判例タイム
ズ949号246頁）。詐欺破産罪の保護法益は、破産手続の適正な実現によっ
て確保される総債権者の財産的利益であり、処罰の根拠は、債務者が自己
の債務不履行の後始末として、総債権者に対し、信義誠実の原則に従って
自己の財産を保全、提供し、公正な破産処理手続が完遂されることに協力
すべきであるにもかかわらず、これを害する行為をしたことにあるから、
行為の当時に、かかる信義誠実義務を要求すべき状況にあることを要する
とするものである。本件でも裁判所は、前項「３　裁判所の認定と判断」
(2)②イのとおり述べて、同様の立場をとることを明らかにしている。

　そして、この倒産のおそれを肯定するにあたり考慮された要素は次のよ
うなものである。

- Ｓ社は、不動産担保ローン債権や商工ローン債権を金融機関に信託譲
  渡あるいは担保提供して新規貸付用の資金を調達していたが、サブプ
  ライムローン問題やリーマンショック等の影響を受けて、本件債権譲
  渡の約３か月前頃までに同方法による資金調達が困難となった。その
  結果、本件債権譲渡の約４か月前には決済用資金がひっ迫し、金融機
  関からの借入金の返済等に窮するようになった。
- 本件債権譲渡の約２か月前には、優良債権をＮ銀行に譲渡するという
  Ｓ社に不利な方法でしか新たに資金調達を行うことができない状況に
  なった。
- 同時期までにグループ会社から多額の資金融通がなされたが、これに
  よっても全ての債務の返済をまかなうことはできず、本件債権譲渡の
  時点において、Ｎ銀行から資金調達を行うことができなければ直ちに
  支払不能に陥る状態にあった。
- 本件債権譲渡時点までに、税金を滞納し、別の銀行に対する手形債務
  も元本の大部分を延滞していた。これらの債務不履行は、Ｓ社の社会
  的、経済的信用を大きく失墜させ、企業経営自体をも困難にしかねな
  い性質のものであった。

各論〔裁判例の分析・解説〕

・N銀行からの資金調達によっても、本件債権譲渡の時点まで決済用資金の月末残高は回復せず、債務不履行に陥った債務全額の弁済には到底足りなかった。

④　そして、前項「3　裁判所の認定と判断」(2)②ロの不利益処分性に関する判断（債権者全体に絶対的な不利益を及ぼす行為をいうとして、特定の債権者に対する代物弁済等につき、給付と債務の著しい不権衡の有無を問題とするもの）は、詐欺破産罪に関する最高裁判決（最判昭和45・7・1刑集24巻7号399頁）にならったものである。

本件では、本件債権譲渡が実質的に無償でなされたとして起訴がなされ、検察官は、相殺に供された債務が仮装のものあるいは別の債権譲渡代金の見合いとして消滅することが予定されており、本件債権譲渡の譲渡代金の決済に用い得ないものであったなどと主張したが、裁判所は、債務の内容を詳細に検討したうえ検察官の主張を排斥した。

⑤　また、当事者の主張及び裁判所の判断で興味深い点として、検察官が、A社がわずか10万円の資本金で設立されたばかりのいわばハコ会社であって、本件債権譲渡はS社にとって全く実益のない行為であるとして実質無償性を主張したのに対し、裁判所は、A社が、譲渡を受けた不動産担保ローン債権の回収金を、相殺に供した債権の譲渡代金債務（グループ会社に対するもの）の返済に充てていることをもってこれを否定したことが挙げられる。

さらに、裁判所は、Xが、本件債権譲渡に近接する時期に、倒産隔離と称するなどしてS社の保有資産をグループ会社やX個人に流出させていた事実を認め、それらが倒産手続における否認権行使の対象となり得る行為であることを肯定したが、否認権行使の対象となる行為の全てが詐欺再生罪に当たるものではないとして、一連の資産流出行為は本件債権譲渡の不利益処分該当性の判断を左右しないとした。

⑥　なお、本件債権譲渡については、特別背任罪の成立に関し、任務違背行為性及び図利目的の有無も争点となったが、裁判所は、詐欺再生罪の争点である、④倒産のおそれの存在及びその旨のXの認識と、⑪本件債権

－404－

譲渡が実質的に無償でなされたかがいずれも肯定されれば、特別背任罪の各争点も容易に肯定できる関係にあるとして、特別背任罪の争点を詐欺再生罪の争点判断に収れんさせたうえ、回が否定される以上特別背任罪の成立も否定されるとした。⑦及び回のいずれかが否定された場合に直ちに特別背任罪の争点が決着するのかは更に検討すべき点があるようにも思われるが、このような裁判所の判断の構造も興味深いものといえよう。

⑦　本件は、法律的に目新しい判断をしたものではないが、事例の少ない詐欺破産罪につき詳細な事実認定の上無罪の結論に至ったものであり、参考になる点が多いと思われる。

5　不正の防止策・注意点

本件では、主要な起訴事実である詐欺再生罪及び特別背任罪の行為について無罪の結論が出されているが、会社経営者としては、刑事責任を問われなければ（民事上の責任のみであれば）こわくないという姿勢は、結果として捜査当局の介入を招き、会社の経営に重大な影響を与えることになる。民事上の責任に対しても、李下に冠を正さずの気持ちで経営に当たることが望ましい。特に、倒産状態時の譲渡行為については、その対価性についての裏付け資料（不動産であれば不動産鑑定士の意見書、帳簿上の財産であれば公認会計士の意見書等）を残しておくことが大切である。

また、電磁的公正証書原本不実記録、同供用罪の行為については、いわゆるバックデート（契約日付を遡らせる仮装行為）が問題となった。契約書の日付等でのバックデートは「よくやること」という意識が企業に浸透していることもあるが、バックデート書類を作成したのであれば、その意思表示の日付と書類の作成日付を明確にしなければ、日付を仮装したかのように疑われ、時に本件のような致命傷を企業に与え得る。この点、契約作成業務に携わる会社担当者は肝に銘じるべきである。

（諸徳寺聡子）

各論〔裁判例の分析・解説〕

■取り込み詐欺■

30　倒産詐欺—アーバンエステート事件（東京地判平成25・6・10公刊物未登載）

【事案一覧表】

事　案	企業倒産することを認識しながら新規取引を行い、詐欺罪とされた事例
事件のポイント	企業倒産の可能性の認識と詐欺の故意との関係
関係法令	刑法246条1項（詐欺罪）、同法157条1項（電磁的公正証書原本不実記録）・158条1項・157条1項（同供用）
起訴された者	会長（実質的経営者）X₁、営業部長X₂
結　論	X₁は、詐欺罪、電磁的公正証書原本不実記録罪及び同供用罪で有罪とされ、懲役4年の実刑判決（求刑5年）を受けた X₂は、詐欺罪で有罪とされ、懲役2年8月の実刑判決（求刑4年）を受けた
その他参考事項	・倒産の可能性と詐欺の故意が問題となった参考判例 東京地判昭和47・6・17（刑事裁判月報4巻6号1125頁） 東京高判昭和52・2・25

－406－

30 アーバンエステート事件

【当事者関係図】

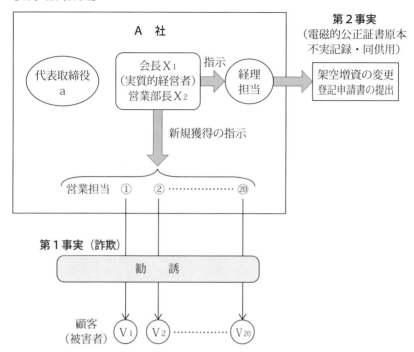

1　事案の概略

(1) 第1行為

　本件第1事実は、土木建築工事の設計・施工等を目的とするアーバンエステート（以下「A社」という）の会長であり、実質的経営者でもあったX₁及び同社営業部長としてX₁の補佐をしていたX₂が共謀して、同社が倒産することが確実であり、顧客から請負代金の支払を受けても住宅を建築して引き渡せる見込がないことを認識しながらそれを隠し、平成21年3月10日から同月23日までの間、前後20回にわたり、顧客20名に対し、同社従業員をして、契約内容どおりの住宅が建築される旨誤信させて請負契約を締結させ、合計約4897万円を詐取した詐欺事件である。

-407-

各論〔裁判例の分析・解説〕

(2) 第2行為

本件第2事実は、X₁が平成20年9月19日にA社の架空増資を内容とする株式会社変更登記申請書を提出し、さいたま地方法務局川口出張所登記官をして、商業登記簿に不実の記録をさせて備え付けさせた電磁的公正証書原本不実記録及び同供用事件である。

2 時系列

年　月　日	本件に関する事情
H19.11	①A社は手形事故を起こし、メインバンクから新規融資を受けられなくなった。
H19.12末	②A社は、H19.12期に約12億円の損失。
H20.9.19	③X₁がA社の架空増資を内容とする株式会社変更登記申請書をさいたま地方法務局川口出張所に提出【第2行為】。
H20.11～	④A社は、下請業者への支払を遅滞させるようになった。
H20.12末	⑤A社は、H20.12期に約42億円の損失を出し、約41億円の債務超過に陥ったが、X₁は、経理担当者に指示し、利益を黒字とする粉飾決算を行っていた。
H21.2	⑥A社は、支払遅滞を受けた下請業者からの督促や工事中断の警告の電話が月に200件を超えた。
H21.3～	⑦A社は、代金未払を理由とする工事中断が相次ぎ、請負代金額の大きい下請業者に優先的に支払うようにした。
H21.3.3	⑧A社のリスケジュール会議で、経理担当者は、X₁とX₂に、3月中に合計17億円の支払が必要であることを説明。
H21.3.9	⑨X₁の指示の下、X₂は、K信用金庫に8000万円の融資を申し込んだ。
H21.3.10	⑩A社は、工事中断に伴い、顧客からの入金の見通しが立たなくなった。 ⑪X₁とX₂は、弁護士事務所を訪問し、民事再生や破産手続

－408－

	の説明を受けた。
H21.3.10〜	⑫X₁とX₂は、L株式会社と投資交渉を開始し、10億円の融資を申し込んだ。
H21.3.11〜	⑬X₁とX₂は、川口市議会議員に融資申込の口添えや資金援助のできるスーパーゼネコンへの仲介を要請した。
H21.3.18	⑭X₁とX₂は、M中央信用金庫に10億円の融資を申し込んだ。
H21.3.10〜23	第1事実の実行【第1行為】
H21.3.23	⑮X₁は、上記弁護士事務所に破産手続費用として500万円を振り込んだ。
H21.3.24	⑯A社代表取締役aにより同社の民事再生手続が申し立てられた。
H21.3.27	⑰民事再生手続が却下。
H21.3.30	⑱破産手続開始の申立。
H21.4.3	⑲破産手続開始決定。
H25.6.10	さいたま地裁、本件判決

3　裁判所の認定と判断

(1)　罪となるべき事実・罰条

イ　第1−1行為・詐欺（刑法246条1項）

　X₁とX₂は、共謀のうえ、真実はA社が債務超過の状態にあり、平成21年3月末に倒産することがほぼ確実であり、顧客から請負代金の支払を受けても住宅を建築して引き渡すことができる見込がほとんどないことを認識しながら、その情を秘し、平成21年3月10日〜平成21年3月23日、顧客20名に対し、同社従業員をして、「契約書どおりの家が建ちますよ」などと嘘をいわせ、契約どおりに住宅が建築されると誤信させて建築工事請負契約を締結させ、顧客20名から合計2522万円の交付を受けた。

− 409 −

各論〔裁判例の分析・解説〕

ロ　第1－2行為・詐欺（刑法246条1項）

X₁とX₂は、共謀のうえ、A社の前記事実を認識しながら、その情を秘し、平成21年3月14日～平成21年3月20日、顧客3名に対し、同社従業員をして、「中間金を支払っていただくと割引が受けられます」などと嘘をいわせ、契約どおりに住宅が建築されると誤信させて建築請負契約を締結させ、顧客3名から合計約2374万円の交付を受けた。

ハ　第2行為・電磁的公正証書原本不実記録・同供用罪（刑法157条1項・158条1項）

X₁は、真実はA社が新株を発行した事実がなく、資本金を増加していないのに、新株発行により4000万円の支払を受けて増資したとする架空増資の変更登記をしようと考え、平成20年9月19日、さいたま地方法務局川口出張所において、同出張所登記官に対し、同社の発行済株式総数を320株から520株に、資本金を3000万円から7000万円にそれぞれ変更した内容虚偽の株式会社変更登記申請書を提出して虚偽の申立をし、同登記官に電磁的記録である商業登記簿の磁気ディスクにその旨不実の記録をさせ、即時、同所にこれを備え付けさせた。

(2)　裁判所の判断

争点は、第1行為の建築工事請負契約締結当時、(ⅰ) A社が契約を履行することが不可能な経済状態であったと認められるか、(ⅱ) 仮に認められるとして、X₁とX₂にこれらの認識及び詐欺の共謀があったと認められるかであった。

裁判所は、(ⅰ) について、A社は、建築工事請負契約締結当時、約定どおりに契約を履行することがほとんど不可能な経済状態であったと認定し、(ⅱ) について、X₁とX₂にこれらの認識及び共謀があったと認定した。

－410－

30　アーバンエステート事件

(1)　不正の発生原因

イ　動　機

　A社は、経営拡大を急ぎ過大な経費をかけた結果、多額の累積損失を発生させるに至ったところ、同社の実質的経営者X1は、これらを隠蔽するために粉飾決算を繰り返していた（⑤）。

　X1とX2は、平成21年3月末にA社が倒産することを認識し、融資に奔走したものの、粉飾決算をしていたことなどから融資を得られる状況でなく、その状況も認識していたが、新規の契約獲得を断念するという決断をできないまま従業員に新規獲得の営業を続けさせた結果、本件各詐欺行為に及ぶこととなった。

ロ　機　会

　X1はA社の実質的経営者、X2はX1の右腕的な存在であったところ、A社の資産状況及び資金繰りの状況の情報は、X1とX2により、A社代表取締役aに伝えられていなかった。

　X1は、A社の代表権限を有する代表取締役aにA社の財務状況を知らせない環境の中、X2に指示して、営業担当者に新規顧客獲得の指示を出させ本件各犯行に及んだ。なお、A社代表取締役aは、平成21年3月15日に、X2から、A社に約40億円の負債があることを知らされ、同月24日にA社の民事再生手続を申請した（⑯）ものの、時既に遅く、同申請が却下されている（⑰）。

ハ　正当化要素（融資の可能性の認識）

　X1とX2は、L株式会社やM中央信用金庫等に融資を申し込んでおり（⑫〜⑭）、A社代表取締役aが民事再生を申し立てなければ、平成21年3月末までには、これらの融資が実行され、倒産が回避できるはずであったと主張している。

ニ　倒産しないであろうとの見通し

－411－

各論〔裁判例の分析・解説〕

　X₁とX₂は、上記融資（⑫〜⑭）が実行され、かつ平成21年３月中に決済予定の手形のジャンプをすれば、平成21年３月中にＡ社が倒産することはなかった旨主張している。

⑵　有罪認定で重視された事情

　本判決は、争点（ⅰ）（Ａ社の経済状態）について、信用できるＡ社財務担当者及び融資担当銀行の行員等の証言から、平成21年３月中の支払予定額に入金予定額が到底及ばないこと、融資の可能性もほとんどないこと及び手形ジャンプの可能性もないことなどを認定し、Ａ社が契約を履行することが不可能な経済状態であったと認めた。

　次に、争点（ⅱ）（X₁とX₂にＡ社が上記経済状態であることの認識があったか否か）について、X₁につき、リスケジュール会議で平成21年３月末に倒産する危険を認識したこと（⑧）、弁護士事務所を訪問して破産手続の説明を受けていること（⑪）、Ａ社の破産手続費用として500万円を振り込んでいること（⑮）などから、同認識を認め、さらにX₂についても、⑧⑪に加え、信用できるＡ社代表取締役ａの証言から、X₂が同代表取締役ａにＡ社の負債総額を伝えた事実を認定し、同認識を認め、有罪認定した。

⑶　量刑判断で重視された事情

　本件で量刑上重視された主な点は以下のとおりである。

【加重要素】

　・被害者数・被害総額・処罰感情
　・倒産することを認識しながら新規獲得を進めた経営判断
　・X₁とX₂共に否認し、反省していない
　・X₁につき主犯性及び第２事実
　・X₂につき営業担当者に新規獲得を指示した役割の重要性

【軽減要素】

　・X₁とX₂ともに交通関係以外の前科がない

⑷　企業倒産の可能性の認識と詐欺の故意との関係

　詳しくは、別掲コラム（倒産の危機にある企業経営者の取引行為と詐欺の

故意）を参照のこと。

　イ　本件では、X₁とX₂は、「倒産するとは考えておらず、建築物を引き渡せると思っていた」と主張して詐欺の故意を争っている。ここで、経営状態が悪化していく経過で倒産が現実味を帯び、起死回生を図る中で新規顧客の獲得をしていった場合での詐欺の故意として、どのような認識が必要であるかが問題となる。

　この点、東京高裁昭和52年2月25日判決（公刊物未登載）では、「倒産が未必的に予期されるに止まるときは、その間に結ばれた契約がすべて詐欺的取引であるということはできず、経営者が倒産により債務を履行できない結果となることも意に介しないで、あるいは債務が履行できなくてもやむを得ないと考えた上、あえて契約に及んだ場合に、初めて詐欺の犯意を認めることができると解すべきである。」と判示している。

　このように、企業倒産が想定される場合に新規取引に詐欺の故意が認められるか否かは、その倒産が確定的に予期される場合であり、かつその予期も意に介さずあえて新規取引を行ったという場合に、詐欺の故意が認められるといえよう。

　ロ　本事例

　本事例では、客観的に平成21年3月末の時点でA社が倒産することがほぼ確実であったことを認定（争点（ⅰ））したうえで、上記③⑤⑧～⑮の事実を前提に、X₁とX₂が平成21年3月末にA社建築が倒産すること及び融資の可能性も低いことを認識するとともに、新たに請負契約を締結しても約定どおりに契約を履行することが著しく困難な経済状態であったと認識していたと認定した（争点（ⅱ））。

5　不正の防止策・注意点

　本事案の分析からは、以下の防止策・注意点が導かれる。

(1)　内部通報制度を導入する

　内部通報制度とは、法令違反や不正行為の存在あるいはそのおそれのあ

各論〔裁判例の分析・解説〕

る状況を知った者が、そのような状況に適切に対応できる窓口に直接通報できる仕組みである。

企業犯罪では、経営者単独で遂行できる場合は少なく、経理担当者や番頭など必ずその不正行為の存在あるいは恐れを把握している者が企業内に存在する。

そのような者からの情報提供により、不正行為を未然に防ぐことが可能となる。

(2) 財務情報の共有を徹底する

本件では、X_1とX_2が主導して詐欺行為を繰り返しているところ、代表取締役aは、本件犯行に至るまで、A社の逼迫した財務情報を把握しておらず、その結果、代表取締役a及び営業担当者は、刑事責任を問われなかったものの、詐欺行為の片棒を担がされたことになった。

財務情報は、役員で共有したうえ、お互いに牽制できる関係を構築しておく必要がある。

(3) 独立性の高い社外取締役、社外監査役などを選任する

会社の実質的経営者が本件のような不正に主導的に加担する場合、実質的経営者あるいは経営陣に実質的な牽制力を発揮できる者が必要不可欠である。

本件でいえば、X_1が粉飾決算を開始した当時、あるいは架空増資の登記申請を始めた当時に、これらの不正行為を社外取締役あるいは社外監査役が経理担当者等から情報を入手していれば、本件詐欺行為も防止できた可能性がある。

(岩月泰頼)

倒産の危機にある企業経営者の取引行為と詐欺の故意

1 詐欺事犯の捜査

　企業活動における経営者の取引行為について、検察官によって詐欺罪として起訴されることは少なくありませんが、その場合、捜査機関による初動捜査から起訴に至るまで、捜査機関が特に注意を払うのが、詐欺罪の故意の立証の可否という点です。

　詐欺罪では、客観的には、a欺罔行為（騙す行為）⇒b錯誤（騙されたこと）⇒c交付行為（財産等の移転行為）⇒d詐取という因果系列が予定されており、主観的には、a～dを認識していることが詐欺の故意とされています。

　この詐欺罪において、実務上、最も被疑者や被告人が否認することが多く、また立証に困難を伴うことの多い要件が内心である詐欺の故意です。

　この詐欺の故意の内容は、a～dの内容をどのように設定するかによって異なってくることから、以下では、簡単な具体例で説明をしたうえで、アーバンエステート事件（本書事例30）に引き直して説明をしたいと思います。

2 詐欺の故意の具体的内容

　例えば、遊ぶ金に困った知人が金を返すつもりもないのに「自宅に帰る電車賃がない。ちゃんと返すから１万円貸して」と嘘をいって１万円を騙し取る寸借詐欺の場合、(1)嘘の言葉を相手に話して１万円の交付を受けたという客観面と(2)内心として「返すつもりはなかった」という主観面（故意）に分けられま

各論〔裁判例の分析・解説〕

す。

　これを刑法上の詐欺罪として事実構成すると、「②借金返済の意思及び能力がないのにこれを装って、①『電車賃がないから1万円貸して』と嘘をいって1万円の交付を受けた」となります。このように「借金返済の意思及び能力」の仮装と構成するのは、その点が被害者からすれば最大の関心事であるからにほかなりません。

　そして、実務上は、詐欺犯の多くが、①の客観面でなく、②の故意について「実は返す意思・当てはあった」と主張して詐欺の故意を争い、また内心の問題であることから、裁判では、この故意の立証が最大の争点となることが多くなります。

3　企業倒産の可能性の認識と詐欺の故意との関係

(1)　資金繰りに窮する企業経営者の対応

　会社の経営者は、会社が債務超過に陥り、毎月の買掛金への支払原資が不足するようになった場合、倒産を避けるため、銀行からの借入れ、営業の促進及び売掛金の回収などの資金繰りに奔走し、毎月の支払を続けながら、売上げを上げて業績を回復させようとするのが通常です。その場合、経営者は、従業員らに資金繰りが厳しい状況を伝えることはせず、その状況を乗り切れると信じ、従業員に新規顧客獲得の圧力を強め、資金繰りに奔走し毎月の支払を乗り切ることに全力を尽くします。

　このように、経営者は、現実の厳しいキャッシュ・フローの状況を把握しながらも、資金繰りによって倒産を回避できるとする強い意志・期待を持ちつつ、従業員にも新規顧客の獲得をさせるのですが、このような業務遂行であっても、会社の財務状況によっては、その新規獲得行為について、詐欺の故意が認定され詐欺罪が成立し得る点に注意しなければなりません。

(2)　アーバンエステート事件での詐欺の故意の中身

　アーバンエステート事件（以下「事例30」という）を例に挙げれば、A社と住宅建築請負契約を締結した顧客からすれば、A社から住宅の引渡しを受けられるか否かが最大の関心事であ

－416－

COLUMN

ることから、起訴された事実では、「倒産せずに住宅を引き渡せる」と仮装したとの構成がなされています。

そして、寸借詐欺の事例と比較すれば、上記②の「借金返済の意思及び能力」に対応するのが「建築物の引渡しの意思及び能力」となることから、本件詐欺の故意としては、「A社が倒産することがほぼ確実であり、顧客から請負代金の支払を受けても、住宅を建築して引き渡すことができる見込みがほとんどなく、そのような状態であったことを認識していること」が必要となります。

(3) 経営状態が悪化して倒産に至る過程での詐欺の故意

経営状態が悪化していく過程で倒産が現実味を帯び、起死回生を図る中で新規顧客の獲得をしていった場合、その経営者の詐欺の成否が詐欺の故意に絡んで問題となります。

この点、明治不動産関係事件（注）の一審判決では、「企業経営者としては例えば資金繰りが窮迫し、一歩誤れば倒産という事態に至つても、企業の存続のための努力を続けようとすればするほど、その事業に必要な取引行為を続けざるをえず、そしてその取引にあたって倒産の見込みのあることを取引の相手方に告げることは自ら信用を低下させて事態を悪くすることになるから、あえてこれを秘匿して取引に臨むというのが一般であり、これがすべて理論上は詐欺罪に問擬されるということになれば、いったん経営不振となって倒産のおそれの生じた企業はほとんどすべてその企業存続のための努力を放棄せざるをえなくなるおそれがある。」との価値判断を示していますし、その控訴審である東京高裁昭和52年2月25日判決（公刊物未登載）は、「倒産が未必的に予期されるに止まるときは、その間に結ばれた契約がすべて詐欺的取引であるということはできず、経営者が倒産により債務を履行できない結果となることも意に介しないで、あるいは債務が履行できなくなってもやむを得ないと考えたうえ、あえて契約に及んだ場合に、初めて詐欺の犯意を認めることができると解すべきである。」と判示し、このような場合には詐欺の故意が認められるとしました。

-417-

各論〔裁判例の分析・解説〕

　このように、倒産することも意に介さずに契約に及んだ場合には、契約の相手方を倒産による債務不履行に巻き込む認識があるのであり、詐欺の故意を認めることも妥当といえます。

4　詐欺罪の故意の立証の難易と故意の内容

　実務では、事例30での故意の内容である「経営者が企業倒産を意に介しないで契約に及んだ」との立証が困難な場合も多く、事例30でも、粉飾決算をしていたこと、工事中断が相次いだこと、大口融資を申し込んでいること、弁護士事務所で破産手続の説明を受けたこと等の状況証拠を積み重ねて立証しています。

　それでは、企業倒産を意に介していないことの立証が困難な場合には、必ず詐欺罪として起訴されないのかというと、必ずしもそうとはいい切れません。

　例えば、倒産をしないにしても、住宅の納期が大幅に遅れ、かつ時間的に瑕疵ある住宅を引き渡さざるを得ない状況が予想される場合（そして、実際にそうなった場合）には、詐欺罪を問われる可能性も否定できません。

　この場合もやはり顧客からすれば、納期に瑕疵のない住宅の引渡しを受けることも重要な関心事であることから、この点を仮装したと構成することで詐欺罪に問える余地があります。すなわち詐欺の故意の内容を「締結した契約に従った納期に、瑕疵のない住宅を引き渡せる見込みがないことを認識しながらそれを隠し」と構成することで、たとえ倒産の可能性の認識の立証をせずに詐欺罪とできる余地もあります。

　ちなみに、上記の寸借詐欺の例で、お金の使い道について嘘をついた点に注目して、上記②を変えて、「②′真実は遊興費に費消するつもりであるのにこれを秘し、①『電車賃がないから１万円貸して』と嘘をいって１万円の交付を受けた」と構成し直せば、立証も容易となりますが、このような借金の動機について嘘をつく行為が刑事処罰を与える程のことなのかという点には議論があります。

　実務上、支払能力を偽ったと構成する場合（②）と、それ以

－418－

COLUMN

外の事項を偽ったと構成する場合（②'）を区別し、一般的に②の方が立証のハードルが高いものの、悪質で刑罰も重くなる傾向にあります。

　事例30の起訴された事実は、住宅の引渡しの可否を偽っており②に近い事案といえます。

注　経営状態の悪化した不動産会社が買戻条件付土地売買契約を締結した事案について、企業経営者らが倒産による債務不履行の可能性を認識していても、なおそのような事態を避けられる見込みが相当程度あると信じ、かつ誠実に契約履行のための努力をする意思のあるときは、未だ欺罔の意思はないとした裁判例（東京地判昭和47・6・17刑事裁判月報4巻6号1125頁）

（岩月泰頼）

【刑事事件と経済事象の関係図】

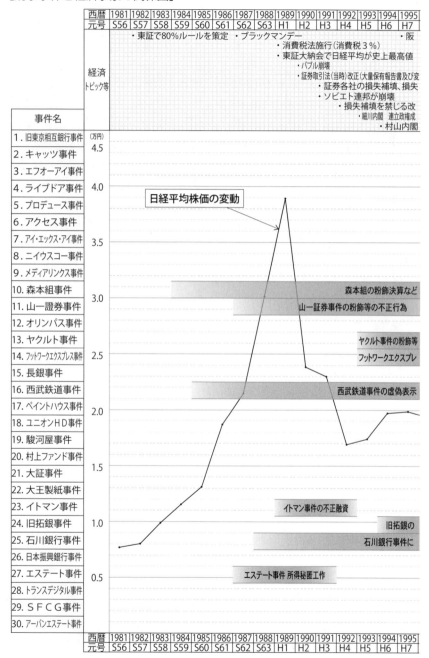

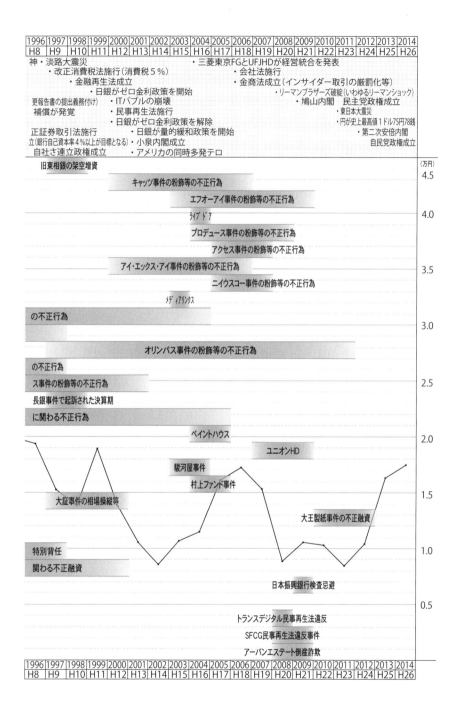

用語索引

（あ行）

赤字工事の先送り　175
赤字工事の未完成工事への繰延べ　170
一般債権　363
一般に公正妥当と認められる企業会計の
　基準　238
インキュベーター路線　349
インサイダー取引　152（メディア・リ
　ンクス事件）、240（西武鉄道事件）、
　296（村上ファンド事件）
売掛金滞留　82
売上債権対仕入債務比率　85
売上の先行計上　175

（か行）

会計基準の選択　234
会計基準の変更　236
回転期間分析　279
架空原価の棚卸資産への付替え　150
架空循環取引　128、133、150
架空取引（架空売上・架空仕入）　82
貸倒懸念債権　363
貸倒引当金の未計上　176
株券オプション　312、313
株式交換　97
監査計画　278
監査報告書　216
間接正犯　265、254（ペイントハウス
　事件）
企業価値評価　71
偽計使用　91
期末監査　282
強制捜査　307

（共謀）共同正犯　327、360
業務プロセスに係る内部統制の評価
　280
繰上工事　169
クロス取引　134
原価キャリー　169
原価への付替え　175
検査忌避　368（日本振興銀行事件）
検収基準　122
工場往査　281
工事進行基準　123
公認会計士　277
国際財務報告基準　239
国税犯則取締法　307
固定資産への付替え　175
固定長期適合率　365
固定比率　365

（さ行）

財政経済係検事　306
債務者区分　362
詐欺再生罪　400
詐欺の故意　415
自己株式の取得・売却　100
自己資本比率　364
失注を利用した架空売上　174
実査　281
支店往査　281
四半期報告書　250
四半期レビュー　278
収益認識基準　121
出荷基準　121
証券取引等監視委員会（SESC）　306
取得原価主義会計　204

－422－

進捗率の偽り　174

スルー取引　133

セール＆リースバック取引　144、160

前期比較分析　279

全社的内部統制の評価　279

相場操縦　268（ユニオンホールディングス事件）

損切り　214

損失の飛ばし（損失の付替え）　205

（た行）

立会　281

適時開示　276

適正性意見表明　250

電磁的記録不実記録　48（東京相和銀行事件）、284（駿河屋事件）、406（アーバンエステート事件）

当期未処理損失　225

当座比率　365

投資事業組合　101

特別背任　112（アクセス事件）、332（イトマン事件）、342（北海道拓殖銀行事件）、352（石川銀行事件）

飛ばし　185、201

図利加害目的（特別背任罪）　338

取り込み詐欺　406（アーバンエステート事件）

（な行）

内部通報制度　413

内部統制監査　279

のれん　341

（は行）

破産更生債権等　363

半期報告書　250

犯則事件　306

引当金の過少計上　176

引渡基準　121

評価損の未計上　176

費用の未計上　176

風説流布・偽計使用　88（ライブドア事件）、152（メディア・リンクス事件）

含み損益　204

不正な会計処理　173

法人税脱税　376（エステート事件）

簿価（帳簿価額）　204

簿外債務　188

没収・追徴　274

逋脱税額　383

（ま行）

見せ金　48（東京相和銀行事件）、284（駿河屋事件）

民事再生法違反　388（トランスデジタル事件）、397（SFCG事件）

（や行）

有価証券報告書　250

有用性意見表明　250

Uターン取引（循環取引）　134

（ら行）

利益率分析　279

「利益は意見、キャッシュは事実」　86

流動比率　365

連結子会社の役員の責任　327

連結パッケージ　330

－423－

監修・編著・執筆者一覧

監　修　龍岡資晃（弁護士、元福岡高等裁判所長官、元学習院
　　　　　　　　大学法科大学院教授）

編　著　澁谷展由（弁護士・中島経営法律事務所）
　　　　岸本寛之（弁護士・清和総合法律事務所）
　　　　檜山正樹（弁護士・日本製紙株式会社）
　　　　内野令四郎（弁護士・東京第一法律事務所）
　　　　西田明熙（公認会計士・税理士・株式会社ＩＡＬ、こ
　　　　　　　　のえ有限責任監査法人）
　　　　大形浩祐（公認会計士・仰星監査法人）

執　筆（五十音順）
　　　　石﨑弘規（弁護士・笠原総合法律事務所）
　　　　伊東祐介（弁護士・鳥飼総合法律事務所）
　　　　岩月泰頼（弁護士・松田綜合法律事務所）
　　　　卯木叙子（弁護士・渋谷パブリック法律事務所、國學
　　　　　　　　院大学法科大学院兼任講師）
　　　　加藤伸樹（弁護士・桜木・中野法律特許事務所）
　　　　金澤（根岸）亜也子（弁護士）
　　　　木下雅之（弁護士・弁護士法人東町法律事務所）
　　　　齋藤　実（弁護士・渋谷パブリック法律事務所、國學
　　　　　　　　院大学法科大学院兼任講師）
　　　　柴崎菊恵（弁護士・東京双葉法律事務所）
　　　　清水理聖（弁護士・弁護士法人淡路町ドリーム）
　　　　諸德寺聡子（判事・東京地方裁判所立川支部）

鈴木雄貴（弁護士・虎の門法律事務所）

関　洋太（判事補・津地裁四日市支部）

高橋和則（公認会計士・高橋和則公認会計士事務所）

友納理緒（弁護士・土肥法律事務所）

鳥越雅文（弁護士・日本郵政株式会社）

中野　剛（弁護士・虎の門法律事務所）

長谷川雅典（弁護士・株式会社電通）

福本直也（弁護士・渋谷パブリック法律事務所、現在、
　　　　　法テラス八戸法律事務所勤務）

藤本和也（弁護士・共栄火災海上保険株式会社）

森田　聡（弁護士・渋谷パブリック法律事務所、國學
　　　　　院大学法科大学院兼任講師）

監修者・編著者略歴

【監修者】
龍岡 資晃（たつおか すけあき）

　弁護士・西綜合法律事務所。東京大学法学部卒業。元福岡高等裁判所長官、元学習院大学法科大学院教授。法務省・法制審議会・新時代の刑事司法制度特別部会委員を務めたほか、最高裁判所・裁判員制度の運用等に関する有識者懇談会委員、大学評価・学位授与機構・法科大学院認証評価委員会委員などを務めている。

　＜主要著書・論文等＞

　企業不祥事判例にみる役員の責任（監修、経済法令研究会、平成24年）、「刑事訴訟法判例の意義と機能」（ジュリスト・刑事訴訟法の争点、平成25年）、「裁判官の責務」（同）、「上訴審の在り方」（論究ジュリスト2012年2号）、「裁判員制度と刑事裁判についての若干の覚書」（小林充先生・佐藤文哉先生古稀祝賀・刑事裁判論集下巻、判例タイムズ社、平成18年）など

【編著者】
澁谷 展由（しぶや のぶよし）

　中島経営法律事務所　弁護士。慶應義塾大学法学部法律学科卒業、同大学大学院法学研究科修士課程修了、博士課程中退。明治大学法科大学院修了。

　＜主要著書・論文＞

　『業界別・場面別役員が知っておきたい法的責任－役員責任追及訴訟に学ぶ現場対応策－』（編著・経済法令研究会）、「株式買取価格決定に対する抗告審の変更決定に対する許可抗告事件—インテリジェンス株式価格決定事件」『最新　金融・商事法判例の分析と展開（別冊金融・商事判例）』（経済法令研究会）、「1.招集通知に記載した議案の一部撤回を自社ウェブサイトで開示した事例、2.ビッグデータ利用事業におけるプライバシー保護の取組み姿勢を開示した事例」資料版商事法務2013年7月号（共著、商事法務）ほか

岸本 寛之（きしもと ひろゆき）

　清和総合法律事務所　弁護士。中央大学法学部法律学科卒業、明治大学法科大学院修了。

　＜主要著書・論文＞

　『業界別・場面別役員が知っておきたい法的責任－役員責任追及訴訟に学ぶ現場対応策－』（編著・経済法令研究会）、『Ｑ＆Ａ平成26年改正会社法』（共著・新日本法規）、『Ｑ＆Ａ新会社法の実務（加除式）』（共著・新日本法規）、『こんなと

きどうする　会社役員の責任Q＆A（加除式）』（共著・第一法規）、『最新 取締役の実務マニュアル（加除式）』（共著、新日本法規）ほか

檜山 正樹（ひやま まさき）

日本製紙株式会社　弁護士。一橋大学法学部卒業。

＜主要著書・論文＞

『業界別・場面別役員が知っておきたい法的責任－役員責任追及訴訟に学ぶ現場対応策－』（編著・経済法令研究会）、『契約用語使い分け辞典』（共著、新日本法規出版）、『不動産取引相談ハンドブック』（共著、きんざい）

内野令四郎（うちの れいしろう）

東京第一法律事務所　弁護士。東京大学法学部卒業。学習院大学法科大学院修了。

＜主要著書・論文＞

『裁判例にみる企業のセクハラ・パワハラ対応の手引き』（共著・新日本法規出版）、『フロー＆チェック労務コンプライアンスの手引』（共著・新日本法規出版）、「金融商品取引法における継続開示義務違反に対する課徴金制度について」（学習院法務研究6, 109-123, 2012-08）

西田 明熙（にしだ あきひろ）

株式会社ＩＡＬ、このえ有限責任監査法人　公認会計士・税理士。慶應義塾大学経済学部卒業。

＜主要著書・論文＞

『これならわかる連結会計　図解と設例で学ぶ』（共著・日本実業出版社）

大形浩祐（おおかた こうすけ）

仰星監査法人　公認会計士。早稲田大学政治経済学部経済学科卒業。

本書の内容に関する訂正等の情報

　本書は内容につき精査のうえ発行しておりますが、発行後に訂正（誤記の修正）等の必要が生じた場合には、当社ホームページ（http://www.khk.co.jp/）に掲載いたします。

　　（ホームページトップ： メニュー 　内の 追補・正誤表 ）

経済刑事裁判例に学ぶ **不正予防・対応策**
　－法的・会計的視点から－

2015年2月20日　　初版第1刷発行	監修者	龍　岡　資　晃
	編著者	澁谷展由，岸本寛之
		檜山正樹，内野令四郎
		西田明熙，大形浩祐
	発行者	金　子　幸　司
	発行所	㈱経済法令研究会

　　　　〒162-8421　東京都新宿区市谷本村町3-21
　　　　電話　代表03-3267-4811　編集・制作03-3267-4823

営業所／東京 03（3267）4812　　大阪 06（6261）2911　　名古屋 052（332）3511　　福岡 092（411）0805

カバーデザイン／図工ファイブ　制作／地切　修，吉川大資　印刷／日本ハイコム㈱

Ⓒ Sukeaki Tatsuoka 2015　Printed in Japan　　　　　　　　　ISBN978-4-7668-2364-6

"経済法令グループメールマガジン"配信ご登録のお勧め
　当社グループが取り扱う書籍、通信講座、セミナー、検定試験情報等、皆様にお役立ていただける情報をお届け致します。下記ホームページのトップ画面からご登録いただけます。
　　　☆　経済法令研究会　http://www.khk.co.jp/　☆

定価はカバーに表示してあります。無断複製・転用等を禁じます。落丁・乱丁本はお取替えします。